Bernhard Handlbauer

Die Adler-Freud-Kontroverse

Fischer
Taschenbuch
Verlag

Originalausgabe
Veröffentlicht im Fischer Taschenbuch Verlag GmbH,
Frankfurt am Main, Oktober 1990

Umschlaggestaltung: Buchholz / Hinsch / Hensinger
Gesamtherstellung: Clausen & Bosse, Leck
Printed in Germany 1990
ISBN 3-596-27425-7

Inhalt

Einleitung 9

I. Gründung und erste Jahre der Psychologischen Mittwoch-Gesellschaft (1902–1906) 15

Zur ersten Begegnung von Alfred Adler und Sigmund Freud 15

Die Psychologische Mittwoch-Gesellschaft 18

Freud um 1902 18

Die Gründungsmitglieder 22

Die ersten Sitzungen 25

»Gespräch über das Rauchen« – das erste »Protokoll« der »Mittwoch-Gesellschaft« (1902) 27

»Lehranalysen« 30

Das »Ambiente« der Sitzungen 33

Rivalitäten 34

Neue Mitglieder 37

Der gesellschaftliche Standort der Mitglieder 39

Adler in der »Mittwoch-Gesellschaft« (1902–1906) 41

Die Protokolle 43

II. Organminderwertigkeit, Kompensation, Aggressionstrieb: Die Phase der tolerierten Dissidenz Adlers (1906–1908) 47

Zusammensetzung der Gruppe – Neue Mitglieder 47

Die inhaltliche Auseinandersetzung 49

Die Organminderwertigkeitslehre 50

Sadismus und Aggressionstrieb 62

Organisatorische Diskussionen als Ausdruck gruppeninterner Spannungen 71

III. Exkurse 79

Sozialpsychologische Beiträge Adlers (1908–1910) 79

»Zur Psychologie des Marxismus« (10. März 1909) 82

IV. Zwischen Organminderwertigkeitslehre und männlichem Protest: Die theoretischen Differenzen nehmen zu (1908–1910) 89

»Ein Fall von Zwangserröten« (3. Februar 1909) 89
»Über die Einheit der Neurosen« (2. Juni 1909) 92
Neue Mitglieder 96
»Psychischer Hermaphroditismus« (23. Februar 1910) . . 102
Der Nürnberger Kongreß und seine Folgen 107
Neue Mitglieder 119

V. Höhepunkt der inhaltlichen Auseinandersetzung und Bruch zwischen Adler und Freud (1911) 121

Neue Mitglieder 121
Die entscheidenden Diskussionen um Adlers Theorien (Januar/Februar 1911) 123
Die Vorgeschichte (Herbst 1910) 123
Erster Abend (4. Januar 1911) 130
Zweiter Abend (1. Februar 1911) 135
Dritter Abend (8. Februar 1911) 140
Vierter Abend (22. Februar 1911) 145

Die Ereignisse bis zum endgültigen Austritt Adlers und seiner Anhänger (März–Oktober 1911) 150

VI. Ursachen für die Differenzen und den Bruch zwischen Adler und Freud 161

Unterschiedliche Persönlichkeitsstrukturen 161
Die unterschiedliche soziale Herkunft der Patienten . . . 164
Der Bruch als Folge der Institutionalisierung der psychoanalytischen Bewegung 167
... weil sie »eifrige Sozialisten« waren? 173
Freud als Initiator des Bruches. Unterschiede im Erleben des Konfliktes bei Adler und Freud 174
Inhaltliche Gründe 178
War Adler ein Schüler Freuds? 184

Anhang 191
Bemerkungen zur Literatur und zu den Quellen 191
Adlers Anhänger in der Mittwoch-Gesellschaft 195

Literaturverzeichnis 200

Namenregister 209

Einleitung

Der Konflikt zwischen Freud und Adler ist von enormer emotionaler Brisanz. Sobald man sich mit der Kontroverse beschäftigt, wird man unweigerlich mit heftigen Emotionen konfrontiert, die aus der inhaltlichen Auseinandersetzung allein nicht ableitbar sind. Die Ressentiments sind bei den Freudianern und Adlerianern teilweise bis heute lebendig geblieben und haben den Weg für eine inhaltliche Diskussion oft blockiert. Schon Colby (1951, S. 229) hat darauf hingewiesen, daß blinde und parteiische Gefühle, die durch die Meinungsverschiedenheit von Freud und Adler hervorgerufen wurden, heute noch widerhallen. Gefühle hätten die Fakten bis zu einem Grad verdunkelt, daß heute wenige mit den Rahmenbedingungen der Auseinandersetzung oder dem präzisen Inhalt der wissenschaftlichen Differenzen vertraut seien, die zum dauernden Bruch der beiden Männer geführt hatten.

Um die inhaltlichen Unterschiede mit nüchternem Blick erfassen zu können, wäre es vielleicht ratsam, alle jene Passagen, die stark emotionalisierend wirken, wegzulassen. Roazen (1976, S. 183) meint, daß man der Geschichtsschreibung keine guten Dienste erweise, wenn man die dramatischen Elemente in den Mittelpunkt stelle. Ich habe mich dafür entschieden, diesen Teil der Auseinandersetzung nicht auszuklammern, da ich die emotionale Komponente für einen wichtigen Schlüssel zum Verständnis des Ablaufs der Kontroverse halte. Sie soll daher in vollem Umfang dargestellt werden: nicht, um an ihr haftenzubleiben, sondern um ihr den »Schrecken« zu nehmen. Erst wenn die Beschäftigung mit dem polemischen Ton, der in diesem Disput vorherrschte, nicht mehr automatisch zu Pro- oder Kontra-Einstellungen führt, kann die wesentlichere inhaltliche Auseinandersetzung in ihrer Bedeutung nachvollzogen werden. Der barsche Ton[1] sollte also den Blick auf Inhalte und Theorien nicht verstellen. Wenn Vater-Figuren (Freud, Adler) zu Über-Ich-Inhalten werden, hemmen sie das Denken. Dann wird nämlich auf dem Niveau der Frage diskutiert, wer von den beiden wen

1 Ernst Federn hat mir dazu geschrieben: »Emotionalität und der ›barsche Ton‹ der Auseinandersetzungen ist dadurch aufgefallen, daß es Anglo-Sachsen waren, die zuerst sich mit der Geschichte der Psychoanalyse befaßt haben. In England und den USA geht man aufeinander nicht so scharf los wie bei uns.«

beleidigt oder schlecht behandelt habe. Die inhaltliche Ebene ist in diesem Falle längst aus dem Blickfeld geraten.
Ein wichtiges Faktum ist in diesem Zusammenhang festzuhalten: Freud hat sich in zahlreichen Briefpassagen polemisch und abschätzig über Adler geäußert. Diese Briefe waren ursprünglich nicht für die Öffentlichkeit bestimmt und hatten teilweise Ventilfunktion für Freuds Ärger, als sich die Kontroverse zuspitzte. Von Adler ist aus jener Zeit kein Briefwechsel erhalten. Daß er privat nicht weniger zimperlich über Freud urteilte als dieser über ihn, zeigt einer der wenigen erhaltenen Briefe Adlers, den er am 16. 8. 1913 an Lou Andreas-Salomé schrieb. Es heißt dort:
»Meine Stellung zur Freudschule hat leider nie mit den wissenschaftlichen Argumenten derselben zu rechnen gehabt. Immer sehe ich nur, und alle meine Freunde, geschäftiges Haschen und Mausen, und alle die Gelehrtenlumpereien, von denen Mach in der ›Analyse‹ spricht. Wie kommt es, daß diese Schule unsere Anschauungen wie ein ›Gemeingut‹ zu behandeln sucht, während wir immer nur die Unrichtigkeit ihrer Ansichten hervorheben? ... Für mich ist solches alles ein Beweis, daß die Freudschule an ihre Thesen gar nicht glaubt, vielmehr nur ihre Investitionen retten will« (Andreas-Salomé 1965, S. 178f.).
Holtz (1981, S. 20) hat im Zusammenhang mit der Aufarbeitung der Freud-Adler-Kontroverse folgende Hoffnung geäußert:
»Diese menschlichen Aspekte, neben den wissenschaftlichen zu erkennen und sich zu ihnen zu bekennen, eröffnet aus heutiger Sicht die Möglichkeit, sich von diesem Konflikt soweit zu distanzieren und damit soviel aus ihm lernen zu können, daß die seit Beginn unseres Jahrhunderts immer weiter auseinanderführenden Wege der Individualpsychologie und der Psychoanalyse in unseren Tagen wieder behutsam näher aneinander herangeführt werden können.«
Eine Annäherung der Schulen ist freilich nur dann sinnvoll, wenn gesehen wird, daß hinter der scharfen Sprache auch beträchtliche inhaltliche Unterschiede bestehen und diese nicht geleugnet oder verwischt werden. Die inhaltlichen Differenzen waren ein wesentlicher Grund für den Bruch zwischen Adler und Freud. Eine Annäherung hieße daher auch, sich mit unangenehmen Wahrheiten zu befassen.
Für Adlerianer hieße das, zu sehen, daß vieles, was Adler neu formulierte, ein Rückschritt insofern war, als er auf sehr fruchtbare Begriffe und Konzepte verzichtete. Die polemische Kritik von Russell Jacoby (1978), der auf diese Tatsachen verweist, wurde von Adlerianern zu Unrecht bagatellisiert. Das Bild von Adler als Befreier oder Überwinder der Psychoanalyse ist wenig fundiert. Denn vieles, was an Erkennt-

nis und differenziertem Nachdenken über das Psychische im Rahmen der Psychoanalyse möglich ist, ist mit Adlers populären Begriffen nicht mehr zu leisten.
Von den Psychoanalytikern wiederum wird Adlers Bedeutung weitgehend unterschätzt. Auch wo es ihm nicht gelang, klare Begriffe zu schaffen, legte er seine Finger auf Schwachstellen und Mängel der psychoanalytischen Theorie, wie sie um 1911 formuliert war. Adlers Ich-psychologische Ansätze und sein Konzept vom Aggressionstrieb wurden Jahre später in die Psychoanalyse integriert. Federn (1988, S. 11) hat darauf hingewiesen, daß sich die Beziehung zwischen Freud und Adler für die Entwicklung der Psychoanalyse als viel bedeutsamer erwies, als Freud selber annahm.
Das Dilemma der verkürzten Sichtweise der Kontroverse bei den Vertretern der Schulen Freuds und Adlers hat Stepansky so beschrieben:
»Die Adlerianer schätzen Adlers Individualpsychologie als so bedeutend ein, daß sie nicht bereit sind, die Umstände von Adlers Verbundenheit mit der Psychoanalyse zu rekonstruieren. Zufrieden damit, ... Adlers psychoanalytische Jahre aus der Sicht seiner eigenen psychologischen Schule zu beurteilen, sind sie unwillig, Adlers achtjährigen Status als Freudianer kritisch zu untersuchen. Die Freudianer ihrerseits verwenden so viel Zeit, die Qualität von Adlers Schülerschaft und die Gründe für seinen Bruch mit Freud zu diskreditieren, daß es sie nicht interessiert, die Bedeutung von Adlers psychoanalytischer Mitarbeit für seine spätere Entwicklung als Individualpsychologe zu untersuchen.«[2]
Die Auseinandersetzung zwischen Freud und Adler fällt zeitlich mit dem Beginn der Institutionalisierung der psychoanalytischen Bewegung zusammen. Während neue Zeitschriften, Ortsgruppen und die Internationale Psychoanalytische Vereinigung (IPV) gegründet und mehrere Kongresse abgehalten wurden, nahmen die Angriffe auf die Psychoanalyse zu. Gleichzeitig wurden innerhalb der sich institutionalisierenden Bewegung abweichende Positionen nicht mehr so leicht toleriert. So ist diese Kontroverse ein Stück Geschichte der Psychoanalyse und paradigmatisch für den Umgang mit abweichenden Konzepten in der Phase ihrer wachsenden internationalen – positiven wie negativen – Resonanz.
Für die Beschäftigung mit der Freud-Adler-Kontroverse mag dasselbe gelten, was Etzersdorfer (1987, S. 62) hinsichtlich mündlicher Interviews formulierte:
»Forscher sind ständig der Tücke ihrer eigenen Projektionsfelder ausgesetzt. Nur durch das Wahrnehmen der eigenen Gegenübertragung, der

2 Stepansky 1983, S. 4; eigene Übersetzung.

gelungenen Trennung von eigenen Triebimpulsen, der Aufgabe von Identifikationen etc. wird ein Einfühlen in die innere Dynamik der vom Interviewten dargestellten Verhältnisse ermöglicht. Jeder Schreibende macht sich selbst zu einem Teil des historischen Prozesses, den er, je nach seinem Selbstverständnis, auch zu einem Diskurs zur Stabilisierung seiner eigenen, sich selbst immer wieder von außen zu beweisen genötigten Integrität mißbrauchen kann.«

Gerade aus der hochgradig emotionalisierten Atmosphäre, in der die wissenschaftliche Kontroverse ihren Lauf nahm, erwachsen immer wieder verlockende Angebote zur Parteinahme, zur Aufspaltung von Sympathie und Antipathie, zur vorschnellen Bewertung. Es ist nicht einfach, diesem Sog zu entkommen. Ich war bemüht, keine vorschnelle Entscheidung zu treffen, wer von den beiden Kontrahenten »recht hatte«. Vielmehr wollte ich die Hintergründe dieses wissenschaftlichen Streits möglichst detailliert aufrollen, so daß sich jeder Leser ein eigenes Bild von den Vorgängen machen kann. So sehr sich eine Parteinahme immer wieder anbietet, habe ich es vorgezogen, das Material aufzuarbeiten und bestenfalls zu kommentieren, nicht aber endgültig zu bewerten. Im letzten Kapitel wurden mehrere unterschiedliche Erklärungsmuster für die Ursachen des Bruchs vorgestellt, wobei wieder die letzte Bewertung den Lesern überlassen bleiben soll.

Dieses Buch enthält eine Fülle von Zitaten. Ich hielt es zunehmend für sinnlos und unmöglich, die verschiedenen Textstellen, vor allem die Rededuelle in der »Mittwoch-Gesellschaft« mit eigenen Worten wiederzugeben, da dabei die den Texten anhaftende Schärfe und Ausdruckskraft verlorengegangen wäre. Auch weil es sich um eine historische Arbeit handelt, erschien es mir sinnvoll, in Zweifelsfällen das Original zu zitieren und damit Klarheit über die Quellen herzustellen, statt die Ereignisse mit eigenen Worten nachzuerzählen.

Die Gliederung dieses Buches ist stark von den »Protokollen der Wiener Psychoanalytischen Vereinigung« als wichtigstes Quellenmaterial für die Kontroverse geprägt. Das Kapitel »Gründung und erste Jahre der Psychologischen Mittwoch-Gesellschaft (1902–1906)« behandelt jenen Zeitraum, über den keine Protokolle vorliegen. Das Material über die Zusammenarbeit zwischen Freud und Adler ist hier spärlich. Genauer dargestellt werden die verschiedenen Versionen über die erste Begegnung der beiden Wissenschaftler und das Innenleben der »Mittwoch-Gesellschaft«.

Das nächste Kapitel (»Organminderwertigkeit, Kompensation, Aggressionstrieb ...«) deckt sich zeitlich mit dem ersten Band der »Protokolle« (Oktober 1906–Juni 1908) und beschreibt die Phase der beginnenden, aber weitgehend tolerierten Dissidenz Adlers. Sowohl seine Organminderwertigkeitslehre als auch sein Verständnis vom Aggressionstrieb bewegte sich zu diesem Zeitpunkt auf biologischem und triebtheoretischem Terrain.

Das Kapitel »Zwischen Organminderwertigkeitslehre und männlichem Protest...« entspricht dem zweiten Band der »Protokolle« (Oktober 1908–Juni 1910). In zwei entscheidenden Vorträgen (»Über die Einheit der Neurosen«, »Psychischer Hermaphroditismus«) vollzieht Adler eine grundsätzliche Änderung seiner Sichtweise. Er verläßt den biologischen Ansatz (Organminderwertigkeit, Kompensation, Aggressionstrieb) zugunsten einer erlebnispsychologischen Sichtweise (Minderwertigkeitsgefühl, männlicher Protest). Die heftigen Diskussionen spiegeln die zunehmende theoretische Entfernung Adlers von Freuds Theorien.

Das nächste Kapitel gibt die entscheidenden Diskussionen wieder, die an vier Abenden zu Beginn des Jahres 1911 geführt wurden. Diese Abende waren Anlaß für Adlers Rücktritt als Obmann der WPV und führten zu seinem Austritt im Sommer 1911 und zum Austritt seiner Anhänger im Oktober 1911. Die Vorgeschichte und der Ablauf dieser dramatischen Ereignisse umfaßt jenen Zeitraum, der im dritten Band der »Protokolle« wiedergegeben ist.

Bei der Darstellung der Ereignisse wurde versucht, die in zahllosen Einzelinformationen an den verschiedensten Stellen der »Protokolle« aufgesplitterte Auseinandersetzung zwischen Adler und Freud zu rekonstruieren, in ihrem chronologischen Ablauf überschaubar darzustellen und das sich ergebende Bild mit anderen Quellen in Verbindung zu setzen.

Die Darstellung der Freud-Adler-Kontroverse endet mit dem Jahr 1911. Es war dies auch das Ende der direkten Auseinandersetzung der beiden Psychologen, die ab diesem Zeitpunkt getrennte Wege gingen. Zwar haben Adler und Freud in manchen späteren Schriften aufeinander Bezug genommen, doch geschah dies zumeist nur am Rande. Ausnahmen sind Freuds »Zur Geschichte der psychoanalytischen Bewegung« aus dem Jahr 1914 und Adlers Aufsatz »Individualpsychologie und Psychoanalyse« aus dem Jahr 1931. Doch auch für diese Aufsätze wie auch die meisten Abhandlungen der jeweiligen Schülergenerationen gilt, daß das Wesentliche bereits in den Diskussionen bis 1911 gesagt wurde und seither kaum neue Aspekte aufgetaucht sind.[3]

3 Eine Ausnahme sind die Tagebuchaufzeichnungen, Briefe und Erinnerungen von Andreas-Salomé (1965, 1966, 1968), die in der Zeit nach dem Bruch für kurze Zeit in beiden Schülerkreisen verkehrte. Da ich dieses Buch mit dem Bruch der beiden Wissenschaftler enden lasse, wurden diese Dokumente nur partiell berücksichtigt.

Für technische, inhaltliche und moralische Hilfestellungen bei der Arbeit an diesem Buch danke ich Rudolf Bock, Karl Fallend, Ernst Falzeder, Ernst Federn, Karl Mätzler und Johannes Reichmayr.

I. Gründung und erste Jahre der Psychologischen Mittwoch-Gesellschaft (1902–1906)

Zur ersten Begegnung von Alfred Adler und Sigmund Freud

Über die erste Begegnung der beiden Männer existieren mehrere widersprüchliche Versionen. Die meisten von ihnen haben sich inzwischen als unhaltbar erwiesen. Sie gehen im wesentlichen auf die beiden frühen Adler-Biographien von Manès Sperber und Phyllis Bottome zurück. Bei Sperber (1926, S. 16) heißt es:

»1899 oder 1900 hörte Adler Freud zum ersten Male. Es war dies in dem Wiener Ärzteverein, der die Darlegungen Freuds mit einem Hohngelächter aufnahm... Adler... schrieb in einer Wiener medizinischen Zeitschrift ein Referat über den Vortrag Freuds, in dem er Verständnis für Freud verlangte und erklärte, daß man sich mit Freud und seiner Lehre sachlich auseinandersetzen müsse.«

Freud habe daraufhin Adler kontaktiert und sich für die Unterstützung bedankt. Sperber behielt diese Version in seiner zweiten Adler-Biographie bei (1970, S. 42), und sie ist von anderen Autoren übernommen worden.[1]

Als Quelle für diese Darstellung gab er persönliche Mitteilungen Adlers an.[2] Bei der Durchsicht der in Wien zwischen 1899 und 1902 erschienenen medizinischen Zeitschriften[3] konnte der von Sperber erwähnte Artikel nicht gefunden werden. Es ist anzunehmen, daß er nie geschrieben wurde.[4]

Von Bottome (1939) stammt die Version, nach der Adler auf eine abfällige Kritik von Freuds *Traumdeutung* in der *Neuen Freien Presse* mit einem Protestbrief antwortete, der veröffentlicht wurde:

1 Z. B. Furtmüller 1946, S. 238; Orgler 1939, S. 15; Rattner 1972, S. 20; Seelmann 1977, S. 522.

2 Sperber 1975, S. 128. Er hat dies auch in einem Brief vom 29. 11. 1982 an den Autor bestätigt: »Was ich darüber aussage, weiß ich von Adler selbst. Mehr kann ich darüber nicht aussagen.«

3 Durchgesehen wurden u. a. die »Wiener Medizinische Wochenschrift«, die »Wiener Klinische Rundschau« und die »Wiener Klinische Wochenschrift«.

4 Daß Sperbers Adler-Biographie unzuverlässig ist, geht auch aus anderen Passagen hervor. So schreibt er, daß 1911 nicht nur Adler, Oppenheim und Furtmüller den Kreis um Freud verließen, sondern auch Alexander Neuer, Erwin Wexberg, E. Fröschl und Otto Kaus (1926, S. 57ff.). Letztere waren zwar später Mitglieder des Vereins für Individualpsychologie, gehörten aber nie der WPV an. Nur Wexberg scheint zu Beginn des neunten Vereinsjahres (1910/11) auf einer Mitgliederliste auf. Sein Name ist allerdings durchgestrichen, und er nahm an keiner Sitzung teil (vgl. *Protokolle* 1979, 2).

»Freud zeigte sich darüber sehr gerührt und sandte Adler die berühmte Postkarte, in der er ihm für den erwiesenen Dienst dankte und ihn bat, sich dem Diskussionskreis über Psychoanalyse anzuschließen.«[5]
Diese Version wurde von Furtmüller (1946, S. 238) und Alexandra Adler (1968, S. 57) aufgegriffen, ohne daß sie belegt werden kann. Brome (1969, S. 29) meint, man könne mit Sicherheit annehmen, daß Adler niemals einen solchen Artikel für die *Neue Freie Presse* geschrieben habe, da nicht einmal die Adlerianer in der Lage waren, ihn aufzufinden.[6] Ellenberger (1973, S. 783) schrieb, daß die *Neue Freie Presse* in Wirklichkeit niemals eine Besprechung der *Traumdeutung* noch irgendeinen Artikel gegen Freud veröffentlicht habe und es daher nicht bekannt sei, unter welchen Umständen sich die beiden Männer begegnet seien.
Trotz der Unklarheiten werden diese Versionen über die erste Begegnung von Adler und Freud auch in jüngsten Publikationen beharrlich transportiert. In einer populärwissenschaftlichen Zeitschrift etwa heißt es:
»Vermutlich um 1900 hat er (Adler) im Wiener Ärzteverein Freuds Ansichten über die Entstehung von Neurosen zum erstenmal gehört. Er war empört, daß man in angesehenen Wiener Ärztekreisen Freuds Theorie lächerlich machte. Und er empörte sich öffentlich – mit einem Leserbrief zugunsten Freuds in einer Wiener Tageszeitung. Postwendend erhielt er von diesem eine Karte mit einer Einladung zu den Mittwochdiskussionen über Neurosenpsychologie in Freuds Privatwohnung.«[7]
Bei Pongratz (1983, S. 198) heißt es:
»Die Beziehung und langjährige Zusammenarbeit von Adler und Freud soll durch eine Postkarte gestiftet worden sein. Freud hatte sie an Adler gerichtet, als dieser 1902 in der Wiener Tageszeitung die ›Traumdeutung‹ positiv rezensiert hatte, weil er in ihr einen neuen Weg zum Verständnis der Neurose sah. Schon 1899 war Adler dem Begründer der Psychoanalyse gelegentlich eines Vortrages im Wiener Ärzteverein begegnet, in dem Freud abfällig kritisiert wurde. Adler setzte sich ener-

5 Zitiert nach der Übersetzung Bromes (1969, S. 29). Es ist ratsam, auf Bottomes Adler-Biographie als Quellenmaterial weitgehend zu verzichten. Zahlreiche unrichtige Behauptungen geben Anlaß zu einem berechtigten Mißtrauen in die Verläßlichkeit ihrer Informationen. So z. B. waren Freud und Adler nie »intim« befreundet, der Individualpsychologe Alexander Neuer zu keinem Zeitpunkt Mitglied der »Mittwoch-Gesellschaft«, und Carl Furtmüller ist nicht gleichzeitig mit Adler in Freuds Kreis eingetreten, wie Bottome (1939, S. 10, S. 56f.) berichtet. Zur Problematik ihrer emotionalen Voreingenommenheit gegenüber Freud vgl. Brome (1969, S. 58f.).
6 Er bezieht sich dabei auf einen Artikel im *Journal of Individual Psychology*, 18/1962.
7 *Psychologie heute*, Februar 1977, S. 37.

gisch für ihn ein und forderte auch schriftlich, man solle sich mit den neuen Gedanken sachlich auseinandersetzen. Auf der Postkarte nun lud Freud den interessierten Kollegen zu den Mittwochdiskussionen in seinem Haus ein.«

Ähnliche Versionen tauchen immer wieder in immer neuen Varianten in der Literatur auf, aber es sind bis heute noch keine Belege gefunden worden, die für eine Begegnung von Adler und Freud vor dem Jahr 1902, in dem die »Psychologische Mittwoch-Gesellschaft« gegründet wurde, sprechen. Unabhängig davon, ob Adler tatsächlich ein unerschrockener Verteidiger Freuds war, hat dieses Bild Legendenfunktion gewonnen. Im Geschichtsbild der Adlerschen Schule unterstreicht es die frühe Unabhängigkeit Adlers von Freud und seine Ebenbürtigkeit – im Kontrast zum Bild des einseitigen Lehrer-Schüler-Verhältnisses.

Interessant ist in diesem Zusammenhang ein Zeitungsinterview aus dem Jahr 1928, in dem Adler eine Reihe von Hinweisen gibt, die seine Situation um die Jahrhundertwende näher beleuchten. Eine wesentliche Passage dieses Interviews lautet:

»Ich hatte bei Meynert und Krafft-Ebing studiert, damals hat man nervöse Leiden, bei denen keine organischen Defekte nachweisbar waren – und das macht ja das Wesen der Neurosen aus –, einfach symptomatisch behandelt; durch Kaltwasserkuren, mit Medikamenten, daß man den Patienten auf Reisen sandte, daß man ihm eine bestimmte Diät verordnete. Zweifellos erzielte man mit diesen Kuren auch Erfolge, soweit der Patient den festen Glauben der Heilwirkung der verordneten Maßnahmen besaß. Aber alle diese Methoden, zu denen auch die Hypnose gehörte, schienen mir nicht an die Wurzel des Problems vorzudringen und im Wesen nicht mehr zu sein, als die Wunderkuren, die ja gelegentlich auch Quacksalbern und Phantasten gelingen, wenn nur der Patient den richtigen Glauben mitbringt. Immer tiefer suchte ich den psychologischen Zusammenhängen auf den Grund zu kommen, die Schriften der Franzosen Charcot und Janet ermutigten mich, in dieser Richtung weiterzuforschen. Da hörte ich im Jahre 1899 oder 1900 einen Vortrag von Dr. Freud, der, gleich mir, Versuche unternahm, psychische Zusammenhänge der verschiedenen Neurosen zu finden. Ich war Nervenarzt, hatte großes Interesse für pathologische Anatomie und interne Erkrankungen, die vorweg zu erkennen meiner Meinung nach zu den wichtigsten Voraussetzungen jeder psychischen Behandlungsweise gehört. In den Jahren 1901 und 1902 wurde ich eingeladen, mit Freud und einigen seiner Schüler die Probleme der Neurosen zu diskutieren.«[8]

8 »Besuch bei... Dr. Alfred Adler«, *Neues Wiener Tagblatt*, 1.7.1928, S. 5f.

Adlers Aussagen erwecken den Eindruck, als wollte er den Beginn seines aktiven Interesses für Neurosenfragen um einige Jahre vordatieren. Aus seinen Inskriptionsunterlagen geht nicht hervor, daß er bei Meynert studiert oder sich bereits während des Studiums besonders für Psychiatrie interessiert hätte.[9] Er war um die Jahrhundertwende auch nicht als »Nervenarzt«, sondern als praktischer Arzt tätig. Insofern erscheint Adlers Formulierung über »Freud, der, gleich mir, Versuche unternahm, psychische Zusammenhänge der verschiedenen Neurosen zu finden«, als nachträgliche Vordatierung seines speziellen Interesses für Neurosen. Auf theoretischem Gebiet beschäftigte sich Adler um 1902 ausschließlich mit Fragen der Sozialmedizin, der Hygiene und Prophylaxe im Gesundheitswesen. Es ist auch fraglich, ob Adler bereits damals Charcot und Janet studierte. Viel eher wurde er von den Schriften des Sozialmediziners Rudolf Virchow beeinflußt.[10] Erst 1904, zwei Jahre nach Beginn seiner Mitarbeit in der »Mittwoch-Gesellschaft«, erschien eine Arbeit Adlers über die Prophylaxe von Neurosen.

Es ist möglich, daß er um 1899/1900 einen Vortrag Freuds gehört hat. Man findet in diesem Interview allerdings keinen Hinweis auf eine Verteidigung Freuds durch einen Protestbrief oder auf einen Beitrag in einer medizinischen Zeitschrift, was die bereits vorgebrachten Zweifel an diesen Versionen untermauert. Adler wurde auch nicht »in den Jahren 1901 und 1902« von Freud eingeladen, sondern frühestens im Sommer 1902. Die Diskussionsabende begannen im Herbst 1902, also etwa zwei bis drei Jahre nachdem er einen Vortrag Freuds besucht hatte.

Die Psychologische Mittwoch-Gesellschaft

Freud um 1902

Freud war zum Zeitpunkt der Gründung dieses Diskussionszirkels 46 Jahre alt. Die vergangenen zehn Jahre hatte er sich aus den akademisch-ärztlichen Kreisen zurückgezogen, und er hielt nur noch in der jüdischen Loge B'nai B'rith öffentliche Vorträge.

»Das Gefühl, ein Außenseiter zu sein, teilte Freud allerdings gerade mit jenen österreichischen Intellektuellen, die ins 20. Jahrhundert vorausweisende Ideen vertraten... Freuds Leiden an Wien wurde verstärkt durch sein Judentum und durch den gegen Ende des 19. Jahrhunderts

9 Vgl. Handlbauer 1984, S. 354 f.
10 Vgl. Ansbacher 1977.

von Wien ausgehenden modernen Antisemitismus. Auch dieses Schicksal teilte Freud mit der Mehrzahl derer, die heute als typische Vertreter der Wiener Kultur der Jahrhundertwende gelten... Im Unterschied zu Mahler oder auch Schnitzler und Hofmannsthal gab er sich nicht einem morosen Gefühl der Passivität und der resignativen Trauer hin, sondern blieb vielmehr der kompakten Majorität gegenüber zum Kampf entschlossen, kompromißlos und unerbittlich« (Worbs 1983, S. 20).

Wie Gay (1988, S. 130f.) zeigt, war Freud in seinem Bekenntnis zum Judentum »unmißverständlich«, aber auch »aggressiv säkular«:

»Freud war sich bewußt, daß es ein schweres Los war, Jude zu sein und zu bleiben. Aber der illusorische Ausweg der Taufe, sei es aus Überzeugung oder aus taktischen Gründen, den viele seiner Zeitgenossen, wie Alfred Adler, gewählt hatten, erschien ihm verächtlich.«

Die ersten Jahre der »Mittwoch-Gesellschaft« fallen mit einer fruchtbaren publizistischen Periode Freuds zusammen. Um die Jahrhundertwende erschien *Die Traumdeutung* und in den Jahren 1904/05 in rascher Folge einige der bedeutendsten Schriften Freuds: *Zur Psychopathologie des Alltagslebens* (1904; in Buchform), *Der Witz und seine Beziehung zum Unbewußten* (1905), *Drei Abhandlungen zur Sexualtheorie* (1905) und der Fall »Dora«: »Bruchstück einer Hysterie-Analyse« (1905).

Mit diesen Werken hat Freud die Psychoanalyse aus einer Neurosentheorie zu einer umfassenden Psychologie des »normalen« psychischen Geschehens erweitert. Seine bisherigen Arbeiten waren vor allem für Psychiater und Psychopathologen potentiell von Bedeutung, da sie Möglichkeiten der Krankheitseinsicht und der therapeutischen Beeinflussung aufzeigten und der herkömmlichen Beschränkung auf Klassifizierung und Absonderung psychopathologischer Krankheiten gegenüberstellten. Mit den erwähnten Werken sicherte sich Freud durch die Beschäftigung mit der »normalen« Psyche (Traum, Fehlleistung, Witz) auch das Interesse nichtärztlicher Zeitgenossen. Mit der endgültigen Ausformulierung der psychoanalytischen Theorie als psychologisches Erklärungsmuster des normalen und abnormalen Verhaltens begann Freud Anhänger anzuziehen.

»Für die Akzentuierung der Psychoanalyse als reiner Psychologie dürfte auch das große Interesse und die Aufnahmebereitschaft, die um die Jahrhundertwende ein aufgeklärtes Fach- und Laienpublikum psychologischem Denken entgegenbrachte, ausschlaggebend gewesen sein. So ging auch die Schar der Anhänger Freuds über die traditionelle medizinische Spezialisierung hinaus. Soziokulturelle Geistes- und Interessenshaltungen hatten eine Atmosphäre vorbereitet, in der die

neuen Worte und Begriffe schon auf Meinungskonglomerate rekurrieren konnten« (Fallend et al. 1985, S. 116f.).
Freuds Heraustreten aus der Isolation und die Gründung der »Mittwoch-Gesellschaft« fiel zeitlich auch mit dem Ende seiner Freundschaft zu Wilhelm Fließ zusammen.
Noch ein weiteres Datum zeichnet das Jahr 1902 aus. Am 5. März dieses Jahres wurde Freuds Ernennung zum außerordentlichen Universitätsprofessor von Kaiser Franz Joseph unterzeichnet. Die »Mittwoch-Gesellschaft« wurde also kurz nach diesem Ereignis gegründet. Als Dozent für Neurologie hielt Freud schon ab 1886/87 Vorlesungen an der Universität Wien, »doch offenbar behagte es ihm mit der Zeit immer weniger, eine beliebige, stets wechselnde und nicht in seinem Sinne gestimmte junge Zuhörerschaft zu unterrichten. Seine Veranstaltungen fanden in verschiedenen, schwer auffindbaren Hörsälen und zu äußerst ungünstigen Zeiten (Samstag von 17 bis 19 Uhr) statt« (Graf-Nold 1988, S. 49f.).
Eine alphabetische Liste der Hörer Freuds in den Studienjahren 1886/87 bis 1918/19 nennt namentlich 269 Personen, darunter nicht wenige, die in der Geschichte der Psychoanalyse und der Individualpsychologie eine Rolle spielen sollten, wie z. B. Helene Deutsch, Leonhard Deutsch, Rudolf Dreikurs, Paul Federn, Otto Fenichel, Josef Friedjung, Gustav Grüner, Margarete Hilferding, Eduard Hitschmann, Edwin Hollerung, Hermine Hug von Hugenstein, Max Kahane, Paul Klemperer, Stefan Maday, Richard Nepallek, Oskar Rie, Hanns Sachs, Isidor Sadger, Hugo Schwerdtner, Richard Wagner, Erwin Wexberg und Alfred Winterstein.[11] Nicht wenige Hörer seiner Vorlesungen wurden Mitglieder der »Mittwoch-Gesellschaft«.[12]
Freud schreibt über seine Situation um die Jahrhundertwende, daß er von der Öffentlichkeit wegen seiner Theorien angefeindet wurde:
»Durch mehr als ein Jahrzehnt nach der Trennung von Breuer hatte ich keine Anhänger. Ich stand völlig isoliert. In Wien wurde ich gemieden, das Ausland nahm vor mir keine Kenntnis« (Freud 1925, S. 76).
Sulloway (1982) bezeichnet die Aussagen, daß Freud zehn Jahre lang isoliert und seine Theorien bei den Zeitgenossen eine unangemessene,

11 Vgl. Gicklhorn 1960, S. 169ff.
12 Jones (1962/2, S. 28) zitiert eine Hörerliste aus dem Jahr 1906, die u. a. die Namen Carl Furtmüller, Franz Grüner, Gustav Grüner, Paul Klemperer und H. Oppenheim aufweist, also spätere Anhänger Adlers in der »Mittwoch-Gesellschaft«. Gicklhorn (1960, S. 188) zieht diese Liste in Zweifel. Weder Furtmüller noch Oppenheim, noch Franz Grüner hätten je bei Freud inskribiert, könnten bestenfalls als Gäste teilgenommen haben. Eigene Nachforschungen im Universitätsarchiv bestätigen diese Aussage für Furtmüller und Oppenheim. Franz Grüner hat allerdings Freuds Vorlesungen im WS 1906/07, SS 1907, WS 1907/08 und SS 1909/10 inskribiert.

feindselige und irrationale Aufnahme gefunden hätten, als Mythen, die in der psychoanalytischen Geschichtsschreibung Legendenfunktion hätten. Mit diesen Bildern werde der »Mythos des Helden«, des einsamen und heroischen Charakters seiner Entdeckungen, transportiert. Sulloway nennt als Beweise seine eigenen Untersuchungen und die Ellenbergers (1973) und Deckers (1977). In der Tat hat die psychoanalytische Geschichtsschreibung diese Bilder über Gebühr strapaziert, aber Sulloway scheint in der Verfolgung seiner These den realen Grundlagen für diese Bilder zu wenig Gewicht zu geben. Jones (1962/2, S. 134ff.) zeigt anhand zahlreicher Beispiele, daß vor allem in den Jahren vor dem Ersten Weltkrieg die Anfeindungen durch die deutschsprachigen Neurologen und Psychiater einen Höhepunkt erreichten. Bei der Klärung, ob Freud tatsächlich so angefeindet wurde, wie er und Jones behaupten, ist es auch notwendig, zu berücksichtigen, daß die meisten Angriffe nicht direkt und nicht in publizierter Form gemacht wurden: »denn nur ein kleiner Teil fand Zugang in die wissenschaftlichen Zeitschriften, und dies auch nur in relativ zivilisierter Form. Die meisten Schmähungen erlebte man bei unprotokollierten Ausbrüchen an wissenschaftlichen Versammlungen, noch mehr aber in privaten Unterhaltungen« (Jones 1962/2, S. 134).

Dieses Argument ist angesichts der Arbeit von Decker zu berücksichtigen. Auch wenn sie aufzeigt, daß Freud nicht in dem Ausmaß ignoriert wurde, wie behauptet wird, bezieht sich ihre Studie primär auf die Rezeption der Traumdeutung. Nach Jones (ebda., S. 137) führten aber erst die *Drei Abhandlungen zur Sexualtheorie* und der Fall »Dora«, die beide 1905 erschienen, zu einem Anwachsen der Anfeindungen. Dafür spricht auch ein Bericht Eitingons, der »in der damaligen siedendheißen Atmosphäre des Burghölzli, der psychiatrischen Anstalt von Zürich« die Psychoanalyse kennenlernte:

»Sie wissen, mit dem Erscheinen der ersten Krankengeschichte ›Dora‹ begann damals das Kesseltreiben gegen ihn. Die zwölf Jahre früher erschienenen ›*Studien über Hysterie*‹ hatte man etwas lau, aber immerhin nicht ohne Freundlichkeit aufgenommen und ›*Die Traumdeutung*‹ hielt man zunächst für eine private Marotte von ihm, bis eben der Fall Dora gezeigt hatte, wie ernst er es damit meinte« (Eitingon 1950, S. 75).

Auch Jung (1962, S. 152) bestätigt, daß Freud in der akademischen Welt jener Zeit »persona non grata« war. Und Binswanger (1956, S. 38) berichtet:

»Als Beispiel dafür, wie ablehnend und verständnislos man damals noch in Deutschland der Psychoanalyse gegenüberstand, mag das Echo auf meine Ankündigung dienen, die ich bei der Übernahme der ärzt-

lichen Leitung unserer Anstalt in die Welt sandte, der simplen Ankündigung nämlich, daß auch die Psychoanalyse in unserer Anstalt angewandt werde! Das Echo aus Deutschland lautete, daß ich unserer Anstalt damit das Todesurteil gesprochen hätte!«
Weder das psychoanalytische Geschichtsbild noch die Antithesen von Sulloway und Decker scheinen mir die Frage nach dem tatsächlichen Ausmaß der Isolation und der Anfeindung Freuds ausgewogen zu beantworten. Die Frage ist ungeklärt und soll hier nicht näher untersucht werden.
Mit der Konstituierung der Psychologischen Mittwoch-Gesellschaft war jedenfalls Freuds wie immer geartete Isolation beendet, auch wenn er selber deren Ende später mit dem Jahr 1907 datierte, in dem der Züricher Psychiater C. G. Jung zur Psychoanalyse stieß.

Die Gründungsmitglieder

Adler, zwölf Jahre jünger als Freud, arbeitete 1902 als praktischer Arzt im zweiten Wiener Gemeindebezirk, der von einer vorwiegend jüdischen kleinbürgerlichen Bevölkerung bewohnt war. Nunberg (1976, S. XXII) hat die Beziehung zwischen Freud und jenen Ärzten, die mit ihm die »Mittwoch-Gesellschaft« gegründet hatten, etwas idealisierend so beschrieben:
»Auf der einen Seite war da eine Gruppe von Menschen auf der Suche nach neuen Ideen und einem Führer, auf der anderen Seite stand ein einsamer Mann, der bedeutsame Entdeckungen gemacht hatte und sie mit anderen teilen wollte.«
Der Arzt Wilhelm Stekel gab Freud in dieser Situation den Anstoß zur Gründung der »Mittwoch-Gesellschaft«. In seiner Autobiographie berichtet er über seine Behandlung bei Freud und sein publizistisches Engagement für die neue Wissenschaft:
»Schrittweise wurde ich als Mitarbeiter Freuds bekannt. Ich gab ihm die Anregung, eine kleine Diskussionsgruppe zu gründen; er akzeptierte diese Idee und an jedem Mittwochabend nach dem Nachtmahl trafen wir uns in Freuds Wohnung... Diese ersten Abende waren erquickend. Wir fanden einige Zufallsthemen und jeder nahm an der Diskussion teil. Am ersten Abend sprachen wir über die psychologische Funktion des Rauchens. Es bestand eine vollendete Harmonie unter uns fünfen, ohne jegliche Dissonanz; wir waren wie Pioniere in einem neuentdeckten Land und Freud war der Führer. Ein Funke schien von einem zum anderen überzuspringen, und jeder Abend war wie eine Offenbarung. Wir waren von diesen Treffen so gefesselt, daß wir be-

schlossen, daß neue Mitglieder nur mit einmütigem Konsens in unseren Kreis aufgenommen werden könnten.«[13]

Freud hatte mit Postkarten die Ärzte Alfred Adler, Max Kahane und Rudolf Reitler zum ersten Treffen eingeladen. Auf diese Gründungsmitglieder der »Mittwoch-Gesellschaft« soll etwas näher eingegangen werden.[14]

Wilhelm Stekel (1868–1940)

suchte als junger Arzt Freud wegen Potenzstörungen auf und begab sich bei ihm in eine psychoanalytische Behandlung, die schon nach wenigen Sitzungen Erfolg zeigte. Stekel publizierte in den verschiedensten Zeitungen und Zeitschriften zu medizinischen und anderen Themen. Daß er im *Neuen Wiener Tagblatt* in Sonntags-Kolumnen auch über Vorträge und Diskussionen der »Mittwoch-Gesellschaft« publizierte, wie Jones (1962/2, S. 21) berichtet, trifft nicht zu. Stekel veröffentlichte sporadisch ab 1901 Feuilletons im *Neuen Wiener Tagblatt*. Diese beschäftigten sich mit allem möglichen, aber nicht mit den Diskussionen der »Mittwoch-Gesellschaft«.[15] Im Januar 1902 hatte er allerdings eine zustimmende Rezension von Freuds Traumdeutung publiziert.[16] Hingegen erschien am 28. Januar 1903 im *Prager Tagblatt* ein Feuilleton Stekels (»Gespräch über das Rauchen«), das eine Diskussion der frühen »Mittwoch-Gesellschaft« wiedergibt. Aber auch im *Prager Tagblatt* erschien kein weiteres Stekel-Feuilleton. Etwa 1903 begann Stekel damit, selber Analysen durchzuführen. Er schrieb zahlreiche populärwissenschaftliche Arbeiten über Psychoanalyse und mehrere Bücher, darunter *»Nervöse Angstzustände und ihre Behandlung«* (1908) und *»Die Sprache des Traumes«* (1911). Auch Wittels (1924, S. 116) berichtet, daß Stekel »durch seine journalistische Begabung viel zur Verbreitung der Freudschen Lehre in Wien und ganz Deutschland beigetragen (habe). Die Rotationsmaschinen aller deutschen Tageszeitungen stöhnten unter seinen Lobeshymnen. Freud hätte sich zweifellos auch ohne solche Propaganda durchgesetzt. Das mindert aber nicht Stekels frühe Verdienste um Freud, als es noch nicht so bequem war wie heute, sich zur Psychoanalyse zu bekennen.«

Stekel hatte eine außergewöhnliche Begabung für das Verständnis von Träumen und Symbolen. Zu seinem Umgang mit dieser Begabung entwickelte Freud ein ambivalentes Verhältnis. Es gibt zahlreiche Belege für seinen Unmut mit den »wilden« Analysen und Psychologisierun-

13 Stekel 1950, S. 115f., übersetzt durch den Autor.
14 Vgl. hier und auch bei späteren biographischen Angaben zu einzelnen Mitgliedern die Hinweise in den *Protokollen* (1976, S. XXXVff.; 1977, S. XVIIff.; 1979, S. XIIIff.) und bei Federn 1984, S. 14ff.
15 Vgl. Worbs 1983, S. 137, Anm. 16.
16 Nachgedruckt bei Kimmerle 1986, S. 106–122.

gen Stekels, aber auch anderer Wiener, denen er Mangel an Selbstkritik und analytischem Feingefühl bescheinigte. 1912 kam es zum Bruch zwischen Stekel und Freud. Auf die Hintergründe, die andere waren als die Schwierigkeiten mit Adler, soll hier nicht näher eingegangen werden. Federn (1984, S. 24) faßte sie so zusammen:
»Journalistisch und als Therapeut außerordentlich begabt, nahm er es in beiden Berufen mit der Wahrheit und geschäftlichen Dingen nicht immer so genau, wie es Freud von seinen Mitarbeitern erwarten mußte. Das hielt Freud auf die Dauer nicht aus...«
In einem Brief vom 3.11.1912 kommentierte Freud Stekels offizielle Ankündigung seines Austritts mit den folgenden Worten:
»Ich bin so froh darüber; Sie können nicht wissen, was ich unter der Aufgabe, ihn gegen die ganze Welt zu verteidigen, gelitten habe. Er ist ein unerträglicher Mensch« (Abraham / Freud 1965, S. 126f.).
Jones (1959, S. 219) berichtet über Stekels angeblich unverantwortliches Verhältnis zur Wahrheit, daß er, was immer bei den Diskussionsabenden der »Mittwoch-Gesellschaft« zum Thema wurde, regelmäßig mit der Formel kommentierte: »Gerade heute hat mich ein solcher Patient konsultiert«, so daß Stekels »Mittwoch-Patient« zu einem geflügelten Wort wurde.
Stekel führte das *Zentralblatt für Psychoanalyse*, dessen Mitherausgeber er gewesen war, in Eigenregie bis zum Beginn des Ersten Weltkriegs fort. Er hatte nicht wenige Anhänger. Trotz aller Versuche gelang es ihm aber nie, eine eigene psychoanalytische Schule zu gründen. Die heute stark verbreiteten Kurztherapien gehen auf seine Ideen zurück. Stekel nahm sich 1940 in der Emigration in London das Leben.
Max Kahane (†1924)
stieß als junger Arzt zu Freud. Ebenso wie Rudolf Reitler hatte er Freuds Universitätsvorlesungen besucht. Aus diesem Kontakt resultierte die Einladung Freuds zur Gründungssitzung der »Mittwoch-Gesellschaft«. Kahane arbeitete in einem Nervensanatorium und hat die Psychoanalyse nicht praktiziert. Er gab gemeinsam mit den Ärzten Alfred Adler, Alfred Bass und Julius Baum ein *Medizinisches Handlexikon für praktizierende Ärzte* heraus. Im März 1907 teilte er mit, »daß er durch die Herausgabe der ›Enzyklopädie‹ am regelmäßigen Besuch der Mittwoch-Abende im Sommer-Semester verhindert ist« (*Protokolle* 1976, S. 145). Das *Handlexikon* erschien 1908. Nach Wittels (1924, S. 116) war Kahane ein Jugendfreund Freuds; um 1908 ging diese Freundschaft in die Brüche. Die Gründe dafür sind nicht bekannt. Stekel (1923, S. 570) schrieb dazu:
»Ich will nicht unerwähnt lassen, daß eines unserer ältesten Mitglieder,

der geistreiche Max Kahane, auch in Feindschaft mit Freud geriet. Ich habe Kahane nie um den Grund gefragt. Aber die Art und Weise, wie er über Freud gesprochen hat, läßt sich hier unmöglich wiedergeben. Nicht, daß er seine wissenschaftliche Bedeutung je bezweifelt hätte, er sprach nur über die Art und Weise, wie Freud mit seinen Freunden umsprang, zu denen sich Kahane zählen durfte.«

Nach dem März 1907 ist Kahane nicht mehr in der »Mittwoch-Gesellschaft« erschienen.

Rudolf Reitler (1865–1917)

war zum Zeitpunkt der Gründung der »Mittwoch-Gesellschaft« ein angesehener Wiener Arzt.[17] Er wird als vielseitiger, künstlerisch begabter Mensch beschrieben, hat als erster neben Freud die sich entwikkelnde psychoanalytische Technik praktiziert und war therapeutisch sehr erfolgreich. Reitler starb früh an den Folgen einer schweren langjährigen Krankheit. In einem Nachruf in der *Internationalen Zeitschrift für Psychoanalyse* wurde er als einer der ersten und bedeutendsten Pioniere der Psychoanalyse bezeichnet.

Die ersten Sitzungen

Über die Gründung und den Zweck der »Mittwoch-Gesellschaft« urteilte Freud (1914, S. 160) so:

»Vom Jahre 1902 an scharte sich eine Anzahl jüngerer Ärzte um mich in der ausgesprochenen Absicht, die Psychoanalyse zu erlernen, auszuüben und zu verbreiten. Ein Kollege, welcher die gute Wirkung der analytischen Therapie an sich selbst erfahren hatte, gab die Anregung dazu. Man kam an bestimmten Abenden in meiner Wohnung zusammen, diskutierte nach gewissen Regeln, suchte sich in dem befremdlich neuen Forschungsgebiete zu orientieren und das Interesse anderer dafür zu gewinnen.«

Nach Graf (1942, S. 470) wollte Freud mit der Gründung der »Mittwoch-Gesellschaft« nicht nur eine Anzahl von Schülern, sondern Persönlichkeiten aus verschiedenen intellektuellen Gebieten um sich versammeln. Er erwähnte Graf gegenüber den Dichter Hermann Bahr, der allerdings nie Mitglied der »Mittwoch-Gesellschaft« wurde. Freud wollte ursprünglich seine Theorien von den verschiedensten Standpunkten aus diskutiert wissen.

Nach der Schilderung von Wittels (1924, S. 118) hatten die Diskussio-

17 Nach Stekel (1923, S. 546) war Reitler Kurarzt in Baden bei Wien, aber auch in einer Heißluftanstalt in Wien tätig.

nen in der »Mittwoch-Gesellschaft« für Freud den Zweck, »daß er seine eigenen Gedanken durch den Filter einiger sachverständiger, wenn auch mittelmäßiger Gehirne trieb. Starke Individualitäten, sehr kritische und ehrgeizige Mitarbeiter waren ihm deshalb weniger erwünscht. Das Reich der Psychoanalyse war seine Vorstellung und sein Wille. Wer seine Vorstellungen annahm, war ihm willkommen. Er wünschte, in ein Kaleidoskop zu blicken, das durch Spiegelwirkung seine eigenen Figuren vervielfältigte. Besonders schön waren die Abende, an denen Freud seine eigenen Arbeiten in statu nascendi mitteilte... Freuds Vortrag war im kleinen Kreise weit kühner als im öffentlichen Kolleg. Der Aufbau war regelmäßig so, daß seine Behauptungen im Anfang befremdeten, hernach aber von allen Seiten gestützt wurden, bis ihre Wahrscheinlichkeit einen hohen Grad erreichte. Wer Freud nur aus seinen Büchern kennt, wird eher zu Widerspruch bereit sein, als wer dem Feuerwerk seiner Rede ausgesetzt war.«

Stekel berichtet, daß sich bald das Bedürfnis einstellte, »ein bestimmtes Programm für jeden Abend vorherzubestimmen. Einer der fünf Herren übernahm das Referat, dann erfolgte die Diskussion. Allmählich bildeten sich bestimmte Regeln aus, die strenge eingehalten wurden... Die ersten Abende waren herrlich und werden jedem Teilnehmer in unvergeßlicher Erinnerung bleiben. Noch hatten sich Eifersucht und Rivalität nicht gemeldet. Freud war noch nicht anerkannt, man hatte ein gemeinsames Ziel: dem Meister zur gerechten Anerkennung zu verhelfen« (1923, S. 545 f.).

Die Gruppe, die sich im Oktober 1902 zum erstenmal traf, bestand anfangs nur aus Ärzten. Bald kamen aber auch Vertreter anderer Berufsgruppen dazu: Schriftsteller, Geisteswissenschaftler, Pädagogen. Die Teilnehmer bereiteten abwechselnd Referate vor, in denen medizinische und psychopathologische Themen aus psychoanalytischer Sicht behandelt wurden. Zunehmend gewann auch die psychoanalytische Interpretation kultureller, philosophischer und pädagogischer Fragen Bedeutung. Nach den Referaten wurde ausführlich diskutiert, wobei die Reihenfolge der Wortmeldungen durch die Ziehung der Namen aus einer Urne ermittelt wurden.

Zumindest in den ersten Jahren sollen auch persönliche Schwierigkeiten der einzelnen Mitglieder diskutiert worden sein. Nunberg (1976, S. XXIII) meint, man dürfe »ohne Bedenken annehmen, daß das Bedürfnis dieser Männer, ihre Mitmenschen zu verstehen und zu heilen, großenteils ihre eigene Hilfsbedürftigkeit widerspiegelte. Und tatsächlich erörterten sie bei den Zusammenkünften der Vereinigung nicht nur die Probleme anderer, sondern auch ihre eigenen Schwierigkeiten; sie enthüllten ihre inneren Konflikte, bekannten ihre Onanie, brachten Phantasien und Erinnerungen, die Eltern, Freunde, Gattinnen und Kinder betrafen. Zwar scheint es richtig, daß sie Neurotiker waren, aber sicher nicht in höherem Grade als viele andere, die man nicht als krank bezeichnen würde.«

Es gibt allerdings in den *Protokollen*, also aus der Zeit nach Oktober 1906, nur wenige Passagen, die die von Nunberg behauptete vertrauliche Gesprächsatmosphäre belegen.[18]

»Gespräch über das Rauchen« – das erste »Protokoll« der »Mittwoch-Gesellschaft« (1902)

Stekel (1923, S. 543) berichtet über das möglicherweise erste Zusammentreffen der »Mittwoch-Gesellschaft«:

»Es war selbstverständlich, daß wir nach einigen einleitenden Worten auf ein psychologisches Thema kamen. Kahane war es, der den Vorschlag machte, zwanglos über verschiedene Themen zu sprechen, und brachte die Anregung, über das Rauchen zu sprechen.«

Stekel hatte dieses Gespräch in einem Feuilleton des *Prager Tagblatts* am 28.1.1903 veröffentlicht. Als charakteristisches Bild der ersten zwanglosen Unterhaltung soll dieser Bericht hier wiedergegeben werden. Es handelt sich wahrscheinlich um das erste Protokoll der »Mittwoch-Gesellschaft«, das Stekel 1923 (S. 543 ff.) wiederveröffentlichte. Er schreibt, daß dieses Gespräch den Nukleus der analytischen Abende wiedergibt. Stekels »Protokoll« unterstreicht Nunbergs Ausführungen über den intimen Charakter mancher Sitzungen und unterscheidet sich stark von den Protokollen, die Rank ab 1906 anlegte. Ob dies auf Stekels feuilletonistische Schreibweise zurückzuführen ist oder ob sich die ersten Zusammenkünfte tatsächlich diametral von den mehr wissenschaftlichen Sitzungen späterer Jahre unterschieden, läßt sich schwer entscheiden. Freud erscheint in Stekels Bericht als »der Meister«, Adler als »der Sozialist« (!), Kahane ist »der Bequeme«, Reitler »der Schweigsame« und Stekel »der Unruhige«:

»Gespräch über das Rauchen.

Ein kleines gemütliches Studierzimmer eines bedeutenden Nervenarztes. Der Hausherr sitzt am Schreibtisch und dampft aus einer kleinen englischen Pfeife. Der ›Unruhige Geist‹ lehnt sich in einen weichen Fauteuil zurück und raucht wie sein Meister womöglich noch behag-

18 Vgl. den Vortrag von Rudolf von Urbantschitsch »Meine Entwicklungsjahre bis zur Ehe« vom 15.1.1908 (*Protokolle* 1976, S. 264 ff.).

licher aus einer englischen Pfeife. Der ›Schweigsame‹ behandelt mit großer Sachkenntnis und Eleganz eine feine Cigarette. Der ›Sozialist‹ saugt gemüthlich an einer Virginia und macht ein sehr ernstes Gesicht.

Es läutet.

Herein tritt der ›Bequeme‹. Der Hausherr bietet ihm eine Cigarre an.

Der Bequeme: ›Ich danke. Ich rauche jetzt sehr wenig. Ich habe mich überzeugt, daß ich viel freier denken kann, wenn ich nicht rauche. Das Rauchen erzeugt ein gewisses Wohlgefühl. Es regt unsere schöpferische Kraft an. Aber es hat einen großen Nachtheil. Es raubt uns, ähnlich dem Alkohol, den klaren Blick, es zerstört den wohlthätigen Einfluß der Selbstkritik.‹

Der Meister: ›Ich verstehe. Sie wollen sich durch das Rauchen nicht ein Atom Ihres freien Willens rauben lassen.‹

Der Bequeme: ›So ist es. Ich arbeite jetzt viel klarer und nüchterner. Es würde mich interessieren, was die anderen Herren dazu sagen. Könnte nicht der Rückgang der metaphysischen Wissenschaften, das Zurücktreten der Philosophie vor den anderen Wissenschaften auf die allgemeine Unsitte zurückzuführen sein, während der geistigen Arbeit zu rauchen?‹

Der Unruhige: ›Das stimmt nicht mit meinen Erfahrungen überein. Wenn ich genau zurückdenke, so fällt meine schriftstellerische Thätigkeit gerade in jene Zeiten, als ich zu rauchen begann.‹

Der Bequeme: ›Das beweist nur meine Annahme, daß das Rauchen die Selbstkritik untergräbt.‹

Der Hausherr: ›Geistreich – aber boshaft.‹

Der Unruhige: ›– Und falsch. Denn ich rauche nur nach den Mahlzeiten und niemals während der geistigen Arbeit. Seit wann rauchen die Europäer? Zur allgemeinen Sitte ist das Rauchen erst seit cirka zwei Jahrhunderten geworden. Bis ins neunzehnte Jahrhundert hinein war das Rauchen auf der Straße verboten. Gerade die letzten Jahrhunderte haben so einflußreiche Erfindungen, so ungeheure geistige Arbeiten hervorgebracht.‹

Der Meister (zum Bequemen): ›Sie verkennen direct das Wesen des Schaffens. Ich wenigstens arbeite immer in zwei Etappen. Am ersten Tage conzipire ich unter dem Eindrucke der Begeisterung meine Gedanken. Da muß die Phantasie ordentlich mitarbeiten, wenn die Sache einen Zug ins Große erhalten soll. Die Kritik kommt bei mir erst am zweiten Tage. Mit oder ohne Rauchen. Ein kleiner Kern von Wahrheit scheint in diesen Ausführungen zu liegen. Wenn ich ein gegnerisches Buch lesen soll, worüber ich mich voraussichtlich ärgern werde, so rauche ich niemals. Ich lese es in großer Aufregung rasch durch und – – – rauche erst nachher. Das Rauchen bewirkt entschieden eine geringe Narkose, ein Wohlgefühl der Nerven.‹

Der Schweigsame: ›Das Rauchen der Frauen, das gäbe auch manche berücksichtigenswerthe Punkte. Ein Theil raucht nur aus Emancipationsgelüsten – – –‹

Der Bequeme: ›Bei manchen Damen sind es unschuldige Bahnen, auf die sich Impulse sexueller Perversität ergießen – – –‹

Der Unruhige: ›Sie rauchen, um wie der Mann zu genießen. Wozu tiefere Sünde suchen?‹

Der Meister: ›Ein mir bekanntes, geistreiches Mädchen rauchte leidenschaftlich. Darüber zur Rede gestellt, vertheidigte sie sich in einem reizenden Gedichte. Der Sinn desselben war kurz und bündig: Ich rauche so viel, weil ich so wenig geküßt werde – – –‹

Der Unruhige: ›Das kann einen doppelten Sinn haben. Der Nicotingenuß scheint unser Liebesbedürfnis herabzusetzen. Es sind Fälle bekannt – – –‹

Der Meister: ›Ich weiß, wo Sie hinauswollen. Wir wissen es Alle. Deshalb die ewige Gegnerschaft unserer Frauen gegen das Rauchen!‹

Der Bequeme: ›Das ist köstlich! Und die Vorwürfe, der Rauch hafte an den Vorhängen – – –‹

Der Meister: ›– sind ein Vorwand!‹

Der Unruhige: ›Ein Vorhang, der uns den wahren Zusammenhang verschleiern soll.‹ (Alle lachen.)

Der Schweigsame: ›Es ist ganz klar.‹

Der Unruhige: ›Gar nichts ist klar. Es stimmt wieder etwas nicht. Ich kannte ein Mädchen, das ich liebte – – –‹

Der Bequeme: ›Das wie vielte?‹

Der Unruhige: ›– – – Nebensache... das ich liebte. Als ich sie küßte, sagte sie: Du rauchst nicht? Das ist merkwürdig. Du riechst gar nicht wie ein Mann. Ein Mann muß rauchen. Dieses ›Mann‹ sprach sie mit einer so feierlichen Betonung aus. Ein Mann – förmlich dreimal unterstrichen.‹

Der Bequeme: ›Wie alt waren Sie damals?‹

– – –

Der Meister: ›Das war nur der versteckte Wunsch, Sie als erwachsenen Mann zu sehen.‹

Der Sozialist: ›Nach der Hochzeit hätte sie schon das Gegentheil von Ihnen verlangt!‹

Der Schweigsame: ›Das glaube ich auch.‹

Der Unruhige: ›Das sind Witze, das ist keine Psychologie. Ich glaube

allen Ernstes, daß die Frauen in unseren Küssen den Tabakgeruch ungern vermissen würden.‹
Der Bequeme: ›So wie den Schnurrbart, der doch beim Kusse störend wirken sollte.‹
Der Sozialist: ›Das Rauchen hat also in vielen Fällen intime sexuelle Beziehungen. Dafür spricht auch der Umstand, daß die alten Sennerinnen im Gebirge oft viel ärger dampfen als die Männer. Sie haben auf die Liebe schon Verzicht geleistet.‹
Der Unruhige: ›Der Meister hat recht. Das Rauchen ist eine kleine Narkose. Wir als Ärzte müssen aber zugeben, daß es auch ein gefährliches Gift werden kann.«
Der Meister: ›In großen Dosen kann es dem Menschen gefährlich werden. Was soll denn mäßiges Rauchen für Schaden stiften können? Ich bin immer sehr mißtrauisch, wenn ich höre, der oder jener Kranke sei infolge zu starken Rauchens gestorben. Da stecken sehr häufig andere Dinge dahinter. Am häufigsten wohl eine Combination mit Alkoholismus, die besonders verderblich zu sein scheint.‹
Der Unruhige: ›Ich rauche eigentlich wenig. Fünf Cigarren im Tage, immer eine nach einer Mahlzeit. Dabei habe ich die Empfindung, ich könnte jeden Tag aufhören. Ja – nach einer besonders schlechten Cigarre nehme ich mir's vor: morgen hörst du auf. So betrüge ich mich schon jahrelang mit dem Gedanken, es sei eigentlich das letztemal. Der abgenützte Trost aller Sünder! Groß und Klein.‹
Der Meister: ›Sie sind kein Raucher. Sie können das nicht verstehen. Ich habe zwei Jahre nicht rauchen dürfen. Es war schrecklich. Ich hatte die Empfindung, es wäre mir ein guter Freund gestorben und ich müßte von Früh bis Abends seiner in Trauer gedenken. Auch jetzt habe ich dieselbe Empfindung für meine Pfeife. Sie ist mein guter Freund, mein Berather, mein Gesellschafter, mein Tröster, mein Weggenosse, der mir die weitesten Wege verkürzt.‹«

»Lehranalysen«

Einige der Mitglieder standen kürzere oder längere Zeit bei Freud in psychoanalytischer Behandlung oder kamen über diesen Umweg zur »Mittwoch-Gesellschaft«, wie etwa Wilhelm Stekel. Die »Absolvierung« einer psychoanalytischen Behandlung war aber nie Bedingung für die Aufnahme und spielte nicht jene bedeutende Rolle, die ihr später in den psychoanalytischen Vereinigungen zukommen sollte. Freud hat den Gedanken einer Lehranalyse damals noch nicht vertreten, auch wenn er im Rückblick festhielt, daß gerade die Psychoanalyse »eine lange und strenge Zucht und Erziehung zur Selbstzucht gefordert« hätte (Freud 1914, S. 161).

Die Lehranalyse wurde erst nach dem Ersten Weltkrieg institutionalisiert. Beim Internationalen Psychoanalytischen Kongreß in Budapest 1918 stellte Herman Nunberg auf Veranlassung Freuds einen Antrag, daß jeder Analytiker sich selbst einer Analyse unterziehen müsse. Dagegen gab es Opposition von Otto Rank und Viktor Tausk. Erst 1925, beim Kongreß in Bad Homburg, wurde der Antrag angenommen.[19]

Wie »Lehranalysen« vor dem Ersten Weltkrieg aussahen, beschreibt Jones (1962/2, S. 48f.). Er berichtet, daß Max Eitingon im Januar 1907 fast vierzehn Tage nach Wien kam und dort auch an zwei Sitzungen der »Mittwoch-Gesellschaft« teilnahm:

»Mit Freud verbrachte er drei oder vier Abende, und diese wurden auf langen Spaziergängen durch die Stadt mit persönlicher analytischer Arbeit ausgefüllt. So sah die erste Lehranalyse aus! Ich erinnere mich an den schnellen Schritt und den raschen Gedankenflug solcher Spaziergänge. Schnelles Gehen pflegte Freuds Gedankengang anzuregen; aber für einen Begleiter, der lieber eine Pause eingeschaltet hätte, um das Gehörte zu verdauen, war es manchmal atemraubend. Im Oktober 1909 verbrachte Eitingon wieder drei Wochen in Wien. Zweimal wöchentlich hatte er seinen Abendspaziergang mit Freud zur Fortsetzung seiner Lehranalyse.«

Adler hat sich zu keinem Zeitpunkt bei Freud analysieren oder behandeln lassen. Dies geht aus einem nicht abgeschickten Brief Freuds an Jung vom 22.12.1912 hervor, in dem es heißt:

»Über Ihren Vorwurf, ich mißbrauche die Analyse, um meine Schüler in infantiler Abhängigkeit zu halten... will ich nicht urteilen, weil alles Urteilen in eigener Sache so schwer ist und doch keinen Glauben erweckt... ich bin daran gewöhnt, in Wien den entgegengesetzten Vorwurf zu hören, daß ich mich mit der Analyse der ›Schüler‹ zu wenig befasse. In Wirklichkeit hat zum Beispiel Stekel, seitdem er vor etwa zehn Jahren aus meiner Behandlung getreten ist, kein Wort mehr zur Analyse seiner eigenen Person von mir gehört, und bei Adler habe ich es noch sorgfältiger vermieden.« (Freud/Jung 1974, S. 596).

In einem Brief vom 3.1.1913 schrieb Freud dann:

»In Wien macht man mir den entgegengesetzten Vorwurf. Ich soll für die Unarten von Stekel und Adler verantwortlich sein... ebensowenig habe ich die Analyse bei Adler verwendet, der nie mein Patient war« (Freud/Jung 1974, S. 598).

19 Vgl. Nunberg 1969, S. 35.

Adler hat zu diesem Thema später geschrieben:
»... obwohl ich selbst nie psychoanalysiert wurde, eine solche Einladung auch a limine abgewiesen hätte, weil sie die Unbefangenheit der wissenschaftlichen Auffassung, die ohnehin bei den meisten nicht groß ist, bei der strikten Annahme seiner Lehre stört...« (Adler 1933b, S. 154).
Die Frage einer Lehranalyse wurde in der »Mittwoch-Gesellschaft« nur am Rande thematisiert. Am 6. November 1907 kam es zu einem Schlagabtausch zwischen Adler und Freud über psychoanalytische Technik, bei der Freud auch implizit auf die Ausbildung zum Psychoanalytiker zu sprechen kam. An diesem Abend hatte Freud über den Fall einer Zwangsneurose (den »Rattenmann«) referiert und kam auf Änderungen in der psychoanalytischen Technik zu sprechen: Die freie Assoziation sollte nun Leitlinie einer psychoanalytischen Behandlung sein:
»Die Technik der Analyse habe sich insofern verändert, als der Psychoanalytiker jetzt nicht mehr das sucht, was ihn interessiert, sondern dem Patienten die natürliche Abwicklung seiner Gedanken gestattet« (*Protokolle* 1976, S. 213).
Stekel erwiderte in der Diskussion, »daß bei der Kur der Glaube des Patienten das Wichtigste sei. Man müsse sich vor einer Schablonisierung der Technik hüten; alle Fälle gingen nicht nach dem Muster des vorgetragenen. Man müsse die individuelle Seite berücksichtigen. Auch spare er sich die Aufdeckung der tiefsten Zusammenhänge so lange auf, bis er den Patienten ganz in seiner Gewalt habe« (ebda., S. 218).
Adler bezweifelte »die Lehrbar- und Erlernbarkeit der Psychoanalyse. In vielen Fällen muß so manches unerklärt bleiben; es handelt sich nur um einzelne wichtige Kampfpositionen, deren Einnahme den Sieg verbürgt; die Feinde müßten nicht bis auf den letzten Mann erschlagen werden. Dagegen dürfe man wichtige Zusammenhänge, wenn der Patient sie einmal gefunden habe, ihm nicht mehr vorenthalten. Stekel treibe mit seinen Regeln Psychodiplomatie. Was den vorliegenden Fall betreffe, so müsse er daran festhalten, daß hier sicher organische Bedingungen nachweisbar sein werden. Es scheine ihm ein Fall von stark ausgeprägtem Autoerotismus zu sein, der von Heterosexualität nicht abgelöst worden sei. Auch der Geiz entspringe aus autoerotischen Regungen (Analzone). Es gibt viele Wege in der Psychoanalyse« (ebda., S. 220).
Freud schloß sich der Kritik Stekels durch Adler an und meinte: »Für die Therapie genüge manchmal eine teilweise Auflösung, die aber keineswegs die theoretische Grenze sei. Manchmal müsse man auch aus therapeutischen Gründen die Analyse bis zum Schluß führen« (ebda., S. 223).
Speziell auf Adler erwiderte er:

»Die Erlernbarkeit der psychoanalytischen Methode solle man nicht in Zweifel ziehen. Sie werde erlernbar sein, wenn erst die Willkür des einzelnen durch gesicherte Regeln werde eingeschränkt sein« (ebda., S. 222).

Das »Ambiente« der Sitzungen

Die Zusammenkünfte fanden jeden Mittwochabend um halb neun Uhr in Freuds Wohnung in der Berggasse statt. Um neun Uhr, im dichten Zigarrennebel und bei schwarzem Kaffee, begannen die Vorträge. Wittels (1924, S. 117) beschrieb das Ambiente der Sitzungen:
»Freud saß am oberen schmalen Ende, ein Notizblatt vor sich und präsidierte. Man kam nach dem Nachtmahl zu schwarzem Kaffee und Zigarren. Freud selber qualmte unaufhörlich. Gewöhnlich leitete ein Vortrag den Abend ein, der nicht strenge zur Psychoanalyse gehörig sein mußte. Hernach gab es Aussprachen, an denen sich jeder beteiligen mußte. In einer kleinen Vase lagen Lose, und Rank, bald zum Schriftführer ernannt, zog sie und bestimmte so die Reihenfolge der Diskutanten.«
Graf (1942, S. 470f.) berichtet über das Ritual, dem die Zusammenkünfte folgten, daß zuerst eines der Mitglieder ein Referat hielt. Dann wurden schwarzer Kaffee und Kekse serviert, Zigarren und Zigaretten lagen aus und wurden in großen Mengen konsumiert. Das letzte und entscheidende Wort hatte immer Freud. Die Atmosphäre glich der einer Religionsgründung. Freud als neuer Prophet machte die herkömmlichen psychologischen Untersuchungen überflüssig. Die inspirierten und überzeugten Schüler waren seine Apostel, und obwohl es sehr unterschiedliche Persönlichkeiten waren, zollten sie Freud einmütig Respekt.
Stekel (1923, S. 542f.) berichtet, daß Freud fast ununterbrochen rauchte:
»Ich habe selten einen Mann so viel rauchen gesehen. Kaum war er mit einer Pfeife fertig, so füllte er sich auch eine zweite. (...Das Rauchen muß ein Komplex des Meisters gewesen sein. Wie er mir erzählte, kam es vor, daß er sich ›überraucht‹ hatte. Dann mußte er für einige Tage das Rauchen unterbrechen.)«
Durch die immer wieder spürbare Anfeindung der Psychoanalyse erhielten die Abende den Reiz des Verschwörerischen. Furtmüller (1946, S. 239) spricht von »einer Art Katakombenromantik: eine kleine, verwegene Gruppe, heute noch verfolgt, aber auserkoren, die Welt zu erobern«.
Nach Leupold-Löwenthal (1981, S. 326f.) wurde das Zusammengehörigkeitsgefühl »durch die tatsächliche und phantasierte Ablehnung einer als weitgehend feindlich erlebten akademischen Umwelt« ver-

stärkt, obwohl im Wien der Jahre vor dem Ersten Weltkrieg »die offene Ablehnung der Psychoanalyse eher die Ausnahme war... Psychoanalytische Publikationen wurden in der Presse durchaus gewürdigt... die progressiven Schriftsteller dieser Tage sahen in Freud einen großen und wichtigen Anreger«.

Rivalitäten

Freud (1914, S. 160f.) hat über die ersten Jahre der »Mittwoch-Gesellschaft« und die sich bald abzeichnenden Schwierigkeiten so geurteilt: »In dem Reichtum und der Mannigfaltigkeit der Begabungen, die... (der kleine Kreis) umschloß, stand er kaum hinter dem Stab eines beliebigen klinischen Lehrers zurück. Von Anfang an waren jene Männer darunter, die in der Geschichte der psychoanalytischen Bewegung später so bedeutungsvolle, wenn auch nicht immer erfreuliche Rollen spielen sollten. Aber diese Entwicklung konnte man damals noch nicht ahnen... Von übler Vorbedeutung waren nur zwei Dinge, die mich endlich dem Kreise innerlich entfremdeten. Es gelang mir nicht, unter den Mitgliedern jenes freundschaftliche Einvernehmen herzustellen, das unter Männern, welche dieselbe schwere Arbeit leisten, herrschen soll, und ebensowenig, die Prioritätsstreitigkeiten zu ersticken, zu denen unter den Bedingungen der gemeinsamen Arbeit reichlicher Anlaß gegeben war. Die Schwierigkeiten der Unterweisung in der Ausübung der Psychoanalyse, die ganz besonders groß sind und an vielen der heutigen Zerwürfnisse die Schuld tragen, machten sich bereits in der privaten Wiener Psychoanalytischen Vereinigung geltend. Ich selbst wagte es nicht, eine noch unfertige Technik und eine im steten Fluß begriffene Theorie mit jener Autorität vorzutragen, die den anderen wahrscheinlich manche Irrwege und endliche Entgleisungen erspart hätte. Die Selbständigkeit der geistigen Arbeiter, ihre frühe Unabhängigkeit vom Lehrer, ist psychologisch immer befriedigend; ein Gewinn in wissenschaftlicher Hinsicht ergibt sich aus ihr nur, wenn bei diesen Arbeitern gewisse, nicht allzu häufig vorkommende persönliche Bedingungen erfüllt sind. Gerade die Psychoanalyse hätte eine lange und strenge Zucht und Erziehung zur Selbstzucht gefordert. Der Tapferkeit wegen, die sich in der Hingabe an eine so verpönte und aussichtslose Sache erwies, war ich geneigt, den Mitgliedern der Vereinigung mancherlei angehen zu lassen, woran ich sonst Anstoß genommen hätte.«
Hanns Sachs (1944, S. 53f.), der im Herbst 1910 zur Gruppe stieß, berichtet ebenfalls von Spannungen und offenen Feindseligkeiten unter den Mitgliedern. Da sich die Fäden persönlicher Antipathie vielfältig

kreuzten und die Konstellationen immer wieder wechselten, kam es aber nie zur Ausbildung zweier feindlicher Lager:
»Man hätte vernünftigerweise erwarten sollen, daß eine kleine Gruppe, alle erfüllt von ehrlichem, tiefem Interesse für dieselbe Sache, wie sie es wirklich waren, und durch die Feindseligkeit der Außenwelt unter ständigem Druck gehalten, sich in einem Gefühl der Kameradschaft eng zusammenschließen würden. Aber das geschah nicht. Eifersüchteleien, rivalisierende Ansprüche auf Bevorzugung, verletzende Kritik, verwundete Empfindlichkeit waren wie ein schwelendes Feuer, das von Zeit zu Zeit aufzuckt.«
Die Ursache für diese Mißlichkeiten sah Sachs im wetteifernden Streben nach Freuds Zustimmung und Beifall. Stekel berichtet, daß vor allem zwischen Adler und Sadger und zwischen ihm und Tausk große Animositäten bestanden.
Zweifellos waren die Mitglieder der »Mittwoch-Gesellschaft« auch vom damals vorherrschenden Entdecker- und Erfinderfieber infiziert. Immer wieder versuchten sie, von Detailphänomenen auf die Gesamtheit des Psychischen zu schließen, allgemein gültige Gesetze aufzustellen und die eine, alles erklärende Theorie zu finden. Adlers Organminderwertigkeitslehre, sein Schwenk zur Bisexualität und sein Konzept von der »Einheit der Neurosen« können in diesem Licht betrachtet werden. Ähnliche Steckenpferde ritten auch andere Mitglieder der Gruppe, und nicht selten entstand daraus das geschilderte Prioritätsgezänk.
Nitzschke (1986, S. 922f.) sieht in der von Freud bedauerten geringen »Zucht und Erziehung zur Selbstzucht« gerade die besondere Qualität, »die jenen merkwürdigen Kreis von Ärzten verschiedener Fachrichtungen, Juristen, Staats- und Literaturwissenschaftlern, Journalisten, Schriftstellern und Musikern auszeichnete«.
Man wurde Anhänger Freuds, »wenn man nur genügend Interesse und originelle Gedanken vorzutragen hatte«. Freuds Lamento über »Streitigkeiten, Rivalitäten, Entfremdungen, Zerwürfnisse« teilt Nitzschke nicht: »... das hatte auch seine guten Seiten. Die frühe Anarchie ... zeigt ein ›work in progress‹, einen Gedanken-Steinbruch von außerordentlichem Reichtum, eine unorthodoxe Vielfalt stets anregender Ideen und freimütiger Diskussionen.«
Freuds Rückblick entstand freilich zu einer Zeit, da sich die Psychoanalyse bereits institutionalisiert hatte, während die »Protokolle« jene Jahre dokumentieren, »die den Übergang der Psychoanalyse von einer ›freien‹ Bewegung zu einer institutionalisierten Schule kennzeichnen«.

Bei den Rivalitäten unter den Mitgliedern und der Umwerbung Freuds spielten möglicherweise auch wirtschaftliche Motive eine Rolle. Brome (1969, S. 48) berichtet, daß Stekel zugunsten der Psychoanalyse seine alte Praxis aufgegeben und daß Freud einen Überfluß an Patienten besessen habe, die er an Mitglieder seiner Gruppe überwiesen habe. Zwar nicht vom »Überfluß«, aber doch von der Tatsache der Überweisung an die Mitglieder ist bei Binswanger (1956, S. 51) die Rede, der einen Brief Freuds vom 23.11.1911 zitiert: »In Wien habe er Ruhe, ›nur daß infolge der erbitterten Hetze der Zulauf nicht groß genug ist, um die Kollegen gut zu versorgen‹.« Und Binswanger fügt hinzu: »Ich weiß aus Freuds eigenem Munde, wie hoch er es den jüngeren Kollegen in Wien anrechnete, daß sie sich trotz der Hetze und der damit zusammenhängenden finanziellen Schwierigkeiten nicht abhalten ließen, ihm Gefolgschaft zu leisten.«

An Jung schrieb Freud am 17.12.1911: »Der Zulauf aus aller Welt, der mich im Vorjahr so sicher gemacht hat, weil ich alle hiesigen Psychoanalytiker versorgen konnte, ist heuer ausgeblieben. Ich bin fast ganz auf Wien und Provinz angewiesen und fürchte, wenn die Wölfe hungrig bleiben, werden sie bald heulen« (Freud/Jung 1974, S. 524).

Furtmüller (1946, S. 246) sah in Freuds wachsender Zahl von Patienten, die er nicht alle persönlich behandeln konnte, vor allem ein materielles Machtmittel. Stekel (1923, S. 551) schreibt, er war von Freud materiell abhängig, »wie der ganze Klüngel, der jetzt aus seiner Krippe ernährt wird. ... Ein großer Teil seiner bedeutenden Anhänger lebt von seiner Gnade... Er hatte unsere Visitenkarten und beglückte uns nach seinem Gutdünken mit Patienten.«

Von Freuds Führerqualitäten in der »Mittwoch-Gesellschaft« zeichnet Brome (1969, S. 48 f.) folgendes Bild:

»Er besaß das diplomatische Geschick, seine eigenen Anschauungen und die seiner Gegner einander annähern zu können, und bemühte sich stets um wissenschaftliche Objektivität. Der beruhigende Einfluß seiner Stimme kühlte manch eine erhitzt geführte Diskussion ab und dämmte vulkanische Spannungen vor ihrem Ausbruch ein. Seine Äußerungen zeugten meist von großer Weisheit und Toleranz, und gelegentlich glich er durchaus einem von Zwergengeschöpfen umgebenen Olympier, der die Wogen mit dem Zauberstab Vernunft glättet. Leider hatte sein Charakter aber auch eine Kehrseite. Wenn jemand eine wissenschaftliche Hypothese vorbrachte, die seinen eigenen Ansichten grundsätzlich widersprach, nahm er zuerst eine vollkommen ablehnende Haltung ein. Er war in Sorge um den wissenschaftlichen Tempel, den er mit eigenen Händen so mühsam errichtet hatte. So wurde seine

Toleranz durch Unsicherheit beeinträchtigt und seine Sehergabe durch eine gewisse patriarchische Tyrannis.«

Binswanger (1956, S. 17) war von Freuds Führerqualitäten beeindruckt:

»Das Votum Freuds war für mich deshalb so wertvoll, weil ich daraus ersah, wie kritisch er vorging und wie er mit wenig Worten Klarheit in das Dickicht zu bringen vermochte, überhaupt, wie er bestrebt war, unter seinen eigenen Anhängern Ordnung und wissenschaftliche Zucht aufrechtzuerhalten.«

Binswanger beschreibt die Situation ab etwa 1907. Die »Mittwoch-Gesellschaft« war inzwischen beträchtlich angewachsen und hatte ihren intimen Charakter bereits verloren.

Neue Mitglieder

Zurück ins Jahr 1902: Zu den fünf Gründungsmitgliedern der Gesellschaft stießen Ende 1902 der Musikwissenschaftler Dr. Max Graf und der Verleger Hugo Heller, 1903 folgten die Ärzte Paul Federn und Alfred Meisl und 1905 neben anderen der Internist Eduard Hitschmann, der »absolvierte Gewerbeschüler« Otto Rank und der Physikotherapeut Dr. Adolf Deutsch.

Paul Federn (1871–1950)

stammte aus einer angesehenen Wiener Ärztefamilie. Er war zuerst Internist und später Psychiater. Vom Eintritt in die »Mittwoch-Gesellschaft« bis zu seinem Tod war Federn maßgeblich an der Geschichte der Psychoanalyse als Wissenschaft und als Bewegung in Europa und in den USA beteiligt. Als Freud an Krebs erkrankte, ernannte er ihn zu seinem Stellvertreter in allen beruflichen Angelegenheiten. Von 1924 bis zur Auflösung des Vereins durch die Nationalsozialisten im Jahr 1938 war Federn Vizepräsident der WPV. Seine zahlreichen psychoanalytischen Publikationen spiegeln ein breites Spektrum wissenschaftlichen Interesses. Er war ein Pionier der psychoanalytischen Psychosenforschung. Federn war Mitglied der Sozialdemokratischen Partei und nach 1918 aktiver Funktionär. Als Sozialist war ihm die Popularisierung psychoanalytischer Erkenntnisse und die Verkürzung und Verbilligung der Therapie ein Anliegen. Er verknüpfte die Psychoanalyse mit der Sozialwissenschaft. 1919 erschien sein Aufsatz »Zur Psychologie der Revolution: Die vaterlose Gesellschaft«, eine der ersten Schriften auf dem Gebiet der analytischen Sozialpsychologie. Federn war auch ein Pionier der Ich-Psychologie:

»Das Glied zwischen dem Unbewußten, das Freud entdeckte und erforschte, und den gesellschaftlichen Kräften, die Marx u. a. in ein wissenschaftliches System zu bringen suchte, war für Federn das Ich. In der Einflußnahme auf die Erziehung und auf diejenigen, die auf Menschen einwirken, sah Federn die Zukunft der Analyse, nicht in der Entwicklung einer in sich geschlossenen Wissenschaft. Hitlers Machtübernahme und Federns Emigration nach den USA ließen seine Ideen lange Zeit in Vergessenheit geraten...« (Federn 1971, S. 727).

Dieses Interesse an Ich-Psychologie verband Federn mit Adler. Nicht zuletzt war es Adler, der die Erziehung der Erzieher zu seinem Programm machen sollte. Es ist daher nicht verwunderlich, daß in der Auseinandersetzung zwischen Adler und Freud Federn oft als Vermittler auftritt. Federn wollte den Bruch vermeiden, ohne die inhaltlichen Unterschiede vorschnell zu verwischen. Federn war auch ein Vorkämpfer der Laienanalyse. Er emigrierte 1938 in die USA.

Sterba (1985, S. 129ff.) hat einige Erinnerungen an Paul Federn festgehalten, dessen Persönlichkeit auf ihn großen Eindruck gemacht hatte. Er fand es nicht leicht, seinen Charakter darzustellen, »da die Widersprüche in ihm fast als ein Hauptmerkmal hervorstachen. ... Er war ein Mann von ungewöhnlicher Intensität und Energie, der Sache der Analyse tief ergeben... ungewöhnlich aufrecht... rückhaltlos in der Äußerung seiner Überzeugung und voll ehrlichen Bemühens, gerecht zu sein, auch wenn er es gegen seine Neigung sein mußte... Auf klinischem Gebiet war Federn ein ungewöhnlich scharfer Beobachter der psychologischen Phänomene, die er als Ichgefühle bezeichnete. Sehr genaue Beobachtungen an sich selbst und an seinen Patienten erlaubten ihm, die Ausdehnung und Besetzungsintensität der Ichgrenzen zu beschreiben und klinische Phänomene damit zu erhellen. Leider hatte Federn Schwierigkeiten, seine Beobachtungen und Ideen klar zu formulieren, er rang mit dem sprachlichen Ausdruck, er kämpfte um das richtige Wort und konnte es oft nur annähernd erreichen. Dies ist wohl der Grund, warum er so wenig verstanden wurde und sein wissenschaftliches Werk auch jetzt noch wenig Beachtung findet.«

Sterba bezeichnete Federn als ausgezeichneten Lehrer der Analyse und strich sein tiefes Verständnis unbewußter Vorgänge und seine ungewöhnlich scharfe Beobachtungsgabe heraus. Eines seiner größten Verdienste, die Popularisierungsversuche der Psychoanalyse – Federn veröffentlichte mit Heinrich Meng ein *Psychoanalytisches Volksbuch* – entsprach für Sterba Federns sozialdemokratischer Gesinnung:

»Leider liegt es am dynamischen Widerstand gegen das Unbewußte, daß solche Verbreitungsversuche wenig Erfolg haben und meist nur zu Oberflächlichkeit und Mißverständnis der Analyse führen.«

Federn wird von Sterba schon rein äußerlich als eindrucksvolle Erscheinung beschrieben:
»Ein schwarzer Bart rahmte sein edel geformtes Antlitz, seine Augenbrauen waren schwarz und buschig, seine hohe Stirn setzte sich in eine Glatze fort. Seine Augen waren ausdrucksvoll... er war ein starker Raucher. Seine Gebärden waren lebhaft und intensiv und nahmen teil an seiner Schwierigkeit, für seine Ideen den richtigen Ausdruck zu finden.«
Eduard Hitschmann (1871–1958)
war Internist und wurde von Federn in die Gruppe eingeführt. 1911 erschien das Buch *Freuds Neurosenlehre*, eine erste systematische Einführung in die Psychoanalyse. Hitschmann spielte in der Geschichte der Psychoanalyse eine tragende Rolle und stand immer loyal zu Freud. Zwischen 1923 und 1938 war er Leiter des psychoanalytischen Ambulatoriums in Wien. Er emigrierte in die USA und ließ sich in Boston nieder. Hitschmann verfaßte zahlreiche psychoanalytische Arbeiten zur Libidotheorie und Studien über Künstlerpersönlichkeiten. Er wird als ungewöhnlich geistreicher und sarkastisch-witziger Mann beschrieben.
Otto Rank (1884–1939)
stand bis 1924, als es zum Bruch kam, in einem besonderen Nahe- und Abhängigkeitsverhältnis zu Freud. Er verfaßte die »Protokolle«, war lange Zeit Sekretär und Organisator der Psychoanalyse, Redakteur der *Internationalen Zeitschrift für Psychoanalyse* und der *Imago* und von 1919–1924 Leiter des Internationalen Psychoanalytischen Verlags. Einige seiner Publikationen (*Der Mythos von der Geburt des Helden*, 1909; *Das Inzestmotiv in Dichtung und Sage*, 1912; *Das Trauma der Geburt*, 1924) gehören zu den »Klassikern« der Psychoanalyse.

Der gesellschaftliche Standort der Mitglieder

Für Nunberg (1976, S. XXII) stellten diese Männer einen Querschnitt durch die Intellektuellenschicht der Jahrhundertwende dar, die bei »aller Verschiedenheit des Werdeganges und der Persönlichkeit... durch die ihnen gemeinsame Unzufriedenheit mit den Zuständen verbunden (waren), die damals in der Psychiatrie, in der Pädagogik und auf anderen Gebieten vorherrschten, die sich mit der menschlichen Psyche befaßten«.
Die Mitglieder entstammten überwiegend der Schicht liberaler, jüdischer Intellektueller mit medizinischer Ausbildung, philosophischer

Bildung und literarischen Ambitionen. Ihr Interesse für ein umfassendes Verständnis des Menschen konnte durch die zeitgenössische Psychologie nicht zufriedengestellt werden. Zur bestehenden Gesellschaft standen sie in mehr oder weniger unversöhnlich ausgeprägter Opposition.

Nach Leupold-Löwenthal (1981, S. 339) genossen die Mitglieder »nicht die Vorteile einer leichten und reibungslosen Universitäts- oder Geschäftskarriere. Sie zeigten auch wenig Tendenz, sich an die Mächtigen und ihre Bräuche anzupassen. Freud selbst ist ein nur allzugutes Beispiel dafür. Für die Söhne wenig begüterter jüdischer Familien war eine akademische Laufbahn die einzige Chance, eine Position größerer Unabhängigkeit und Sicherheit zu erreichen, die ihnen auch half, das zunehmende Gefühl der Bedrohung durch wachsende antisemitische Tendenzen zu beschwichtigen.«

Die Diskussionen der »Psychologischen Mittwoch-Gesellschaft« fanden zu Beginn dieses Jahrhunderts in der Metropole der Donaumonarchie, der Hauptstadt eines Vielvölkerstaates, statt, in der eine vielfältige kulturelle Vermischung für ein Klima von ungeheurer geistiger Virulenz sorgte. Spezifische historische Umstände führten dazu, daß es immer wieder jüdische Intellektuelle waren, die bahnbrechende wissenschaftliche und kulturelle Leistungen schufen. Viele dieser Neuerungen entstanden aufgrund der rassistischen und ideologischen Haltung des Lehrkörpers der Wiener Universität abseits der offiziellen akademischen Institutionen, in Salons, Kaffeehäusern und Privatseminaren.[20]

Diese Epoche, die trügerisch mit »Friedenszeit« bezeichnet wurde, spiegelt sich in jener Gruppe vorwiegend jüdischer Intellektueller, die sich jeden Mittwochabend in der Wohnung des »Professors« traf und dort neue Theorien über das Seelenleben diskutierte. Für Karl Kraus war das Österreich jener Zeit die »Versuchsstation des Weltuntergangs«. Und Hitler wurde in den Jahren 1907–1913 in Wien entscheidend politisch geprägt.[21] Der Konflikt und Bruch zwischen Adler und Freud fand noch vor dem Ersten Weltkrieg statt, der mit ungekannter Brutalität in das Idyll der »Friedenszeit« einbrach und seine Spuren auch in den wissenschaftlichen Theorien der beiden Männer hinterließ: Freud entwarf nach dem Krieg das Konzept des Todestriebs, Adler führte das »Gemeinschaftsgefühl« als zentralen Begriff in sein System ein.

Auch für die »Mittwoch-Gesellschaft« mag gelten, was der Historiker

20 Vgl. Pollak 1978, S. 433.
21 Vgl. Stein 1988, S. 1.

Carl Schorske in seiner Analyse der »Traumdeutung« über die Beziehungen zwischen Gesellschaftsstruktur und konkretem Subjekt herausgearbeitet hat. Er zeigt, wie die bedrohliche politische Krise des Liberalismus in der Rückführung der persönlichen, beruflichen und politischen Konflikte Freuds auf psychologische Kategorien eingeschmolzen wurde. Dies gab und gibt der Psychoanalyse Aktualität und Anziehungskraft.[22]

»Dadurch, daß Freud seine eigene politische Vergangenheit und Gegenwart zu einer Nebenerscheinung des Urkonflikts zwischen Vater und Sohn reduzierte, schenkte er seinen liberalen Zeitgenossen eine ahistorische Theorie von Mensch und Gesellschaft, die eine aus den Fugen und aus der Kontrolle geratene politische Welt leichter zu ertragen erlaubte« (Schorske 1982, S. 190).

Die Unruhe und die Ambivalenzen des Fin de Siècle blieben bewahrt in jener Denkweise, die die Entdeckung ermöglichte, daß das »Ich nicht Herr sei im eigenen Haus« (Freud 1917, S. 11).

Schorske hat Freud und die Psychoanalyse in den Kontext der Krise des Liberalismus gestellt. Erdheim (1981, S. 870f.) meint, daß er dem üblichen Mißverständnis der Freudschen Theorie verfiel, sie reduziere die soziale Realität auf Psychisches. Dadurch erkennt er nicht, »daß es Freud darum ging, eine Erklärung dafür zu finden, weshalb die Menschen so große Schwierigkeiten haben, die Gegenwart wahrzunehmen und ihren Problemen gemäß zu handeln«.

Adler in der »Mittwoch-Gesellschaft« (1902–1906)

Jene Personen, die 1911 mit Adler die Gruppe verlassen sollten, waren in den ersten Jahren noch nicht Mitglieder der »Mittwoch-Gesellschaft«. Die meisten dieser Anhänger Adlers wurden erst kurz vor 1911 aufgenommen.

Mehrere Autoren berichten, daß Adler im Jahre 1904 die Gesellschaft verlassen wollte und Freud ihn gebeten habe, diesen Entschluß zu revidieren.[23] Diese Darstellungen gehen auf die bereits erwähnte Adler-Biographie von Sperber zurück, in der es heißt:

»Im Jahre 1904 teilte Adler Freud schriftlich mit, daß er an den Diskussionen nicht mehr teilzunehmen gedenke. Darauf schrieb Freud Adler einen langen Brief, in dem er ihn bat, seinen Entschluß zu ändern, und ihm unter anderem auch damit schmeichelte, daß er ihn als den ›besten

22 Vgl. Fallend u. a. 1985, S. 118.
23 Vgl. Furtmüller 1946, S. 240, Rattner 1972, S. 21, Seelmann 1977, S. 525.

Kopf‹ im ganzen Kreise bezeichnete. In einer Unterredung, die auf seinen Vorschlag hin zustandekam, vermochte er Adler zu bewegen, seinen Entschluß zu annullieren« (1926, S. 18).

Die Informationen über diesen ersten »Abfallversuch« Adlers hat Sperber von ihm selbst erhalten. An dieser Darstellung, für die es ansonsten keine Hinweise gibt, sind bereits Zweifel geäußert worden. Rehm (1968, S. 99f.) hat darauf hingewiesen, daß ein Artikel Adlers aus dem Jahr 1905 (»Das sexuelle Problem in der Erziehung«) »noch durchaus psychoanalytisch« verfaßt war. Er sprach in diesem Zusammenhang von der ersten psychoanalytischen Arbeit Adlers, »die als der eigentliche Beginn der Wirksamkeit der ersten Schülergeneration bezeichnet werden muß«. Dies gilt noch stärker für den im selben Jahr publizierten Aufsatz »Drei Psycho-Analysen von Zahleneinfällen und obsedirenden Zahlen« und widerspricht der Darstellung Sperbers, wonach sich Adler deshalb von Freud trennen wollte, »weil er mit ihm im Grundsätzlichen ... nicht übereinstimmte«. In Wirklichkeit begann Adlers dissidente Laufbahn in der »Mittwoch-Gesellschaft« im Herbst 1906 mit seinem Vortrag über die organischen Grundlagen der Neurosen und explizit erst im Juni 1909 mit seinem Referat über die »Einheit der Neurose«.

Bei dieser angeblichen frühen Distanzierung Adlers dürfte es sich um eine Legende handeln, welche die Funktion hat, die These von der frühen Unabhängigkeit Adlers von Freud zu untermauern. Wahrscheinlich hingegen ist, daß Adler weder zu Freud noch zu anderen Mitgliedern der Gruppe je tiefere persönliche Beziehungen entwikkelte, wie Furtmüller (1946, S. 240) berichtet. Aus Briefen Freuds geht hervor, daß er Adler als begabten Kopf schätzte. Jones (1962/2, S. 161) bezeichnete ihn als »stärkste Persönlichkeit« in der Gruppe um Freud.

Über die Inhalte der Vorträge und Diskussionen der Jahre 1902 bis 1906, also auch über die Beiträge Adlers in diesem Zeitraum, ist wenig bekannt. Aus späteren Diskussionsbemerkungen Adlers geht hervor, daß er einmal den Versuch unternommen hatte, die Psychologie des Politikers zu ergründen. Etwa 1903 hielt er einen Vortrag, in dem er versuchte, die theoretischen Systeme von Philosophen ihrer Persönlichkeit und ihren persönlichen Problemen gegenüberzustellen. So habe er nachgewiesen, daß der Ursprung der pessimistischen Weltauffassung Schopenhauers »in seiner Beziehung zur Mutter gelegen ist«. 1905 hielt Adler einen Vortrag über die Physiologie und Pathologie der erogenen Zonen, und etwa zur selben Zeit, jedenfalls noch vor Sommer 1906, referierte er über die Lüge und den Versuch, die Beziehungen zwischen Lüge und Wahrheit festzustellen. Er vertrat dabei die Auffassung, »daß die Lüge notwendig sei zur Erhaltung eines gewissen psychischen Gleichgewichts«.[24]

Die Protokolle

Die »Protokolle der Wiener Psychoanalytischen Vereinigung« – so hieß die »Mittwoch-Gesellschaft« ab 1908 inoffiziell und ab 1910 offiziell – wurden in den Jahren 1962 bis 1975 in vier Bänden in englischer Sprache publiziert. In den Jahren 1976 bis 1981 erschien die deutsche Übersetzung.

Das späte Erscheinen dieser wichtigen Dokumente hat einer der beiden Herausgeber, Ernst Federn, damit begründet, daß es von seiten des psychoanalytischen Establishments eine Art »Gruppenwiderstand« gegen ihre Publikation gegeben habe. Die Herausgabe sei nicht besonders gefördert worden, und die offizielle Psychoanalyse war »nicht uneingeschränkt glücklich darüber«, daß die *Protokolle* erschienen.

Federn (1986, S. 21 ff.) vermutet dafür eine Reihe von Gründen: Die »offizielle« Psychoanalyse gäbe nicht gern zu, »daß die als ›authentisch‹ deklarierte Freud-Biographie von Ernest Jones ein unrichtiges Bild von Freud zeichnet«. Obwohl die Arbeit von Jones Bewunderung verdiene, enthalte sie »Irrtümer und Fehleinschätzungen grundsätzlicher Natur... Jones vermochte weder Freuds Persönlichkeit empathisch zu erfassen noch seine Zeit oder gar das Wien, in dem Freud lebte, zu verstehen. Das wird auch deutlich an der Art und Weise, wie Jones mit den Mitgliedern der Mittwoch-Gesellschaft umgeht: Sie erscheinen nicht als eigenständige Personen, niemand erfährt, wer sie waren, es sei denn, es handelt sich um ›Abtrünnige‹ wie Adler und Stekel. Für Freud freilich waren diese ersten Männer, die von ihm die Psychoanalyse erlernten, außerordentlich wichtig. Für die Geschichte der Psychoanalyse wie für die Freud-Biographie ist das Wissen unerläßlich, daß unter Freuds ersten Schülern sehr prominente Wiener Ärzte und Intellektuelle waren, keineswegs bloß junge Leute, die mit ihren Neurosen nicht fertig werden konnten.«

Die *Protokolle* würden vieles von dem korrigieren, was Jones in die Welt gesetzt habe. Ein weiterer Grund liege darin, daß es unangenehm sei, »zugeben zu müssen, daß sehr viele psychoanalytische Entdeckun-

24 Vgl. *Protokolle*, 1976, S. 17, 36; und 1977, S. 183, 302.

gen der Ära nach Freud bereits in den Protokollen zu finden sind... Besonders Rolle und Leistung Alfred Adlers werden in ein neues Licht gerückt; manches von dem, was später als neue psychoanalytische Erkenntnis ausgegeben wurde, findet sich bereits in Adlers psychoanalytischer Zeit. Diese Entdeckung bedeutet eine Verletzung des psychoanalytischen Narzißmus von nicht geringem Ausmaß.«
Unangenehm sei es ferner, daß aus den *Protokollen* sichtbar werde, »daß damals sehr begabte Menschen auch ohne lange analytische Ausbildung Psychoanalytiker werden konnten... Die Protokolle geben einem zu denken, ob eine so lange Ausbildung zum Psychoanalytiker, wie sie heute üblich ist, wirklich nötig ist, wo doch die Pioniere der Psychoanalyse so viel weniger Ausbildungszeit brauchten.«
Ferner dokumentierten die *Protokolle* den großen Anteil an Nicht-Ärzten unter den psychoanalytischen Pionieren: »Die dokumentarische Evidenz, daß es keineswegs nur Ärzte waren, die auf die Entwicklung der Psychoanalyse entscheidenden Einfluß nahmen... liefert den Argumenten gegen eine ›medicozentristische‹ (Paul Parin) Einstellung der Psychoanalyse starke Unterstützung.«
Die Protokolle der Zusammenkünfte wurden von Otto Rank ab dem Beginn des fünften Arbeitsjahres der »Mittwoch-Gesellschaft« im Oktober 1906 angelegt. Rank war von da an besoldeter Sekretär der Gruppe. Seine Aufzeichnungen sind keine ungekürzten Mitschriften des Wortlauts der Vorträge und Diskussionen, was rein technisch kaum möglich gewesen wäre. Sie kamen auf andere Art zustande: Rank machte sich in den Sitzungen ausführliche Notizen, die er nachher aus seinem Gedächtnis zu umfassenden Darstellungen ergänzte. Diese Vorgangsweise hat ihre Schwächen. Einige Vorträge und Diskussionen sind zu unverständlichen Notizen zusammengeschrumpft. Ihr Inhalt und Verlauf lassen sich heute im Detail nicht mehr nachvollziehen. Trotz dieses Nachteils können die *Protokolle* – ergänzt durch die spärlichen autobiographischen Publikationen einzelner Gruppenmitglieder – als bedeutende Quelle zur Rekonstruktion des Inhalts und des Ablaufs der Diskussionen der »Mittwoch-Gesellschaft« angesehen werden, deren Informationsfülle noch nicht adäquat wissenschaftlich verwertet wurde. Leupold-Löwenthal (1981, S. 325) meint, die Protokolle hätten »erstaunlicherweise in den Jahren seit dem ersten Erscheinen nicht jene Fülle wissenssoziologischer, wissenschaftsgeschichtlicher und auch kulturhistorischer Arbeiten provoziert, die man eigentlich erwarten würde. Dabei haben wir in den ›Protokollen‹ ein Material ungewöhnlichen Charakters vor uns. Nur sehr selten kann man in so authentischer Weise Zeuge der Entwicklung einer Theorie, des dyna-

mischen Geschehens in einer Gruppe und der Darstellung des Selbstverständnisses ihrer Mitglieder werden.«

Aus den *Protokollen* geht hervor, daß der Großteil der Sitzungen der Darstellung und Diskussion psychoanalytischer Theorie gewidmet war. Einen weiteren großen Teil nahmen Falldarstellungen und Erörterungen behandlungstechnischer Fragen ein. Nur etwa 15 Prozent der Zusammenkünfte waren der Konfrontation der Psychoanalyse mit aktuellen kulturpolitischen Themen oder ihrer Anwendung auf die Literatur gewidmet, und ein noch geringerer Teil diente der Diskussion von Büchern.[25]

Die *Protokolle* geben auch Hinweise auf organisatorische Debatten und Entscheidungsprozesse. Sie zeigen teilweise, wie diese mit persönlichen und inhaltlichen Konflikten verquickt waren. Anhand einiger Passagen läßt sich die emotionale Interaktion in der Gruppe auf dem Hintergrund einer inhaltlichen Diskussion relativ genau ablesen. Bei vielen anderen Abschnitten fehlt wiederum jeder Hinweis auf diesen Aspekt des Gruppenlebens. Die *Protokolle* gewähren überdies Einblicke in den Diskussionsstil der Teilnehmer. Der Umgangston war wenig zimperlich. Nitzschke (1986, S. 924) schreibt:

»Gute Nerven, zumindest kein mimosenhaftes Gemüt, mußte haben, wer sich mit einem Referat vorstellte. Es wurde hart in der Sache und bisweilen auch verletzend für die Person diskutiert.«

Für den wissenschaftlichen Diskurs jener Jahre war der scharfe Umgangston aber nicht ungewöhnlich. Psychoanalytische Einsichten, aber auch »Deuterei«, prägten so manche Kontroverse. Leupold-Löwenthal (1981, S. 327) spricht von einem »Diskussionsstil, der die Anwendung der Einsichten über unbewußte Motivationen durchaus deutend dem anderen gegenüber aussprechen läßt. Damit spielten psychoanalytische Technik und Theorie selbst eine aktive Rolle im Gruppengeschehen. In negativer Ausprägung konnte... diese Applikation der Psychoanalyse auf die Gruppe dazu dienen, im nicht immer wissenschaftlichen Diskurs den Gegner auch dadurch zum Verstummen zu bringen, daß man seine Ansichten als neurotisches Symptom ›entlarvte‹.«

Charakterzüge und Diskussionsstil einzelner Teilnehmer werden aus manchen Passagen sichtbar. So fällt bei Adler auf, daß er seine Diskussionsbeiträge fast immer mit lobenden Hinweisen, etwa auf den »Fleiß« des Referenten, also mit positiven Verstärkern beginnt und an diese Einleitung seine Kritik anknüpft.

Elrod (1987a, S. 315) hat aus den *Protokollen* den Eindruck gewonnen,

25 Vgl. Leupold-Löwenthal 1981, S. 331.

daß Adler und Freud sehr konstruktiv miteinander diskutieren konnten. Federn und Furtmüller gingen produktiv mit Adlers Beiträgen um, während Hitschmann, Reitler, Wittels und Steiner stärker dazu neigten, Adler abzulehnen.

Wieweit sind nun die *Protokolle* als objektive Quelle für die Freud-Adler-Kontroverse zu bewerten? Zweifellos stand Rank loyal zu den Standpunkten Freuds. Andererseits hatten die Gruppenmitglieder die Gewohnheit, einzelne Protokolle zu entlehnen und Korrekturen vorzunehmen. Leupold-Löwenthal (1981, S. 330) meint daher, daß man den vorliegenden Text »weitgehend als eine vom allgemeinen Konsensus der Mitglieder getragene Aufzeichnung des Gruppenprozesses ansehen« kann, als »Ausgangsmaterial... das es gestatten könnte, unabhängig von den Erinnerungen einzelner Gruppenmitglieder in ihren Memoiren den Prozeß in dieser Gruppe, losgelöst von Subjektivität und Erinnerungstäuschung«, verfolgen zu können.

Elrod (1987a, S. 314) ist hier kritischer. Er hat darauf verwiesen, daß die *Protokolle* aus dem Lager der Gegner Adlers stammen:

»Allerdings erlebten Freud und seine Mitarbeiter Adler lange Zeit überhaupt nicht als Feind. Rank kann also zumindest in dieser Zeit unter keinem Druck des bestimmenden Teils der Gruppe gestanden haben, der ihn dazu hätte veranlassen können, Adlers Beiträge zu entstellen. Auch hätte Adler, wie alle anderen, die Möglichkeit gehabt, die Protokolle auszuleihen und zu korrigieren, falls er sich von Rank in den Protokollen falsch vermittelt gefühlt hätte. Halten wir dennoch die folgende Mutmaßung fest: Aus verschiedenen Gründen sind die Protokolle nicht im Sinne Adlers geschrieben. Wie so oft in der Menschheitsgeschichte dokumentieren auch die Protokolle der Wiener Psychoanalytischen Vereinigung die Geschichte aus der Sicht der dominierenden Subjekte, hier aus dem Blickwinkel der stärksten Fraktion um Freud, die Adler später ausschloß.«

Subjektive Einflüsse Ranks kann man auch in manchen subtilen Spitzen gegen einzelne Mitglieder, in pointierten Zusammenfassungen oder in Auslassungen vermuten. Im Zweifelsfall ist es daher ratsam, nicht an einzelnen Wörtern oder Phrasen hängenzubleiben.

Während die Protokolle der Jahre 1912 bis 1918 sehr spärlich ausfielen und insgesamt nur einen Band füllten, ist der Zeitraum, in dem die Auseinandersetzung zwischen Adler und Freud stattfand, ausführlich und vollständig abgedeckt.

II. Organminderwertigkeit, Kompensation, Aggressionstrieb: Die Phase der tolerierten Dissidenz Adlers (1906–1908)

Zusammensetzung der Gruppe – Neue Mitglieder

Der erste Band der *Protokolle* dokumentiert die Diskussionsabende, die zwischen Oktober 1906 und Juni 1908 stattfanden. In diesem Zeitraum sind viele neue Mitglieder in die Gesellschaft aufgenommen worden, unter ihnen die Ärzte Albert Joachim, Edwin Hollerung, Isidor Sadger, Maximilian Steiner und der Schriftsteller Fritz Wittels.

Isidor Sadger (1867–1942)

gehört mit seinen Beiträgen zum Verständnis der Perversionen und der Homosexualität zu den Pionieren der frühen Psychoanalyse. Über sein Leben ist wenig bekannt. 1933 trat er aus der WPV aus. Sadger wurde im September 1942 ins Konzentrationslager Theresienstadt deportiert und starb dort im Dezember 1942.

Maximilian Steiner (1874–1942)

war Facharzt für Haut- und Geschlechtskrankheiten, befaßte sich mit Sexualstörungen und publizierte auch zu diesem Thema (u. a. »*Die psychischen Störungen der männlichen Potenz*«, 1913). Steiner arbeitete später als Psychoanalytiker und emigrierte 1938 nach England.

Fritz Wittels (1880–1950)

war ein talentierter und witziger Schriftsteller und wurde nach seinem Beitritt in die »Mittwoch-Gesellschaft« Arzt. Eines seiner Bücher, *Die sexuelle Not* (1907), löste eine heftige öffentliche Kontroverse aus. Wittels war Mitarbeiter von Karl Kraus, mit dem er sich allerdings überwarf. Er veröffentlichte einen bissigen Schlüsselroman über den bekannten Essayisten und Satiriker, was dazu beitrug, daß es zu einer Trennung zwischen Freud und Wittels kam. Er legte seine Mitgliedschaft 1910 nieder, wurde allerdings in den zwanziger Jahren wieder in die WPV aufgenommen. Durch die originellen und provokanten Beiträge Wittels' zu aktuellen Zeitfragen kam es in der »Mittwoch-Gesellschaft« immer wieder zu heftigen Diskussionen. In der Frauenfrage etwa kam es zu heftigen Konfrontationen mit Adler, auf die noch eingegangen wird. Von Wittels erschien 1924 eine Freud-Biographie. In den 20er Jahren war er Mitbegründer des »Akademischen Vereins für medizinische Psychologie«. Wittels emigrierte 1928 nach New York.

Im Jahre 1907 gehörten der »Mittwoch-Gesellschaft« 21 Mitglieder an; 14 davon waren Ärzte, die übrigen waren in geisteswissenschaftlichen Berufen (Journalist, Musikwissenschaftler, Schriftsteller, Kritiker) tätig. Etwa ein Drittel der Ärzte dürfte die Psychoanalyse praktiziert und teilweise von ihrer Ausübung gelebt haben, ein weiteres Drittel wandte sie sporadisch im Rahmen ihrer heilkundlichen Arbeit als Sanatoriumsleiter, Internist, praktischer Arzt oder Armeearzt an. Die restlichen Ärzte waren vorwiegend theoretisch interessiert.
Freud und Rank waren bei allen 53 Zusammenkünften dieser Periode anwesend. Adler, Federn, Hitschmann, Stekel und – ab dem Zeitpunkt ihrer Beitritte – Joachim, Sadger, Steiner und Wittels fehlten nur an einigen wenigen Abenden. An etwa der Hälfte der Sitzungen nahmen Deutsch, Graf, Heller, Hollerung und Reitler teil. Die restlichen acht Mitglieder der Gesellschaft erschienen nur sporadisch. Durchschnittlich waren pro Sitzung etwa ein Dutzend Mitglieder anwesend. Dazu kamen jene Personen, die als geladene Gäste an den Diskussionen teilnahmen. Die zunehmenden Besuche aus dem Ausland spiegeln die wachsende internationale Resonanz der Psychoanalyse. Zu den ersten Gästen gehörten Max Eitingon (30.1.1907), Carl Gustav Jung und Ludwig Binswanger (6.3.1907), Karl Abraham (18.12.1907), A. A. Brill und Ernest Jones (6.5.1908). Zu den Mitgliedern, die nur sporadisch erschienen, zählte
Dr. David Josef Bach[1]
Bach war noch vor dem Oktober 1906 von Adler in die »Mittwoch-Gesellschaft« eingeführt worden[2] und verließ sie wie dieser im Sommer 1911 nach einer schriftlichen Austrittserklärung. Dieser Solidaritätsakt mit Adler hatte eher formalen Charakter, da Bach insgesamt nur an neun Sitzungen der Gesellschaft teilnahm.[3] Zwischen Mai 1908 und seinem Austritt drei Jahre später nahm er nur an einem Begrüßungsabend am 12. Oktober 1909 im Hotel Residenz teil. An etwa der Hälfte der Sitzungen, die Bach besuchte, ergriff er das Wort, und es sind in den »Protokollen« kurze, weitgehend unwesentliche Diskussionsbeiträge Bachs festgehalten. An den übrigen Abenden hat er sich nicht geäußert. Einzige Ausnahme ist der Abend vom 17. April 1907, an dem Bach ein Referat über Jean Paul hielt. Er referierte über die Lebensumstände und Charakterzüge dieses Dichters, der damals auf Künstler eine große Anziehung ausübte. Eine tiefenpsychologische Betrachtung versuchte

1 Zu Bachs Biographie vgl. S. 195
2 Vgl. *Protokolle* 1976, S. XXXV.
3 17.10.1906, 24.10.1906, 5.12.1906, 20.2.1907, 10.4.1907, 14.7.1907, 8.4.1908, 22.4.1908, 13.5.1908. Bach nahm außerdem am Salzburger Kongreß (27.4.1908) teil.

Bach nur in Ansätzen, und auf entsprechende Einwände antwortete er: »... er habe gar nicht nach mehr Andeutungen gesucht. Es war ihm um den Versuch zu tun, die Form der Jean Paulschen Arbeiten aus seiner psychischen Veranlagung zu erklären« (Protokolle 1976, S. 161).
In seinem Referat bezog sich Bach u. a. auf Adler, der in der Diskussion am 17. Oktober 1906 festgestellt hatte, »daß es ihm gelungen ist, Jean Paul als einen Bettnässer nachzuweisen« (Protokolle 1976, S. 17). Dies ist einer der ersten Hinweise Adlers auf seine »Organminderwertigkeitslehre«. In einem der wenigen festgehaltenen Diskussionsbeiträge Bachs vom 13. Mai 1908 verweist dieser erneut auf Gedankengänge Adlers.[4] Ob diese Hinweise zufällig oder Anzeichen dafür sind, daß sich Bach in stärkerem Ausmaß mit Adlers Theorien (Organminderwertigkeit, Aggressionstrieb) identifizierte als andere Gruppenmitglieder, kann nicht entschieden werden.
Wenn Bachs Austritt mit Adler einen Protest darstellte, so ist anzunehmen, daß er mit diesem in Kontakt stand. Aufgrund seiner seltenen Anwesenheit hat er die Auseinandersetzungen zwischen Adler und Freud nicht verfolgen können. Vielleicht war der Austritt Adlers, mit dem sich Bach weltanschaulich verbunden fühlte, der äußere Anlaß für seinen eigenen längst fälligen Schritt aus einer Gruppe, der er seit Jahren nur noch formal angehört hatte. Wahrscheinlich wurde er von Adler über Freuds Vorgangsweise informiert und drückte sein Unbehagen und seinen Protest darüber auf die geschilderte Weise aus. In der sich nach 1911 entfaltenden Schule Adlers und der weiteren Geschichte der Individualpsychologie scheint David Josef Bach jedenfalls nicht auf.

Die inhaltliche Auseinandersetzung

Von den etwa vierzig Referaten, die zwischen Oktober 1906 und Juni 1908 in der »Mittwoch-Gesellschaft« vorgetragen wurden, hielt Adler vier. Er referierte am 7. November 1906 »Über die organischen Grundlagen der Neurosen«, am 6. März 1907 folgte »Eine Psychoanalyse«, am 29. Januar 1908 »Ein Beitrag zur Paranoiafrage«, und beim Salzburger Kongreß am 27. April 1908 sprach er über »Sadismus in Leben und Neurose«. Über diesen Vortrag wurde am 3. Juni 1908 ausführlich diskutiert.

4 Es heißt dort: »Bach liest aus Feuchtersleben ›(Zur) Diätetik der Seele‹ (1838) einige Stellen vor, in denen einige von Adlers Gesichtspunkten bereits angedeutet seien« (*Protokolle* 1976, S. 375). Bach dürfte sich hier auf das von Adler beim Salzburger Kongreß vorgetragene Referat über »Sadismus in Leben und Neurose« beziehen.

Anhand dieser Vorträge und zahlreicher Diskussionsbeiträge Adlers soll nun gezeigt werden, wo in diesen Jahren die Berührungspunkte und die Bruchlinien seiner und Freuds Anschauungen lagen. Dabei zeichnen sich zwei Schwerpunkte ab: einerseits die »Organminderwertigkeitslehre« und Adlers zahlreiche Rekurse auf diese für ihn fundamentale Neurosentheorie, andererseits die kurze, aber um so interessantere Diskussion über Adlers neue Auffassung der Rolle des Aggressionstriebs in der Neurose.

Die Organminderwertigkeitslehre[5]

Adlers Vortrag am 7. November 1906 ist im »Präsenzbüchlein« der »Mittwoch-Gesellschaft« mit dem Titel »Über die organischen Grundlagen der Neurosen« festgehalten, im Protokoll der Sitzung heißt es lediglich »Über die Grundlagen der Neurosen«. An diesem Abend waren Deutsch, Freud, Federn, Kahane, Heller, Hitschmann, Hollerung, Rank, Reitler, Stekel, der praktische Arzt Alfred Bass und der philosophisch interessierte Adolf Häutler anwesend. Der Vortrag war eine gekürzte und partiell entschärfte Version seines Anfang 1907 publizierten Buches *Studie über Minderwertigkeit von Organen*. Das von Rank verfaßte Protokoll über den Vortrag ist stark gerafft. Rank hielt einleitend fest: »Mit Rücksicht auf die von Adler in Aussicht gestellte baldige Publikation seiner Arbeit wird von einer ausführlichen Wiedergabe seines Vortrags abgesehen.«
Um besser verstehen zu können, was Adler an diesem Abend referierte und worüber die Mitglieder anschließend diskutierten, wird hier nicht nur auf Ranks Protokoll zurückgegriffen, sondern es werden auch Passagen aus der *Studie über Minderwertigkeit von Organen* (Adler 1907 a) zitiert.
Adler wies einleitend darauf hin, daß seine neue Arbeit an frühere Untersuchungen über die Physiologie und Pathologie der erogenen Zonen anknüpfe, über die er im Vorjahr referiert hatte. In seinem Buch hieß es, daß er, ausgehend von Untersuchungen über die Pathologie der Niere, auf die Vermutung stieß, daß fast jeder Erkrankung dieses Organs »eine ursprüngliche Minderwertigkeit des harnabsondernden Apparates zugrunde liegt« (Adler 1907 a, S. 21). Diese morphologischen Minderwertigkeiten sind nach Adler vererbt und treten auch bei anderen Organen auf, z. B. Leber, Pankreas, Genitalsystem, Verdauungstrakt, At-

5 Soweit nicht anders angegeben, beziehen sich die Zitate dieses Kapitels auf die *Protokolle*, Band I (1976), S. 36–46.

mungs- und Kreislaufapparat, Zentralnervensystem. Hinweise auf derartige minderwertige Organe ließen sich in gehäuften Erkrankungen dieser Organe, in Anomalien der Reflexfähigkeit und in den meisten sogenannten »Kinderfehlern« wie Stottern, Bettnässen usw. erblicken: »...der Kinderfehler sei eigentlich nur die von uns wahrgenommene Erscheinung des Kampfes, der geführt wird, um das minderwertige Organ kulturfähig zu machen.«

Neben diesen anamnestischen Hinweisen deuten die verschiedensten morphologischen Kennzeichen auf Organminderwertigkeiten hin: Verkümmerungen, Unterentwicklungen und andere Degenerationszeichen werden genannt. Die Minderwertigkeit eines einzelnen Organs sei eher selten, meistens komme sie bei zwei oder mehreren Organen zugleich vor, wobei jede Organminderwertigkeit von einer Minderwertigkeit des Genitalsystems begleitet wird: »Es gibt keine Organminderwertigkeit, ohne begleitende Minderwertigkeit des Sexualorgans« (Adler 1907a, S. 86f.). Adler führt nun den Begriff der »Kompensation« ein, der eine Leistung des Organismus beschreibt, die unter Ausschaltung des Bewußtseins stattfindet. Ziel dieser Kompensation ist die Herstellung der Funktionstüchtigkeit des minderwertigen Organs. Die Kompensationsanstrengung führt nach Adler häufig zu einer höheren Ausbildung des ursprünglich minderwertigen Organs, was er an einem klassischen Beispiel erläutert: »Der stotternde Knabe Demosthenes wird zum größten Redner Griechenlands« (Adler 1907a, S. 51).

Die Kompensationsanstrengung bedingt auch immer eine gesteigerte Kapazität im Gehirn: »...die Minderwertigkeit des Organs werde durch eine Mehrleistung des Gehirns ausgeglichen.« Die erwähnte Überwertigkeit eines ursprünglich minderwertigen Organs ist »durch eine Überwertigkeit seines psychomotorischen Überbaues« zu erklären (Adler 1907a, S. 94).

Das Ensemble der Erscheinungen der Organminderwertigkeiten färbe auf die Psyche derart ab, »daß deren ganze Struktur ein eigenartiges Gepräge erhält... (und) so... zur Grundlage der Neurosen und Psychosen« wird (ebda., S. 51).

Eine neurotische Entwicklung ist aber nicht zwangsläufig. Adler sieht als Ergebnis der Kompensationsbemühungen eine Reihe von Möglichkeiten zwischen den Polen Degeneration, Neurose und Genie:

»Die zu einer Kompensation unfähigen minderwertigen Organe fallen unter dem Einfluß der Außenwelt einem rascheren oder langsameren Verderben anheim. Andrerseits gestaltet die Natur aus minderwertigen Organen unter dem Einfluß von Kompensation Apparate von variabler

Funktion und Morphologie, die sich in vielen Fällen als durchaus leistungsfähig erweisen und den äußeren Verhältnissen zuweilen um einiges besser angepaßt sind ... Zwischen diesen extremen Fällen liegen nun noch Mischbildungen und solche, bei denen die Kompensation nicht völlig durchzusetzen war ... Unter bestimmten Bedingungen entwikkeln sich aus dieser Gruppe die Fälle von Neurosen und Psychoneurosen« (Adler 1907a, S. 90).

Die Aussagen der *Studie* kurz zusammengefaßt: »Aus dem Versuch, einen körperlichen Schaden oder Mangel – eine Organminderwertigkeit – zu kompensieren bzw. zu überwinden, kann sachliche Überlegenheit, ja Genialität hervorgehen, aber ebensogut auch seelische Erkrankung: die Neurose« (ebda., S. 2).

Diese Theorie hat Adler aufgrund seiner Erfahrungen als praktischer Arzt im zweiten Wiener Bezirk entwickelt. Furtmüller (1946, S. 236) weist darauf hin, daß die Nähe des berühmten Wiener Vergnügungsparkes, des Praters, ihm eine spezifische Gruppe von Patienten zuspielte:

»Artisten und Akrobaten der verschiedensten Schaubuden. Diese Menschen, die alle durch die Schaustellung ihrer außerordentlichen Körperkraft oder Geschicklichkeit ihr Brot verdienten, kamen zu ihm mit ihren Krankheiten und körperlichen Gebrechen. Es waren zum Teil Beobachtungen dieser Art, die Adler den Begriff der ›Überkompensation‹ nahelegten.«

Adlers Vortrag in der »Mittwoch-Gesellschaft« wurde von den anwesenden Mitgliedern zwar nicht einhellig zustimmend, aber doch vorwiegend positiv aufgenommen. Freud meinte in der anschließenden Diskussion anerkennend:

»Der Arbeit Adlers messe er große Bedeutung bei; sie habe seine eigenen Arbeiten um ein Stück weitergeführt. Nach dem unmittelbaren Eindruck zu schließen, dürfte vieles daran richtig sein. Zwei Hauptideen hebe er als bedeutungsvoll und fruchtbar hervor: 1. Den Begriff der Kompensation, wonach eine organische Minderwertigkeit durch eine überwertige Gehirntätigkeit ausgeglichen werde, und 2. daß die Verdrängung durch die Gestaltung eines psychischen Oberbaues erfolge. – Eine ähnliche Formel habe sich ihm selbst auch schon aufgedrängt.«

Freud brachte mehrere Beispiele, die Adlers Theorie und seine eigene Anschauung untermauerten, etwa daß Personen, die durch große Ichsucht, großen Ehrgeiz auffielen, oft schwere organische Defekte aufgewiesen hätten. Den Ausdruck »Minderwertigkeit«, gegen den er eine Abneigung habe, fand er wenig originell gewählt, und er empfahl die

Formel »besondere Variabilität der Organe«. Freuds Lob für Adler überrascht insofern, als er gängige psychiatrische Konzepte von der Rolle der Vererbung und der Degeneration bei der Entstehung von Neurosen immer abgelehnt und an ihre Stelle die sexuelle Ätiologie gesetzt hatte. Aber es gibt eine Reihe von Aussagen Freuds, wonach er Adlers Theorie im Sinne einer Ausweitung der Psychoanalyse ins Organische begrüßte. Federn fand die Arbeit zunächst sympathisch und meinte u. a.:

»Etwas in der Neurose sei gewiß auf organische Veranlagung zurückzuführen; das müsse man aber erst spezialisieren... Adlers Erklärung von Beethovens Begabung erinnere ihn im großen und ganzen an Lombrosos Theorie; beim Genie sei eben die Möglichkeit der Erkrankung viel größer und die Krankheit selbst falle uns eher auf.«

Auch Hollerung äußerte sich positiv und unterstrich den für ihn wichtigen Gedankengang, wonach das Ererbte mit den sozialen Verhältnissen in Konflikt komme und die Entwicklung dort, wo kein Ausgleich möglich ist, abnormal verlaufen wird. Heller hatte den Eindruck »einer großen geistigen Leistung« und sah in Adlers Arbeit »eine Fortführung und Ergänzung der Leistungen Freuds«. Bass dankte Adler für die »mannigfaltigen Anregungen«.

Negativ aufgenommen wurde Adlers Vortrag durch Reitler und Stekel. Reitler meinte, Adler sei für seine Behauptungen, »daß ein minderwertiges Organ durch kompensatorische Gehirnleistung zur Überwertigkeit gebracht werde«, den Beweis schuldig geblieben, und er hätte der Heredität zu große Bedeutung eingeräumt.

Stekel konnte in der Arbeit keinen Fortschritt sehen: »... sie sei nur eine Paraphrasierung der Freudschen Ideen ins Organische. Auch sei der Vortrag zu ›schwer‹ gewesen.« Hitschmann befürwortete Adlers Versuch, hinter den Neurosen »Organisches« zu suchen, vermißte aber »die bei solchen Themen unerläßlichen statistischen Angaben«. Organische Minderwertigkeiten müßten nicht immer zur Neurose führen. Auch einzelne Künstlerbeispiele Adlers hielt er für nicht zutreffend.

Interessant ist Häutlers Einwand, »daß sich auch in dieser Arbeit Adlers Lieblingsidee, die Polarisation, finde«, denn dieser – allerdings unspezifische – Hinweis gilt Adlers früheren Referaten und Diskussionsbeiträgen, die nicht protokolliert sind. In der Diskussion wurden zahlreiche Fallbeispiele angeführt, die Adlers Theorie stützten, einige, die ihr widersprachen.

Am Schluß erwähnte Adler zur Frage der Berufswahl, daß Mediziner vielfach in ihrer Kindheit an Krankheiten gelitten hätten. Dies ist auch ein Hinweis auf Adlers eigene Biographie, die für sein Verständnis der

Kompensation frühkindlicher Traumen nicht unerheblich sein dürfte. Bekanntlich war Adler ein schwächliches Kind, litt an Rachitis, so daß seine Bewegungsfreiheit mehrere Jahre durch Bandagen eingeschränkt war. Dazu kamen häufige Anfälle eines Stimmritzenkrampfes, vor allem beim Weinen, die schlimme Erstickungsnöte auslösten. Als er drei Jahre alt war, starb in seiner Gegenwart der acht Monate alte Bruder an Diphtherie. Mit fünf Jahren litt er an einer schweren Lungenentzündung und war vom Arzt bereits aufgegeben worden. Zweimal in seiner Kindheit wurde Adler von einem Wagen überfahren.

Welche wissenschaftlichen Absichten hat Adler mit der Veröffentlichung seiner *Studie* verfolgt, an der er nach eigenen Angaben mehrere Jahre gearbeitet hatte? Bei der Zusammenkunft der »Mittwoch-Gesellschaft« am 17. Oktober 1906 hatte Adler sein bevorstehendes Referat angekündigt. Er sprach von einem Vortrag über die »Grundzüge einer Neurosentheorie«. Dies ist ein erster wichtiger Hinweis dafür, daß die *Studie* nicht nur Resultat der Beschäftigung mit der Pathologie der Nieren und anderer Organe war und sich nicht auf die organischen Grundlagen der Neurosen beschränken sollte, sondern daß Adler mit ihr eine grundlegend neue Neurosentheorie schaffen wollte. Diese Vermutung wird durch eine Passage aus seinem Buch erhärtet:

»Wir wollen... hervorheben, daß diese Studie dahin zielt, alle Erscheinungen der Neurosen und Psychoneurosen zurückzuführen auf Organminderwertigkeit, den Grad und die Art der nicht völlig gelungenen zentralen Kompensation und auf eintretende Kompensationsstörungen« (Adler 1907 a, S. 98).

Dieses Zitat provoziert eine Reihe von Fragen und Vermutungen: In der »Mittwoch-Gesellschaft« wurde die für die damalige Zeit revolutionäre, aber auch Anstoß erregende Ansicht Freuds diskutiert, wonach Neurosen auf verdrängte Sexualität zurückzuführen seien. Wenn nun Adler mehrere Jahre hindurch an einer Theorie arbeitete, die alle Neurosen auf minderwertige Organe zurückführt, heißt dies, daß er mit Freuds Auffassung der Neurosenätiologie nicht mehr konform ging. In diesem Kontext interessiert, welche Bedeutung Adler der Sexualität in seiner Organminderwertigkeitslehre einräumt und wie er die Rolle der kulturellen Normen, die die Verdrängung bedingen, versteht. Während Freud der Kultur, die den einzelnen zu Verdrängungen zwingt, wesentliche Ursachen für die neurotische Entwicklung zuschreibt, wird der Einfluß kultureller Normen bei Adler nicht weiter problematisiert. Kultur wird bei ihm als neutral bis positiv besetzte Instanz verstanden. In seinem Vortrag formulierte Adler dies so:

»Alle Aktionen des Kindes seien auf Lust berechnet; mit diesen sinn-

lichen Lustgefühlen sei das Individuum an die Außenwelt gekettet. Bei vollwertiger Entwicklung wird allmählich der Lustgewinn zugunsten der Kulturfähigkeit aufgegeben; das minderwertige Organ aber arbeitet auch späterhin auf Lustgewinn und lebt sich darin ein.«
In der *Studie* heißt es – noch pointierter formuliert: »Annähernd normale Organe, denen ein genügend aufnahmefähiges Zentralnervensystem entspricht, fügen sich anstandslos in die Forderung der umgebenden Kultur« (Adler 1907a, S. 92).
Nicht an den zu hohen Anforderungen der Kultur scheitert bei ihm der Neurotiker, sondern an seinem ungenügend entwickelten, eben »minderwertigen« Organ.
Adler hat immer wieder soziologische und sozialpsychologische Sichtweisen in die psychoanalytische Diskussion eingebracht. Er wurde immer wieder als fortschrittlicher und politischen Fragen aufgeschlossener Psychologe beurteilt. Dieses Bild hat allerdings eine Kehrseite. Man findet bei Adler immer wieder Passagen, in denen er die gesellschaftlichen Verhältnisse verabsolutiert, eine Apologie der herrschenden Ordnung betreibt und dem Individuum die »Schuld« am Versagen zuschreibt. Dieser Aspekt wird schon in diesem frühen Zitat aus dem Jahr 1907 deutlich, zieht sich durch Adlers Schriften und wird vor allem beim späten Adler vorherrschend. In den 30er Jahren etwa erklärte Adler die Nützlichkeit für die Gemeinschaft zum Kriterium seelischer Gesundheit.[6]
Vielleicht bezog sich Freud darauf, als er sagte: »...die Neurose ist zurückzuführen auf das Mißverhältnis zwischen konstitutioneller Anlage und den kulturellen Anforderungen, die an das Individuum gestellt werden.«
Die Beobachtung der infantilen Sexualität, die Freud in seinen *Drei Abhandlungen zur Sexualtheorie* im Jahr 1905 publiziert hatte, finden wir bei Adler in das System seiner Organminderwertigkeitslehre eingebaut:
»Bei den Kinderfehlern, denen masturbatorischer Charakter zugeschrieben wird, Daumenlutschen, Lippensaugen, Kitzeln der Haut, Berührung des Afters und echte Frühmasturbation, ist wieder die spielerische, auf Lustgewinn berechnete Neigung zu beobachten, die dem minderwertigen Organ, Mund, Darm, Genitalien eigen... Wenn wir uns nun erinnern, daß alle minderwertigen Organe vielleicht regelmäßig von minderwertigen Sexualorganen begleitet werden, denen gleichfalls die Neigung nach Lustgewinn in hohem Grade eigen ist, wenn wir

6 Vgl. Jacoby 1978 und Handlbauer 1984, S. 266ff.

hinzunehmen, daß fast alle mit Kinderfehlern behafteten Kinder auch masturbatorische Berührungen der Genitalien vornehmen, so müssen wir... feststellen, daß der Besitz minderwertiger Organe besonders leicht zur sexuellen Frühreife, zur Frühmasturbation führen kann« (Adler 1907a, S. 100).

Adler dürfte eine Art Doppelstrategie verfolgt haben. An der Existenz infantiler Sexualität hat er nicht gerüttelt und Freud darin nicht provoziert. Er hat sie aber seinem System untergeordnet. Die infantile Sexualität fixiere sich nur dort, wo aufgrund eines minderwertigen Organs ein Kampf um Kulturfähigkeit geführt werde. Sie ist also nicht mehr ein umfassendes Phänomen, das immer zu Konflikten mit einer lustfeindlichen Umwelt führen muß und deren Schicksal in den verschiedenen Phasen ihrer Entwicklung auf jeden Fall prägend für die erwachsene Persönlichkeit sein wird. Im positiven Fall wird bei Adler der Lustgewinn zugunsten der Kulturfähigkeit aufgegeben. Der Herd des Konflikts liegt in der Organminderwertigkeit und nicht in der sexuellen Entwicklung. Insofern hat Adler Freud hier bereits revidiert. Diese Veränderungen sind in der *Studie* deutlicher vernehmbar als im Vortrag.

Die Behauptung, daß minderwertige Organe regelmäßig von minderwertigen Sexualorganen begleitet werden, veranlaßt Adler dann dazu, die »irrtümliche« Annahme der sexuellen Ätiologie der Neurosen zu korrigieren: »Ebenso klärt sich... der regelmäßige Befund der ›sexuellen Grundlage‹ der Psychoneurosen auf« (ebda., S. 101 f.).

Holtz (1981, S. 21) hat behauptet, daß in Adlers *Studie* die sexuelle Komponente als zentraler Faktor in der Ätiologie der Neurose noch keineswegs aufgehoben oder geschmälert wurde, da Adler »mehrmals auf das minderwertige Sexualorgan als ständige Begleit- oder Haupterscheinung bei Organminderwertigkeiten« hingewiesen hatte – die sexuelle Komponente sei lediglich »durch die Heraushebung der organischen Seite des neurotischen Prozesses ergänzt worden«. Dieser Interpretation kann nicht zugestimmt werden. Die »sexuelle Komponente« wurde in der *Studie* weniger ergänzt als vielmehr in den Hintergrund gerückt. Ursache der Neurose ist für Adler eine Organminderwertigkeit, die lediglich sekundär mit einer Minderwertigkeit des Sexualapparates verknüpft ist. Adler hat hier offenbar versucht, seinen Ansatz mit dem Freuds zu verknüpfen. Die Organminderwertigkeit hatte für ihn aber zentrale Bedeutung für die Neurosenätiologie. Mit dieser Gewichtung wird durch Adler »der regelmäßige Befund der ›sexuellen Grundlage‹ der Psychoneurosen« als sekundäres Phänomen aufgeklärt.

Manches an der Organminderwertigkeitslehre wirkt konstruiert. Adler beschränkt sich nicht auf die Hypothese, daß jeder Neurose eine Organminderwertigkeit zugrunde liege. Er postuliert zusätzlich, daß jede dieser Organminderwertigkeiten von einem minderwertigen Sexualsystem begleitet würde. Auf diesem Umweg wird der »regelmäßige Befund der ›sexuellen Grundlage‹ der Psychoneurosen« aufgeklärt. Es erhebt sich die Frage, ob es nicht sinnvoller gewesen wäre, daß sich Adler in der Frage der Ätiologie der Neurosen eindeutig entschieden hätte, statt die sexuelle Ätiologie durch die Einführung mehrerer Konstrukte mitzuschleppen und als bloßes Anhängsel zu bezeichnen.

Adlers *Studie über Minderwertigkeit von Organen* wirft heute eine Reihe von Fragen auf, was auch von Individualpsychologen eingestanden wird. Metzger (1977b, S. 10) sah »die Hoffnung, aus den Sachverhalten der funktionellen Organminderwertigkeit und der zu ihrer Kompensation einsetzenden Vorgänge auch zu einer Theorie der Neurosen und Psychosen zu gelangen…, im Rahmen der ›Studie‹ noch nicht erfüllt«.

Die vorwiegend positive Aufnahme Adlers in der »Mittwoch-Gesellschaft« läßt sich damit erklären, daß der Vortrag im Vergleich zum später erscheinenden Buch in einigen kritischen Punkten zurückhaltender ausfiel und Adlers Absicht, die sexuelle Ätiologie der Neurosen zugunsten der Organminderwertigkeitslehre in den Hintergrund zu drängen, noch nicht erkennbar war. Außerdem stellte der Vortrag eine beachtliche intellektuelle Leistung dar: Schlüssig aufgebaut, enthielt er viele neue Sichtweisen und erschloß der Gruppe wissenschaftliches Neuland, was schon aus seinem Titel »Über die organischen Grundlagen der Neurosen« hervorgeht. In der Art der Betrachtung traf sich Adler noch mit Freuds Denkweise. Diesem gefiel besonders der Begriff der Kompensation. Auch Adlers Vorstellungen über die Verschiebung der Kompensationsenergien dürften mit Freuds Denkweise harmoniert haben.

Holtz (1981, S. 22) meint, daß Freud durchaus bereit war, die Arbeiten Adlers anzuerkennen, solange sie nicht seine grundlegenden Theorien »wie die Lehre von Widerstand und Verdrängung, von der Übertragung, vom Unbewußten… und von der Wichtigkeit der Kindheitserlebnisse in Frage stellten« und »Adler durch das Postulat der ätiologischen Relevanz der Organminderwertigkeit nicht die für Freud grundlegende sexuelle Ätiologie der Neurosen angriff«.

Und genau das dürfte Adler in seinem zurückhaltenden Vortrag nicht getan haben.

Freud (1914, S. 186) hat über die damaligen Erwartungen an Adler geschrieben:

»Als ich seine geringe Begabung gerade für die Würdigung des unbewußten Materials erkannt hatte, verlegte ich meine Erwartung dahin, er werde die Verbindung von der Psychoanalyse zur Psychologie und zu den biologischen Grundlagen der Triebvorgänge aufzudecken wissen, wozu seine wertvollen Studien über die Organminderwertigkeit auch in gewissem Sinne berechtigten.«

Die *Studie* ist die bedeutendste medizinische Publikation Adlers – »medizinisch« deshalb, weil sie sich an Ärzte wandte und in einem entsprechenden Vokabular verfaßt ist; weil sie sich auf »morphologischem« und »funktionellem« Gebiet bewegt. »Das Buch steht am Eingang der modernen Medizin«, schrieb Adler 1926 in der Vorrede zur Neuauflage.

Wahrscheinlich strebte Adler schon 1907 eine Universitätskarriere an. Jedenfalls reichte er 1912 die *Studie* zusammen mit seinem Buch *Über den nervösen Charakter* als Habilitationsschrift ein. Aufgrund eines negativen Gutachtens Wagner-Jaureggs wurde Adlers Ansuchen abgelehnt.[7]

Auf die *Studie* folgten einige weitere medizinisch orientierte Aufsätze Adlers.[8] Ab 1908 und verstärkt ab 1910 wandte sich Adler wieder einer pädagogisch-psychologischen Sichtweise zu, und manche seiner späteren Aussagen stehen im Kontrast zur *Studie*. Ein Gegensatz liegt beispielsweise in der Annahme der Vererbung der Neurosen und Adlers späterem pädagogischem Optimismus. Auch für Metzger (1977a, S. 538) erfolgte der Aufbau der Neurosenlehre bei Adler nicht geradlinig, sondern begann »mit einer Art Seitensprung aus dem sozialen Bereich, in dem die Erziehung der Kinder sich abspielt, in inner-organische Bereiche«.

Die *Studie* war dennoch für Adler bis zu seinem Lebensende »eine Art Lieblingskind«, auch dann noch, als sich herausgestellt hatte, »daß Organminderwertigkeiten allein niemals für das Entstehen einer Neurose verantwortlich gemacht werden können«.

Den Anspruch, eine grundlegende Neurosentheorie zu bieten, kann die *Studie* aus heutiger Sicht nicht erfüllen. Dennoch kommt ihr durch die Einführung der Begriffe »Organminderwertigkeit« und »Kompensation« als Vorläufer der späteren Begriffe »Minderwertigkeitsgefühl« und »männlicher Protest« (bzw. »Geltungsstreben«, »Machtstreben«) im Aufbau der Adlerschen Theorie große Bedeutung zu.

Das Buch ist nicht leicht zu lesen. Adlers Stil ist oft flüchtig und skizzenhaft. Er schreibt wendig und dynamisch, bleibt aber in seiner

7 Vgl. dazu Beckh-Widmanstetter 1965 und Handlbauer 1984, S. 103ff.
8 Adler 1907b; 1908a, c, e; 1909b.

Beweisführung oft im spekulativen Bereich. Was beim schnellen Durchlesen interessant und folgerichtig erscheint, erweist sich beim analytischen Durchdenken oft ohne logischen Zusammenhang, als Behauptung, Vermutung oder spekulative Formulierung. Der rasante, bisweilen gehetzte Stil steht in auffallendem Kontrast zum Fehlen empirischer Daten. Obwohl Adler flüssig formuliert, entsteht dabei oft keine Klarheit. Die fehlende theoretische Klarheit wird durch zahlreiche Kurzkasuistiken kompensiert. Adler hat seine Fallbeispiele aber oft sehr simplifizierend interpretiert. Wenn etwa der Begriff der »Überkompensation« am plakativen Beispiel des griechischen Redners Demosthenes veranschaulicht wird, verschafft dies beim flüchtigen Lesen ein schnelles »Aha-Erlebnis«, hinter dem beim intensiveren Nachdenken doch wieder zahlreiche Fragezeichen auftauchen. Diesen Eindruck scheint auch Hofstätter (1948, S. 273) gewonnen zu haben, denn er schreibt:

»Der ursprünglich stotternde Demosthenes ist das klassische Paradigma für... (die) ›Überkompensation‹ ... Ganz so einfach liegen die Dinge in diesem Falle freilich auch nicht, denn erstens ist das Stottern keine konstitutionelle Organminderwertigkeit, sondern eigentlich selbst schon eine verfehlte ›Überkompensation‹ – der Sprechakt wird durch ein Zuviel an Aufmerksamkeit problematisch – und zweitens wurde Demosthenes zwar unstreitig ein großer Redner, aber in seiner Verkennung der Zeitlage und der Politik Philipps von Makedonien ein äußerst unheilvoller Politiker, bei dem man nach neurotischen Zügen kaum vergebens suchen würde.«

Ähnliche Simplifizierungen betrieb Adler durch das Anführen von Malern mit Augenleiden oder von Musikern mit Gehörschäden. Man vermißt hier statistische Untermauerung und detailliertere Kausalitätsbetrachtungen. Viele dieser Beispiele, die auf den ersten Blick schlüssig scheinen, halten einer genaueren Betrachtung nicht stand.

Es wäre interessant, herauszuarbeiten, inwieweit Adlers *Studie* von Darwin, Lamarck und vor allem vom italienischen Psychiater Cesare Lombroso beeinflußt wurde. Letzterer stellte die Theorie auf, daß Genie, Irrsinn und Verbrechen organische Ursachen haben und vererbt würden. Selesnick (1966, S. 79) nannte den französischen Physiologen Claude Bernard (1813–1878) als einen Vorläufer. Er vertrat die Lehre, daß Organe versuchen innerhalb ihrer Umgebung Konstanz aufrechtzuerhalten.

Von mehreren Autoren wurde darauf hingewiesen, daß die Studie an der Wiege der psychosomatischen Medizin stehe.[9] Diese Auffassung

9 Vgl. Furtmüller 1946, S. 240, und Biebl 1977.

trifft insofern zu, als Adler zu einem sehr frühen Zeitpunkt einen Zusammenhang zwischen neurotischen und organischen Erkrankungen festgestellt hatte. Allerdings vertrat er ein stark reduziertes psychosomatisches Konzept: Zwar führt ein minderwertiges Organ zur Neurose, aber neurotische Konflikte führen bei Adler nicht zu Funktionsstörungen im Organismus. Das Verhältnis zwischen Psyche und Soma ist bei Adler also eine Einbahnstraße, und zwar auch hinsichtlich der Frage der Organwahl. So ist die *Studie* vom Standpunkt moderner psychosomatischer Auffassungen, die von Wechselbeziehungen und nicht von monokausalen Verhältnissen ausgehen, überholt.

Die ursprünglich positive Aufnahme von Adlers Vortrag in der »Mittwoch-Gesellschaft« wandelte sich im Laufe der beiden folgenden Jahre zu einer zunehmenden Reserviertheit gegenüber seiner Theorie. Ausschlaggebend dafür scheint Adlers konsequentes Bemühen zu sein, die Organminderwertigkeitslehre mit möglichst vielen der diskutierten Themen in Beziehung zu setzen. So zum Beispiel erwähnte Adler am 21. November 1906, daß er bei Fällen von Paranoia »eine auffallende Offenheit bemerkt habe; ein Zutageliegen infantiler Eindrücke (die normalerweise verdrängt sind). Das zeuge von einer Minderwertigkeit des Sexualsystems...« (Protokolle 1976, S. 57).

Am 6. März 1907 referierte Adler unter dem Titel »Eine Psychoanalyse« den Fall eines Stotterers, der eine Reihe von Zwangssymptomen aufwies. Adler brachte viele Detailbeobachtungen, aber wenig zusammenfassende Analysen, was in der Diskussion von Sadger und Stekel kritisiert wurde. Adler sprach davon, daß die Analyse einen stark unterdrückten Sadismus ergeben hätte. Dieses Thema sollte bei ihm bald größere Bedeutung erlangen. Im übrigen interpretierte Adler den Fall, der u. a. an Darmkatarrhen litt, im Rahmen der Organminderwertigkeitslehre: »Gurren im Darm, schlechte Zähne (Stellung), Hämorrhoiden deuten auf minderwertigen Ernährungstrakt« (ebda., S. 131). Der Rekurs auf die Organminderwertigkeitslehre wurde von Sadger und Freud kritisiert, und Federn entsetzte sich: »Aus dem Darmkatarrh könne man doch nicht auf die Minderwertigkeit des Organs schließen« (ebda., S. 133).

C. G. Jung, erstmals als Gast in der »Mittwoch-Gesellschaft«, ergriff für Adler Partei: »Die Kritik, die die Organminderwertigkeitslehre erfahren habe, erscheine ihm doch zu scharf; seiner Meinung nach sei es eine glänzende Idee, die zu kritisieren es uns an Erfahrung mangle« (ebda., S. 136).

Bei einer Diskussion über Sexualtraumen am 18. Dezember 1907 sagte

Adler: »Die infantilen Traumen haben nur Bedeutung im Zusammenhang mit der Minderwertigkeit der Organe« (ebda., S. 257).
Am 4. März 1908 bezog sich Rank auf diese Theorie und wies dem Dichter Friedrich Schiller eine Minderwertigkeit der Augen nach. Dies wurde in der Diskussion als »an den Haaren herbeigezogen« kritisiert. Adler sah sich daraufhin zu einer generellen Verteidigung seiner Ansichten gezwungen. Er könne sich »den Widerstand gegen die Minderwertigkeitslehre nur daraus erklären, daß sie nicht verstanden worden sei... Er glaube... daß es überhaupt keinen Dramatiker ohne minderwertigen Sehapparat geben könne: er schaffe ja im Gehirn die Szene und müsse sie so sehen, wie sie dann auf dem Theater wirklich aufgeführt werde...« (ebda., S. 322).
Noch zwei Jahre nach seinem Vortrag, am 10. November 1909, meinte Adler, »man könne es heute schon als Überzeugung aussprechen, daß nur die organisch Minderwertigen, die Belasteten einer gewissen Kategorie, fähig seien, eine Neurose zu erwerben« (Protokolle 1977, S. 279).
Am 27. April 1910 sagte er anläßlich einer Diskussion über den Selbstmord: »Was die pathologischen Befunde anlangt... so scheint tatsächlich bei den Selbstmördern jede Form von Organminderwertigkeit vorzukommen...« (ebda., S. 464).
Es lassen sich noch viele Beispiele anführen, die zeigen, daß Adler in den Diskussionen jener Jahre immer wieder auf seine Organminderwertigkeitslehre zurückkam.[10]
Adlers Diskussionsbeiträge waren vor allem in den Jahren 1906 bis 1908 stark von seiner Organminderwertigkeitslehre dominiert. Sie erscheinen in ihrer Tendenz, die verschiedensten psychischen Phänomene auf die eine, alles erklärende Ursache hinzubiegen, überraschend einseitig. In ähnlicher Weise hat Adler einige Jahre später am »männlichen Protest«, dem »Willen zur Macht« als dem neuen, alles erklärenden Prinzip festgehalten. Bruder-Bezzel (1983, S. 114) meint dazu:
»Diese Suche nach dem allgemeinen Prinzip, dem Schlüssel, der für alle psychologischen Abläufe paßt, war damals allgemein, auch in anderen wissenschaftlichen Disziplinen, sehr verbreitet.«
Auch Holtz (1981, S. 22) hat bemerkt, daß Adlers wiederholte Hinweise auf seine Organminderwertigkeitslehre penetrant und durch ihre Häufigkeit aufdringlich erscheinen können. Er sah darin aber primär Adlers »Konsequenz, also Folgerichtigkeit, Beharrlichkeit«.

10 U. a.: *Protokolle* 1976, S. 48, 57, 91, 99, 161, 168, 176, 203, 257, 299, 303, 318; und 1977, S. 103, 110, 114, 129, 133, 279, 290.

Adler vertrat mehrere Jahre lang in der »Mittwoch-Gesellschaft« eine sehr einseitige und enge Theorie der Neurosenätiologie. Dieses Faktum ist in Rechnung zu stellen, wenn behauptet wird, er hätte den Kreis um Freud 1911 wegen der dort praktizierten einseitigen Anschauungen verlassen. In jedem Fall wird es sinnvoller sein, sich mit dem Inhalt der Anschauungen auseinanderzusetzen, auch wenn diese von ihren Begründern oft vorschnell generalisiert wurden.
Bei Adlers Referat am 29. Januar 1908 mit dem Titel »Ein Beitrag zur Paranoiafrage« handelt es sich um eine der ersten Diskussionen in der »Mittwoch-Gesellschaft« über einen Psychosefall. Adler bringt u. a. interessante theoretische Erörterungen über die phänomenologischen Unterschiede bei Zwangsneurosen, Hysterien und Paranoiafällen. Zum konkreten Fall bringt Adler relativ wenig Material. Dies dürfte damit zu tun haben, daß es sich um keine kontinuierlich durchgeführte, sondern eine vorzeitig abgebrochene Analyse handelte. Die Diagnose stellte Adler im Rahmen der Organminderwertigkeitslehre: Bei der Paranoia handle es sich »um den defekt gewordenen Überbau des Seh- und Gehörsorgans... Um die ›Minderwertigkeit‹ dieser beiden Organe« (Protokolle 1976, S. 274).
Die ausführliche und kontroverse Diskussion dieses Referats soll hier nicht wiedergegeben werden.

Sadismus und Aggressionstrieb

Ein Jahr nach Erscheinen der *Studie über Minderwertigkeit von Organen* tauchten in Adlers Diskussionsbeiträgen neue Begriffe und Theoriefragmente auf, die in diesem Buch noch nicht enthalten waren. Zunehmend beschäftigte er sich mit dem Thema »Sadismus«. Schon bei einer Diskussion über die russische Revolutionärin und Attentäterin Tatjana Leontiew am 10. April 1907 nahm Adler zum Verhältnis von Sadismus und Sexualität Stellung. Er wies auf die asketische Lebensauffassung der Revolutionäre hin. Die Sekte, der Leontiew angehörte, habe jede freie Sexualbetätigung unterdrückt:
»In Rußland sei es durch die Unterdrückung von oben zu einer Entfesselung des Sadismus gekommen. Alle Revolutionäre seien gewöhnlich milde, barmherzig und bescheiden, aber von Zeit zu Zeit bricht ihr Sadismus hervor. Dieser Entfesselung liegt natürlich die Sexualunterdrückung zugrunde« (Protokolle 1976, S. 154).
Adlers Verständnis des Sadismus als Folge sexueller Repression ist hier noch mit den Auffassungen Freuds und anderer Mitglieder der Gruppe, etwa mit der Federns, vereinbar. Beachtung verdient sein Versuch, die

soziale Repression mit der individuellen sexuellen Repression in Verbindung zu bringen und als Ursachen für sadistische Ausbrüche zu benennen.
Am 27. November 1907 sprach Adler in der Diskussion über Stekels Referat »Zwei Fälle von Angsthysterie« vom »Eindruck einer Erblichkeit des Sadismus, überhaupt also psychischer Eigenschaften, geistiger Vorgänge. Beim Analcharakter könne man in der Heredität gewisse psychische Eigenschaften nachweisen; das gelte übrigens für alle minderwertigen Organe. Im zweiten Fall trete daneben auch der enuretische Charakter hervor« (ebda., S. 237).
Der Begriff »analer Charakter« tauchte in dieser Zeit bei Adler häufiger auf, ohne daß klar ersichtlich wird, was genau er darunter verstand. Offenbar wollte er seine Organminderwertigkeitslehre mit Hilfe dieser Begriffe (analer Charakter, enuretischer Charakter) mit dem Freudschen Konzept der Libidoentwicklung verbinden. Nach Wittels (1924, S. 139) ließ sich dieser Versuch einer Verquickung von erogenen Zonen und minderwertigen Organsystemen nicht halten.
Zu einer ausführlichen Darstellung der neuen theoretischen Ansätze Adlers kam es erst am 27. April 1908 beim Salzburger Kongreß, an dem 42 Ärzte aus Österreich, Ungarn, der Schweiz, Deutschland, England und den Vereinigten Staaten teilnahmen. Es war das erste internationale Treffen von Psychoanalytikern, der erste »Kongreß für Freudsche Psychologie«. Aus Wien hatte Freud 24 Schüler mitgebracht, aus Zürich kamen fünf Interessierte, darunter Jung, Bleuler und Riklin. So kam es bei diesem Kongreß zu einem ersten vorsichtigen Abtasten dieser beiden rivalisierenden Gruppen. Wichtigstes organisatorisches Ergebnis des Kongresses war der Beschluß, ein Periodikum herauszugeben, dessen erste Nummer 1909 als *Jahrbuch für psychoanalytische und psychopathologische Forschung* erschien. Herausgeber waren Freud und Bleuler, Schriftleiter C. G. Jung.[11]
Wittels (1924, S. 119) schreibt über die Stimmung an diesem Kongreß: »Ich habe nie einen vollständigeren Triumph gesehen, als den Freud auf diesem Kongresse errang. Die bedächtigen Schweizer hatten mancherlei Einwände. Aber Freud überrannte sie mit der Gewalt und eindringlichen Klarheit seiner Rede. Er fühlte, daß er durch die Schweizer Schule den Anschluß an die allgemeine Wissenschaft finden werde...«
Neben Freud, Jones, Sadger, Abraham, Stekel, Jung und anderen referiert auch Adler. Sein Vortrag lautete: »Sadismus in Leben und Neurose.« Er ist in den *Protokollen* nicht abgedruckt, erschien aber im sel-

11 Vgl. Dapra, 1988.

ben Jahr unter dem Titel »Der Aggressionstrieb im Leben und in der Neurose« in einer medizinischen Zeitschrift.[12] Es wird hier der Originaltext verwendet, der sich in einzelnen nicht unwesentlichen Punkten von der Wiederveröffentlichung des Aufsatzes in *Heilen und Bilden* (Adler 1914a) unterscheidet.

Die Arbeit bewegt sich auf triebtheoretischem Terrain, also auf einem Gebiet, das Adler bald wieder verlassen wird. Der Inhalt des Aufsatzes kurz zusammengefaßt: Im Sadismus und seinem Gegenstück, dem Masochismus, sah Adler den »unmittelbarsten, zur nervösen Erkrankung führenden Faktor«[13]. Diese These wird genauer ausgearbeitet und dem Artikel vorangestellt:

»...Bisher ging jede Betrachtung des Sadismus und Masochismus von sexuellen Erscheinungen aus, denen Züge von Grausamkeit beigemischt waren. Die treibende Kraft stammt aber bei Gesunden (männlicher Charakter der Sexualität), Perversen und Neurotikern... offenbar aus zwei ursprünglich gesonderten Trieben, die späterhin eine Verschränkung erfahren haben, derzufolge das sadistisch-masochistische Ergebnis zwei Trieben zugleich entspricht, dem Sexualtrieb und dem Aggressionstrieb« (Adler 1908b, S. 577).

Unter Trieb verstand Adler eine Abstraktion, die »Summe von Elementarfunktionen des entsprechenden Organs und seiner zugehörigen Nervenbahnen, deren Entstehung und Entwicklung aus dem Zwang der Außenwelt und ihrer Anforderungen abzuleiten sind, deren Ziel durch die Befriedigung der Organbedürfnisse und durch den Lusterwerb aus der Umgebung bestimmt ist«.

Die Triebverschränkung sah Adler als determinierende Grundtatsache im Aufbau von Charakterstrukturen an, wobei er – was weniger einleuchtend erscheint – jeder Organbetätigung einen eigenen Trieb zusprach und damit eine Unzahl neuer Triebe einführte. Er sprach von »Eßtrieb«, »Sehtrieb«, »Riechtrieb«, »Hörtrieb« und vom »Harn- und Stuhltrieb«. In allen auffälligen Charakterbildern, die Adler als Resultat einer Triebverschränkung sah, spiele »der Sexualtrieb eine hervorragende Rolle« (ebda., S. 577f.).

Adler erläuterte ferner die verschiedenen Erscheinungen unbewußter Triebhemmungen, er sprach von der Verkehrung des Triebes in sein Gegenteil, von der Verschiebung des Triebes auf ein anderes Ziel, der Richtung des Triebes auf die eigene Person und von der Verschiebung

12 Vgl. Adler 1908b. Die Namensänderung geht möglicherweise auf eine Kritik in der Diskussion der »Mittwoch-Gesellschaft« am 3.6.1908 zurück.

13 Adler 1908b, S. 577. In der Version von 1914 fehlt der hier zitierte Satz.

des Akzents auf einen zweiten starken Trieb. Für alle diese Möglichkeiten führte er Beispiele an, für die letzte etwa das folgende: »...die Verdrängung des Sexualtriebs steigert die Tätigkeit des Schautriebs derart, daß entweder überall Sexualsymbole gesehen werden oder daß durch nervöse Anfälle das bewußte Sehen z.B. von Sexualsymbolen gehindert wird, – Absenzen, hysterische Anfälle, Fälle von Platzangst usw.« (ebda., S. 579).
Wie Adler zu seiner reichhaltigen und etwas sonderbar anmutenden Palette von Trieben kam, erklärt sich eben aus seinem spezifischen Verständnis des Triebes als »Organbetätigung«:
»Die Psychoanalyse läßt uns jeden der Triebe auf eine primäre Organbetätigung zurückführen, die zur Lustgewinnung eingeleitet wird. Diese primären Organbetätigungen umfassen die ungehemmten Leistungen der Sinnesorgane, des Ernährungstraktes, des Atmungsapparates, der Harnorgane, der Bewegungsapparate und der Sexualorgane. Der Begriff ›sexuelle Lust‹ kann auf dieser Stufe nur den Empfindungen des Sexualapparats zugesprochen werden; später kann durch die früher erwähnte ›Triebverschränkung‹ jedes Organgefühl mit Sexualität gepaart erscheinen« (ebda., S. 579).
Es wird ersichtlich, daß Adler von einem ganz anderen Verhältnis sexueller Lust ausgeht als Freud. Dessen Libido in ihrer Entwicklung vom polymorph-perversen Säugling bis zur reifen Genitalität erhebt Anspruch auf einen umfassenderen Geltungsbereich als den der »Empfindungen des Sexualapparates«.
Die Bedeutung des Sexualtriebs wurde hier von Adler eindeutig relativiert. Er scheint als eine von mehreren Organtrieben auf, der lediglich durch die »Triebverschränkung« universeller erscheint, als er ursprünglich ist. Diese Konstruktion erinnert nicht zufällig an die Organminderwertigkeitslehre, in der das Auftreten sexueller Faktoren auf ähnliche Weise relativiert wurde. Auch das Ausmaß der jeweiligen Triebstärke erklärte Adler im Rahmen seiner Organminderwertigkeitslehre: »Das minderwertige Auge hat den größeren Schautrieb, der minderwertige Ernährungstrakt den größeren Eß- und Trinktrieb, das minderwertige Sexualorgan den stärkeren Sexualtrieb« (ebda., S. 580).
Die zu Lustgewinn drängenden Triebe und ihre Stärke bedingen für Adler die Stellung des Kindes zur Außenwelt: »...das Schicksal des Menschen, damit auch die Prädestination zur Neurose, liegt, wenn wir an dem Gedanken eines gesellschaftlich durchschnittlichen, gleichmäßigen Kulturkreises und ebensolcher Kulturforderungen festhalten, in der Minderwertigkeit des Organs ausgesprochen« (ebda., S. 581).

Hier kommt eine Tendenz Adlers zum Ausdruck, die zu seinem sonstigen Verständnis für soziale Einflüsse in Widerspruch steht: Er macht für die neurotische Entwicklung nicht die kulturelle Repression, sondern individuelle Faktoren, in diesem Fall vererbte Organminderwertigkeiten, verantwortlich.
Adler befaßte sich dann mit dem Aggressionstrieb, der feindlichen Stellung gegenüber der Außenwelt, die man schon sehr früh beim Kind beobachten könne (erster Schrei) und die er durch die Schwierigkeit bedingt sah, »dem Organ die Lustgewinnung zu ermöglichen«. Der Aggressionstrieb, also der »Trieb zur Erkämpfung einer Befriedigung«, haftet nicht mehr dem »Organ und seiner Tendenz zur Lustgewinnung« an, sondern gehört zum »Gesamtüberbau«, stellt »ein übergeordnetes, die Triebe verbindendes psychisches Feld« dar:
»Den stärkeren Trieben, also der Organminderwertigkeit, entspricht normalerweise auch der stärkere Aggressionstrieb... Ähnlich wie bei den Primärtrieben wird die Erregung des Aggressionstriebes durch das Verhältnis von Triebstärke und Anforderungen der Außenwelt eingeleitet, das Ziel desselben durch die Befriedigung der Primärtriebe und durch Kultur und Anpassung gesteckt« (ebda.).
Auch der Aggressionstrieb könne durch unbewußte Hemmung die verschiedenen Triebschicksale mitmachen. In der Umkehr in sein Gegenteil erscheint er als Demut, Unterwürfigkeit, Ergebenheit und Masochismus, aus der Richtung gegen die eigene Person resultieren Depression und Selbstmord.
Adler ging noch auf eine Reihe weiterer Aspekte ein, etwa auf das Verhältnis zwischen Sadismus und Angst, die aber hier nicht näher behandelt werden sollen.
In seinem Referat bzw. Aufsatz hat Adler die Organminderwertigkeitslehre beträchtlich erweitert. Der aufgrund der Organminderwertigkeit gesteigerte »Organtrieb« (Sehtrieb, Stuhltrieb, Sexualtrieb usw.) führt zur Steigerung des Aggressionstriebes, den Adler noch organisch-biologisch verankert ansah und den er dem gesamten Triebleben überordnete. Man kann hier eine Vorstufe seines späteren Konzepts vom »männlichen Protest« sehen, das dann allerdings nicht mehr biologisch, sondern erlebnispsychologisch definiert wird.
Für die Aufnahme von Adlers Vortrag in der »Mittwoch-Gesellschaft« dürfte ein für diese Gruppe typisches Geplänkel über Prioritätsfragen nicht unbedeutend gewesen sein, das am 13. Mai 1908 zwischen Adler und Rank stattfand. Rank hatte darauf verwiesen, daß er den Zusammenhang zwischen Sadismus und Angst in einem seiner Bücher bereits

dargestellt habe. Adler erwiderte, er habe dies nicht gewußt, er werde sich informieren und, wenn es sich bestätige, richtigstellen: »Für sich beanspruche er die Loslösung des Sadismus vom Sexualleben und seine Überordnung über alle Triebe« (*Protokolle* 1976, S. 376).
Diese Loslösung vom Sexuellen und Überordnung über alle Triebe hat wahrscheinlich dazu beigetragen, daß sich die Mitglieder der Gesellschaft bei der am 3. Juni 1908 stattgefundenen Diskussion über Adlers Salzburger Referat eher reserviert verhielten.[14] Hitschmann betonte, Adler habe ganz richtig erkannt, daß die neue Psychologie von den Trieben ausgehen müsse und Charaktere und Handlungen so durch das Triebleben zu determinieren seien: »Im allgemeinen ändere Adlers Auffassung nicht viel an dem, was wir uns bisher unausgeführt dachten. – Keineswegs seien alle Aufstellungen Adlers bewiesen.«
Hollerung begrüßte »die Inangriffnahme der Triebprobleme freudig« und bezeichnete das Wort Aggressionstrieb als Pleonasmus: »Trieb sei schon Aggression, und zwar gegen die Außenwelt. Er möchte vorschlagen, statt Trieb Reaktion zu sagen. Die Umkehrung sei kein zweiter Trieb, sondern Unfähigkeit der Reaktion gegen die Außenwelt.«
Stekel sah in den Ausführungen »praktisch nichts Neues und analytisch Wertvolles. – Alles sei schon in den Schriften des Professors enthalten. – Freud hat durch den Namen Abwehrneurosen angedeutet, daß im Defensivtrieb der Grund aller Neurosen liege. Auch die Sublimierung habe Freud proklamiert. Adlers Behauptungen ließen sich nicht beweisen. – Es gebe keinen Stuhltrieb; das sei ein Reflex, u. v. a. sei unrichtig. Es sei überhaupt gefährlich, alles auf einen Punkt reduzieren zu wollen.«
Freud betonte, »daß er der Studie über die Minderwertigkeit der Organe voll zustimme. Adler sei rasch durch die Psychologie hindurchgegangen, um den Anschluß an die Medizin zu finden. Der heutige Vortrag bewege sich jedoch noch auf dem Grenzgebiet zwischen Psychischem und Somatischem: im Triebleben. In den meisten Punkten sei er mit Adler einverstanden; aus einem ganz bestimmten Grunde: was Adler den Aggressionstrieb heiße, das sei unsere Libido.«
Freud kritisierte, daß Adler den Aggressionstrieb und den Sadismus zusammengeworfen habe: »Sadismus sei eine besondere Form des Aggressionstriebes, die mit den Schmerzen zu tun habe... Im übrigen enthielte Adlers Beschreibung des Trieblebens sehr wertvolle und richtige Bemerkungen und Beobachtungen. Adler habe nur das normalpsycho-

14 Die folgenden Zitate finden sich in den *Protokollen* (1976, S. 382–385).

logische Triebleben beobachtet, das pathologische sei ihm entgangen.«
Federn korrigierte Freud sofort, indem er hervorhob, »daß es Adlers Intentionen nicht entspreche, ›Aggressionstrieb‹ durch ›Libido‹ zu ersetzen. Bei Adler mache die Verhinderung der verschiedenen Lustgewinnungsmöglichkeiten das Kind aggressiv«. Er fügte aber auch hinzu, »Adler habe unrecht getan, so schnell die ursprüngliche Bedeutung der sexuellen Triebe aufzugeben. Es sei ein Trugschluß, vom stärkeren Trieb auf ein minderwertiges Organ zu schließen.«
Es ist dies einer der ersten inhaltlichen Vermittlungsversuche Federns. Er war sicher jenes Mitglied der Gesellschaft, dem es am ehesten gelang, Adlersche Konzepte mit der Freudschen Theorie zu verbinden, ohne die Libidotheorie dabei preiszugeben. Federn weist in seinem Beitrag aber auch als erster darauf hin, daß Adler die Bedeutung der sexuellen Ätiologie der Neurose aufgegeben hätte.
In seinem etwas unverständlich protokollierten Schlußwort nahm Adler u. a. zum Verhältnis von Sadismus und Aggression Stellung: »Sadismus und Masochismus seien schon komplizierte Erscheinungen, bei denen Sexualität und Aggression verbunden seien. Die Aggression müsse nicht immer grausam sein.«
Holtz (1981, S. 24) hat die Diskussion so zusammengefaßt, »daß sich Adler einerseits auf den Boden der Freudschen Psychoanalyse stellt, indem er der Triebpsychologie treu bleibt, andererseits kristallisieren sich schärfere Divergenzen zwischen ihm und Freud heraus als in der Debatte über die Organminderwertigkeit«.
In den *Protokollen* ist noch vermerkt, daß über die Verschiedenheit bzw. Identität von Adlers Aggressionstrieb und »unserer Libido« – wie Rank formulierte – eine längere Debatte entstand. Der mit Sicherheit höchst interessante Inhalt dieser Debatte wurde jedoch nicht aufgezeichnet. Die nach diesem Diskussionsabend beginnende Sommerpause beendete eine weiterführende Diskussion und damit die potentiell fruchtbarste Auseinandersetzung, die sich aus den unterschiedlichsten Auffassungen Adlers und Freuds hätte ergeben können.
Adlers »Aggressionstrieb« floß in die späteren Begriffe »männlicher Protest«, »Machtstreben« bzw. »Geltungsstreben« ein, die aber nicht mehr biologische Triebe bezeichneten. Die Bedeutung des Sexuellen ging bei Adler weitgehend verloren.
Freud und seine Schüler wiederum versäumten es, die Anregungen Adlers zum Verhältnis von Aggression und Sexualität aufzugreifen.
Wenn Laplanche/Pontalis (1972, S. 40) schreiben: »Die Psychoanalyse hat der Aggression eine wachsende Bedeutung eingeräumt, indem sie

ihre Wirkung schon sehr früh in der Entwicklung des Subjekts aufzeigte und das komplexe Spiel ihrer Mischung und Entmischung mit der Sexualität betonte. Die Entwicklung dieser Ideen kulminiert in dem Versuch, für die Aggressivität ein einziges und fundamentales Triebsubstrat im Begriff des Todestriebs zu suchen« – so lenkt diese Darstellung von der Tatsache ab, daß es nach Adlers Referat noch zwölf Jahre dauern sollte, bis sich Freud vorsichtig entschloß, einen »Todestrieb« zu postulieren.

Vor dem Ersten Weltkrieg stellte Freud die Sexualtriebe den Selbsterhaltungstrieben gegenüber, zu denen er auch die Aggression zählte. In seiner 1909 publizierten »Analyse der Phobie eines fünfjährigen Knaben« verwies Freud mehrmals auf Adlers Aufsatz. Er griff dabei den »sehr passenden« Begriff der Triebverschränkung auf und sprach an einer anderen Stelle davon, daß die Angst des »kleinen Hans« durch verdrängte Aggressionen entstanden sei. Dies schiene Adlers These zu bestätigen, und doch könne er ihr nicht beipflichten:

»Ich kann mich nicht entschließen, einen besonderen Aggressionstrieb neben und gleichberechtigt mit den uns vertrauten Selbsterhaltungs- und Sexualtrieben anzunehmen. Es scheint mir, daß Adler einen allgemeinen und unerläßlichen Charakter aller Triebe, eben das ›Triebhafte‹, Drängende in ihnen, was wir als die Fähigkeit, der Motilität Anstoß zu geben, beschreiben können, zu einem besonderen Triebe mit Unrecht hypostasiert habe. Von den anderen Trieben erübrigte dann nichts anderes als die Beziehung zu einem Ziele, nachdem ihnen die Beziehung zu den Mitteln, dieses Ziel zu erreichen, durch den ›Aggressionstrieb‹ abgenommen wird; trotz all der Unsicherheit und Ungeklärtheit unserer Trieblehre möchte ich vorläufig an der gewohnten Auffassung festhalten, welche jedem Triebe sein eigenes Vermögen, aggressiv zu werden, beläßt.«[15]

Erst nach dem Ersten Weltkrieg, und vielleicht nicht unbeeinflußt durch ihn, befaßte sich Freud wieder mit der Möglichkeit eines selbständigen Aggressionstriebes. In *Jenseits des Lustprinzips* (1920) stellte er die Todestrieb-Hypothese auf. Dieses Konzept entwickelte er auf dem Hintergrund seines zunehmenden Kulturpessimismus. Aber auch in der neuen Konzeption blieb der Aggressionstrieb etwas Sekundäres, vom primären, selbstzerstörerischen Todestrieb Abgeleitetes.

Holtz (1981, S. 24) sprach in diesem Zusammenhang von einer »Ironie der Geschichte der Tiefenpsychologie«. Freud weiterte »den Aggressionstrieb zum pessimistischen Destruktions- oder Todestrieb und

15 Vgl. Freud 1909b, S. 93, 117f.

stellte ihn als zweite Kraft neben den Sexualtrieb. Eine solche Vorstellung wäre für Freud 1908 noch undenkbar gewesen, und auch später fiel es ihm schwer, anzuerkennen, daß Adlers Bemerkungen über den Aggressionstrieb quasi einen wesentlichen Teil der Grundlage seiner endgültigen Triebtheorie bedeuteten.«

Zu den Veränderungen in seinen Anschauungen hat Freud in seiner Schrift *Das Unbehagen in der Kultur* (1930a, S. 247) Stellung genommen:

»Ich erkenne, daß wir im Sadismus und Masochismus die stark mit Erotik legierten Äußerungen des nach außen und nach innen gerichteten Destruktionstriebes immer vor uns gesehen haben, aber ich verstehe nicht mehr, daß wir die Ubiquität der nicht erotischen Aggression und Destruktion übersehen und versäumen konnten, ihr die gebührende Stellung in der Deutung des Lebens einzuräumen ... Ich erinnere mich meiner eigenen Abwehr, als die Idee des Destruktionstriebs zuerst in der psychoanalytischen Literatur auftauchte, und wie lange es dauerte, bis ich für sie empfänglich wurde.«

Freuds Unverständnis für seine lange Abneigung gegen einen eigenständigen Aggressionstrieb erklärt sich vielleicht damit, daß er nach dem Bruch mit Adler große innere Widerstände hatte, etwas von Adler Benanntes als richtig und substantiell anzuerkennen.

Auch die Individualpsychologen sahen und sehen in der damaligen Auseinandersetzung nur ein Durchgangsstadium. In Adlers späterer Theorie war für einen biologisch verankerten Aggressionstrieb kein Platz mehr. Die potentiell fruchtbare Diskussion zwischen Freud und Adler über das Verhältnis von Sexualität und Aggression hätte also nur 1908 oder 1909 geführt werden können.

Adler hat nach dem Ersten Weltkrieg ebenfalls einen neuen Schlüsselbegriff, das »Gemeinschaftsgefühl«, in seine Psychologie eingeführt, in dem man einen sublimierten und Über-Ich-nahen Rest der fallengelassenen Libido sehen kann. Köhler (1987) spricht von einer »Pseudo-Kategorie, die ein veredeltes Es und ein gutwilliges Über-Ich zusammenzwang«. Auch dies ist eine Ironie der Geschichte der Tiefenpsychologie.

Freuds Todestriebhypothese blieb in der psychoanalytischen Diskussion immer umstritten. Eine vertiefte Auseinandersetzung über das Verhältnis von Sexualität, Aggression und Destruktivität steht bis heute aus, und vieles, was dazu geschrieben wurde, bleibt letztlich unbefriedigend. Die Scheuklappen der jeweiligen Schule tragen dazu bei, und die Frage sei gestellt, inwieweit sie nicht historisch bedingt sind.

Adlersche Konzepte wurden u. a. von den Neofreudianern aufgegrif-

fen, allerdings ohne auf ihn hinzuweisen. In Fromms Abhandlung über die Anatomie menschlicher Destruktivität (1974) wird Adler, der als erster in der Geschichte der Psychoanalyse ein Konzept des Aggressionstriebes entwarf, weder zitiert noch erwähnt.
Bruder-Bezzel (1983, S. 60ff.) ist der Frage nachgegangen, wie Adler dazu kam, einen selbständigen Aggressionstrieb zu postulieren. Sie zählt zahlreiche Beispiele für die von Aggression und Kriegslüsternheit durchtränkte Atmosphäre Mitteleuropas vor 1914 auf:
»Man wird annehmen können... daß Adler als junger Zeitgenosse auf diese gespannte Situation interpretierend ›reagiert‹. Dies um so eher, als seine persönliche Situation, seine unmittelbare Erfahrung ihn die Stimmung ›außen‹ noch deutlicher empfinden lassen... er hat Gedanken an eine universitäre Karriere noch keineswegs aufgegeben. Er ist also selber noch ein aufstrebender, in diesem Umkreis ›junger Mann‹ und bewegt sich in einem intellektuellen-universitären Milieu, in dem Konkurrenzgedanken und Feindseligkeiten sehr zu Hause sind. Solche Erfahrungen können sensibel machen für die allgemeine Atmosphäre der Feindseligkeit und Aggression dieser Zeit.«
Offenbar reagierten die Intellektuellen unterschiedlich auf diese politische Lage. Dieselbe Zeit ist ja auch als »Friedenszeit« empfunden worden. Freud dürfte die bedrohlichen Zeichen an der Wand nicht gesehen haben. Zwölf Jahre älter als Adler, war er weit stärker vom ausklingenden 19. Jahrhundert geprägt, in dem aggressives Aufbegehren gegen Autoritäten brachial geahndet wurde. Das gutbürgerliche Leben, das er führte, baut ja auf der Hemmung bzw. Tabuisierung aggressiven Verhaltens auf. Adler hingegen war mit einer politisch sehr radikalen und persönlich emanzipierten Frau verheiratet. Vom persönlichen Umgangston erscheint wiederum Freud weit weniger aggressionsgehemmt als Adler. Freud hatte auch mit aggressivsten Anfeindungen zu kämpfen und stellte sich ihnen. Man sieht, wie wackelig solche Spekulationen sind und wie leicht sie überstrapaziert werden können.

Organisatorische Diskussionen als Ausdruck gruppeninterner Spannungen

In den Jahren 1907 und 1908 gewann die psychoanalytische Bewegung durch internationale Resonanz an Auftrieb. Innerhalb der »Mittwoch-Gesellschaft« kam es immer häufiger zu Spannungen, Rivalitäten und Konflikten sachlicher und persönlicher Natur, die das Arbeitsklima zunehmend verschlechterten. Auf der Suche nach einer Verbesserung fand am 5. Februar 1908 eine heftige Debatte um die Geschäftsordnung statt, die an zwei weiteren Abenden fortgesetzt wurde. Anlaß waren drei Anträge zur Reform der Arbeitsordnung, die Adler einbrachte und die folgenden Inhalt hatten:

»1. Abschaffung der Urne und damit Aufhebung des Sprechzwangs, an dessen Stelle das System der freien Meldung treten solle.

2. Vorträge sollen nur alle 14 Tage stattfinden. Die dazwischenliegenden Abende sollen mit der Fortsetzung der Diskussion über den letzten Vortrag und durch die Mitteilung von Referaten ausgefüllt werden. – Das soll eine gründlichere Vorbereitung und Ausarbeitung der Vorträge, andererseits aber eine ernste, rein sachliche Diskussion ermöglichen...

3. Soll für die folgenden Neuanmeldungen und Aufnahmen von Mitgliedern die geheime Abstimmung eingeführt werden und Stimmenmehrheit entscheiden« (*Protokolle* 1976, S. 281 f.).

Da die Diskussion um diese Anträge sehr hitzig verlief, ist es angebracht, sich mit den Hintergründen dieser Forderungen näher zu befassen, auch wenn sich manches nur als Vermutung formulieren läßt:

Punkt 1: Die Ziehung der Namen aus einer Urne und der damit verbundene Sprechzwang waren ursprünglich eingeführt worden, um zu verhindern, daß einzelne Teilnehmer die Diskussion monopolisierten, und um zur Überwindung von Sprechangst und Diskussionsscheu beizutragen. Es drängt sich ein Vergleich mit gruppendynamischen Methoden auf, deren Ziel es ist, alle Mitglieder einzubeziehen und das stille Herausfallen einzelner zu verhindern. Allerdings hatte der Sprechzwang nicht immer den gewünschten Erfolg. Das fünfköpfige Komitee, das sich mit den Anträgen befaßte und dem Adler, Federn, Graf, Hitschmann und Wittels angehörten,[16] formulierte dies so:

»Aus Furcht vor dem Redezwang sind zweifellos manche Herren nicht sowohl gänzlich ausgeblieben als unmittelbar nach dem Vortrag des Referenten geflohen, was die Würde und die Arbeitsleistung des Vereins schädigt. Ferner wird, wer nichts Besseres zu sagen weiß, durch den Redezwang leicht zu persönlichen Ausfällen verleitet. Überdies gewinnen die Redner, die etwas zu sagen haben, an Zeit, um ausführlicher und eventuell mehrmals zu sprechen« (*Protokolle* 1976, S. 296).

Man kann hinter dieser Begründung weitere Motive vermuten: Die Gruppe ist größer geworden. Solange jedes einzelne Mitglied zu einer Wortmeldung genötigt ist, dauert es sehr lange, bis ein einzelner, der

16 Federn und Graf allerdings waren zu den Beratungen des Komitees nicht erschienen.

mehr zu sagen hat, wieder an der Reihe ist. Gewisse Stellen der *Protokolle* weisen auf subtile, selten offen ausgetragene Machtkämpfe und Rivalitäten hin. In diesem Zusammenhang gilt: Redezeit ist Macht. Gerade für Adler, der bereits seit mehreren Jahren an einer neuen Neurosentheorie arbeitete, die von den Ansichten der meisten Mitglieder erheblich differierte, war es wichtig, mehr Redezeit zu bekommen. Nur so konnte er seine Theorie detailliert darlegen. Solange er innerhalb der Gruppe noch keine Sympathisanten, dafür aber zahlreiche Kontrahenten hatte, konnte es ihm nicht gleichgültig sein, wieviel Redezeit ihm zugestanden würde.

Ein weiterer Aspekt wäre der, daß mit dem Sprechzwang auch eine gewisse Kontrolle der »Reinheit« der Gedanken einhergegangen sein könnte. Abweichende Ansichten konnten nicht so gut verborgen werden, wenn zu jedem Thema Stellung genommen werden mußte. Die Abschaffung der Urne wäre somit – wenn diese Vermutung zutrifft – allen jenen zugute gekommen, die sich durch die von Freud vorgegebenen Interpretationszusammenhänge eingeschränkt fühlten. Die beiden Vermutungen weisen in verschiedene Richtungen, so daß sie – wenn sie überhaupt berechtigt sind – für jeweils unterschiedliche Personen zutreffend sein mögen. Für Adler ist die erste Interpretation wahrscheinlicher.

Punkt 2: Als Grund für diesen Antrag kann man u. a. vermuten, daß durch die wöchentlichen Referate die einzelnen Mitglieder in starken Produktionszwang gerieten. Mit der Einführung von Referierabenden und der Einbeziehung medizinischer und psychologischer Zeitschriften und Bücher wäre darüber hinaus eine gewisse Öffnung der Gruppe nach außen verbunden gewesen und die gruppeninterne Dogmatik aufgeweicht worden. Man kann annehmen, daß Adler diesen Aspekt damals anstrebte und eine stärkere Öffnung nach außen von mehreren Mitgliedern gewünscht wurde.

Punkt 3: Nach dem bisherigen Modus waren neue Mitglieder der Gruppe vorgeschlagen und ihre Aufnahme beim folgenden Treffen zur Diskussion gestellt worden. Es gab nur einstimmige Aufnahmen, und bei der Auswahl der neuen Mitglieder hatte Freud als Gastgeber ein wichtiges Wort mitzureden. Dies geht auch aus einer Formulierung des Komitees hervor: In »der Versammlung als einem Mittelding zwischen einer geladenen Gesellschaft Professor Freuds und einem Verein (müssen) die Herren, die dem Professor recht sind, auch den anderen recht sein« (*Protokolle* 1976, S. 297).

Vielleicht stand hinter Adlers Antrag auch der Wunsch, mehr ihm nahestehende Personen in die Gruppe zu bringen und den engen Kreis zu

öffnen, denn als das Komitee die Beibehaltung des bisherigen Aufnahmemodus empfahl, stellte er folgenden Zusatzantrag:
»Monatliche Zusammenkünfte in einem anderen Lokal (etwa einem kleinen Hörsaal der Universität) mit Zulassung aller mit ⅔ Majorität aufgenommenen Bewerber, aus denen dann die Wahl in den engeren Mittwoch-Kreis nach dem bisherigen Modus getroffen wird« (ebda.).
Adlers Antrag entfachte eine lebhafte Diskussion, schließlich zog er ihn zurück und empfahl einen Vorschlag Freuds zur Annahme, wonach »die Gründung eines größeren Kreises... ganz unabhängig von dem bisherigen Mittwoch-Kreis erfolgen und weder seine Zusammensetzung noch seine Arbeitsweise irgendwie tangieren« soll (ebda., S. 298). Dieser Vorschlag wurde angenommen, hatte aber keine praktischen Konsequenzen.
Die Konflikte unter den Mitgliedern, die sich immer wieder wechselseitig Ideendiebstahl vorwarfen, bildeten den Hintergrund für einen Antrag Federns, in dem dieser »die Aufhebung des geistigen Kommunismus« forderte: »Man dürfe keinen Gedanken ohne Autorisation des Urhebers verwenden. – Denn sonst wäre man in der freien Diskussion gehemmt« (*Protokolle* 1976, S. 282).
Prioritätsstreitigkeiten waren in der »Mittwoch-Gesellschaft« häufig. Sie prägten überhaupt das wissenschaftliche Leben einer Epoche, in der immer wieder neue Entdeckungen und Erfindungen gemacht werden konnten. Ein Prioritätsgeplänkel Adlers, das außerhalb der »Mittwoch-Gesellschaft« stattfand, mag dies verdeutlichen:
Im Jahr 1910 reagierte Adler in der *Wiener klinischen Wochenschrift* (Nr. 47) auf die Veröffentlichung des Artikels »Entwicklungsstörungen der männlichen Keimdrüse im Jugendalter« des Dermatologen und späteren Universitätsprofessors Josef Kyrle mit folgender Stellungnahme:
»Diese Arbeit in Nr. 45 der Wiener klinischen Wochenschrift behandelt ein Problem, das von mir in größerem Umfange in meiner ›Studie über Minderwertigkeit von Organen‹... behandelt wurde. Um nicht weitschweifig zu werden, setze ich statt des dort mitgeteilten klinischen Materials und zugehörigen Analyse eine einzige Stelle aus dem Kapitel über ›mehrfache Organminderwertigkeiten‹ (S. 59): ›Eine große Rolle spielt diese Koordination (ergänze: der Minderwertigkeiten) in bezug auf den Sexualapparat und andere Organe, deren beider Minderwertigkeit oft nur wenig ausgeprägt, aber so häufig vorzufinden ist, daß ich behaupten möchte, es gibt keine Organminderwertigkeit ohne begleitende Minderwertigkeit des Sexualapparates.‹ Ich kann deshalb zu Kyr-

les Arbeit den großen Wert pathologisch-anatomischer Bestätigungen sehr wohl anerkennen, muß aber meine Priorität in diesem Falle um so eher betonen, weil ich seither in meinen Arbeiten über Pathologie, über Heredität und über Neurosen auf dieser meiner Auffassung aufgebaut habe. Die Bedeutung des Befundes enthebt mich der Pflicht, diese Erklärung zu entschuldigen. Ich muß es vermeiden, späterhin in den Verdacht zu kommen, als hätte ich die Arbeiten Kyrles und seiner Mitarbeiter benützt und nicht genannt; da Kyrle meine Arbeiten nicht kennt, bin ich genötigt, auf sie aufmerksam zu machen.«

Kyrle erwiderte in derselben Nummer auf Adler: »In meiner Arbeit handelte es sich um pathologisch-anatomische, bzw. histologische Befunde; da von solchen in der oben zitierten Arbeit des Herrn Dr. A. Adler nicht die Rede ist, scheint mir ein Anlaß zu irgendwelchen Prioritätsstreitigkeiten nicht gegeben.«

Doch zurück in die »Mittwoch-Gesellschaft«: Federns Antrag auf Aufhebung des geistigen Kommunismus war offenbar auf Stekel gemünzt, denn Wittels nahm diesen »gegen die zu weit gehenden persönlichen Angriffe« in Schutz. Federn äußerte sich »schuldbewußt«: »Er habe Stekel persönlich nicht beleidigen wollen« (*Protokolle* 1976, S. 283). Stekel selbst sagte zu dieser Angelegenheit:

»Er persönlich habe es für seine Pflicht gehalten, die Ideen des Professors zu propagieren; sei dabei mitunter eine Entgleisung vorgekommen, sage er ein Pater peccavi; es werde nicht mehr vorkommen; er werde diese Art von Schriftstellerei aufgeben und sich bestreben, Reibungspunkte zu vermeiden« (ebda., S. 285).

Die meisten Redner, die sich zu Federns Antrag äußerten, betonten, daß das Problem durch Beschlüsse nicht gelöst werden könne und es dem persönlichen Takt der Mitglieder überantwortet werden müsse, wie sie sich in dieser Frage verhielten. Adler meinte, daß es sich bei diesem Antrag nicht darum handle, »Details unter Klausur zu stellen, sondern einer Zurückhaltung in der Diskussion vorzubeugen. Es handele sich aber auch darum, den Kommunismus der hier vorgebrachten Problemstellungen und Lösungen aufzuheben; das könne natürlich nur auf wichtige Themen bezogen werden, die sich jemand als Problem vornimmt« (*Protokolle* 1976, S. 285).

Nach der Diskussion wurde der folgende Antrag einstimmig beschlossen: »Alles in dem Kreis an geistigem Eigentum Vorgebrachte steht so lange zur Benutzung frei, als es nicht vom Urheber ausdrücklich als sein Eigentum reklamiert wird.«

Es fällt schwer, zu rekonstruieren, auf welche Personen sich der Antrag gegen den »geistigen Kommunismus« noch bezog. Die Streitigkeiten innerhalb der Gruppe müssen jedenfalls ein großes Ausmaß erreicht haben, anders wäre der Ruf Sadgers nach der Autorität, den er in einem fünften Antrag formulierte, kaum zu verstehen: »...persönliche Ausfälle und Übergriffe sollen vom Vorsitzenden, dem die Macht hierzu einzuräumen ist, sofort unterdrückt werden« (ebda., S. 283). Freud stellte sich diesem Ersuchen nicht:

»...es sei ihm peinlich, jemand zurechtweisen zu müssen. Stehe die Sache so, daß die Herren sich untereinander nicht ausstehen können, daß keiner seine wahre wissenschaftliche Meinung äußere etc., dann bleibe ihm nichts übrig, als zu schließen. Er habe gehofft, daß die Schwierigkeiten des persönlichen Verkehrs durch die tiefere Seelenkenntnis behoben würden, und hoffe auch jetzt noch darauf. – Die ihm in Antrag 5 zugedachte Gewalt möchte er nur in dem Falle gebrauchen, wenn einige durch ihre Unterhaltung die Rede stören. Er hoffe auf einen gewissen Grad von Ernsthaftigkeit und Offenheit und dankt den beiden Antragstellern für das freimütige Aufrollen dieser peinlichen Angelegenheiten« (ebda., S. 284).

Eine Woche später, am 12. Februar 1908, wurden die vom Fünfer-Komitee überarbeiteten Anträge zur Abstimmung gestellt. Folgendes wurde beschlossen:

- Beibehaltung der Urne, aber Abschaffung des Redezwangs;
- Einführung der Referierabende etwa einmal im Monat, die darüber hinaus kasuistischen Mitteilungen offenstünden;
- Beibehaltung des bisherigen Aufnahmemodus.

Graf beleuchtete abschließend die Hintergründe der Geschäftsordnungsdiskussion: »Die Reformvorschläge entstammen einem Unbehagen. – Wir sind nicht mehr die Gesellschaft, die wir früher waren. – Noch Gäste des Herrn Professors, sind wir auf dem Wege, ein Verein zu werden« (ebda.).

Im Bericht des Komitees war noch auf die Unmöglichkeit verwiesen worden, durch Paragraphen die in letzter Zeit aufgetretene »Reichsverdrossenheit« zu beheben, und die Hoffnung ausgesprochen worden, »daß die gute Absicht allein genügen wird, Reibungen jeder Art in Hinkunft hintanzuhalten« (ebda., S. 297f.). Im wesentlichen sollte sich an den Rivalitäten nichts ändern. Sie wurden sogar noch durch die beginnenden theoretischen Differenzen mit Adler überschattet.

Zwei Monate nach diesen Ereignissen trat die »Mittwoch-Gesellschaft« zum erstenmal als »Psychoanalytische Gesellschaft« an die Öffentlichkeit. Der Berliner Sexualforscher Magnus Hirschfeld hatte Freud die gemeinsame Ausarbeitung eines Fragebogens zur Erforschung des Geschlechtslebens vorgeschlagen. In der Sitzung am 15. April 1908 wurde

darüber diskutiert und Hirschfelds Vorschlag mehrheitlich angenommen. Rank notierte in den *Protokollen* (1976, S. 351):
»Die Gesellschaft, die bei dieser Gelegenheit zum ersten Mal in die Öffentlichkeit treten soll, erhält den Namen: Psychoanalytische Gesellschaft (durch Mehrheitsbeschluß).«
Die behördliche Vereinsgründung und die Ausarbeitung von Statuten fand allerdings erst 1910, als Nachwirkung des Nürnberger Kongresses statt.

III. Exkurse

Sozialpsychologische Beiträge Adlers (1908–1910)

In diesem Kapitel werden einige Diskussionsbeiträge Adlers zur Emanzipation der Frau, über die Ziele des Sozialismus und andere Themen zusammengefaßt, die seine Aufgeschlossenheit gegenüber sozialpsychologischen Ansätzen und politischen Themen zeigen. In dieser Offenheit unterschied sich Adler wohltuend von so manchem anderen Mitglied der »Mittwoch-Gesellschaft«.

Am 12. Februar 1908 äußerte sich Adler bei einer Diskussion über sexuelle Anästhesie zu den sozialen Ursachen der Frigidität:

»Es gebe eine große Anzahl von Frauen, die anästhetisch seien, ohne nennenswerte Unterdrückungen und Verdrängungen, sozusagen aus dem Bewußtsein heraus. Sie wehren sich ganz bewußt gegen den Mann und seine Liebkosungen. – Es sei hier an die Volksmeinung zu erinnern, die bei anästhetischen Frauen sage, sie liebe ihren Mann nicht... Die psychoanalytische Behandlung der Anästhesie sei... kaum erfolgreich, wenn die Schuld in der Natur des Mannes liege. Das müsse man auch auf die Männer ausdehnen, die gegen ihre Frauen psychisch impotent seien. Die Frauen sind erst im Begriff, ein selbständiges Leben neben ihrer Familie zu leben und ihren Charakter zu entwickeln; diese Bestrebungen bilden auch einen gewissen Gegensatz zu ihrem Aufgehen im Koitus. Das mache vielleicht die besondere Häufigkeit der Anästhesien in unserer Zeit begreiflich« (*Protokolle* 1976, S. 289 f.).

In Adlers Diskussionsbeitrag findet man Ansichten, die eine sinnvolle Ergänzung zur rein psychologischen Abhandlung des Themas darstellen. Auch die Herausgeber der *Protokolle* haben Adlers Beitrag in einer Fußnote gewürdigt. Sie schreiben: »Adler darf mit Recht als derjenige Schüler Freuds betrachtet werden, der als erster versuchte, Psychoanalyse und Sozialwissenschaft miteinander in Beziehung zu bringen« (ebda., S. 290).

Am 11. März 1908 hielt Fritz Wittels einen Vortrag über »Die natürliche Stellung der Frau«. Am Schluß zahlreicher spekulativer und seltsamer Theorien, die die »natürliche« Stellung der Frau verdeutlichen sollten, verurteilte er die »heutige gottverfluchte Kultur, in der die Weiber bedauern, nicht als Männer auf die Welt gekommen zu sein; – sie suchen aber Männer zu werden (Frauenbewegung). Die Leute haben keinen Sinn für das Verkehrte und Sinnlose dieser Bestrebungen, aber auch die Frauen selbst nicht« (*Protokolle* 1976, S. 329).

Wittels' Ausführungen wurden von mehreren Diskutanten heftig kritisiert. Hitschmann bezeichnete seine Ausführungen als die »Phantasien eines jugendlichen Reaktionärs«. Auch Adler warf ihm vor, er hätte sich mehr mit der Gegenwart und der Zukunft des Problems beschäftigen sollen, statt sich »als Reaktionär« an die fernste Vergangenheit zu wenden, »um dort Schwächen zu suchen«. Den Auffassungen Wittels' und Freuds, den der Vortrag »amüsiert und angeregt« hatte, setzte er seine eigenen gegenüber:

»... während alle annehmen, daß der Rahmen der gegenwärtigen Gruppierung von Mann und Frau unveränderlich sei, nehmen die Sozialisten an, daß der Rahmen der Familie heute schon erschüttert sei und es noch mehr werde. – Die Frau wird sich nicht hindern lassen, durch die Mutterschaft, einen Beruf zu ergreifen« (ebda., S. 331 f.).

Adler ging dann auf den wirtschaftlichen Hintergrund der Stellung der Frau ein. Seine Ausführungen wurden unklar protokolliert und von den Herausgebern der *Protokolle* ergänzt:

»Adler mag etwa folgendes gesagt haben: Wie unter der Herrschaft des Privateigentums alles zum Privateigentum wird, so auch die Frau. Erst ist sie Besitz des Vaters, dann des Gatten. Dies bestimmt ihr Schicksal. Deshalb muß vor allem die Vorstellung des Eigentumsrechtes an einer Frau aufgegeben werden« (ebda.).

Die Herausgeber weisen auf einen wesentlichen Unterschied zwischen Freud und Adler hin: Freud war mehr an den anthropologischen und psychologischen Aspekten interessiert, während Adler die politischen und sozialen Hintergründe eines Problems aufzeigen wollte.

In seinem Diskussionsbeitrag bezog sich Adler auf den Marxismus, wonach die politischen, sozialen und kulturellen Verhältnisse von den ökonomischen bestimmt werden. Wenn Wittels darauf mit der Polemik konterte, »es lasse sich nicht vereinigen, Freudianer und Sozialdemokrat zu sein; daher kämen Adlers Widersprüche«, so sollte dies nicht den Blick dafür verstellen, daß die meisten Mitglieder der Gruppe mit der marxistischen Theorie durchaus vertraut waren, einige mit Adlers Ausführungen sympathisierten und einzelne, etwa Federn oder der im Herbst 1909 aufgenommene Josef Friedjung, es durchaus vereinen konnten, Freudianer und aktive Sozialdemokraten zu sein.

In einem späteren Diskussionsbeitrag präzisierte Adler sein Verständnis von der durch »die marxistische Doktrin geforderte(n) Umgestaltung der Verhältnisse« und verstand darunter die »Erreichung des gleichen Rechts für alle. Die sexuelle Sklaverei... würde ein erträgliches Maß erreichen, wenn diese Doktrin sich als richtig erweist und wenn wir zu einer Einschränkung der kapitalistischen Wirtschaftsweise gelangen« (*Protokolle* 1977, S. 88).

Als sich Wittels' am 16. Dezember 1908 in seinem Vortrag über »Die sexuelle Not« gegen Frauenarbeit aussprach, widersprach Adler heftig:

»Wittels hervorstechendster Zug (sei) eine Unterschätzung der Frau... und eine Unterschätzung ihrer geistigen Arbeit besonders, die Wittels mit dem ›Spießer‹ teile. Man dürfe nicht vergessen, daß die Frauen sich erst im Anfangsstadium ihres Kampfes befinden und daß bei jeder derartigen Bewegung die ersten Vorkämpfer immer geopfert werden müssen. Man könne auf eine solche Unsumme geistig wertvoller Frauen hinweisen, daß ein Vergleich mit dem Durchschnitt der männlichen Leistungen nicht zu Ungunsten der Frau ausfallen würde« (ebda., S. 82).

Bei einer Diskussion am 27. Januar 1909 über die Rolle des Teufels lieferte Adler einige sozialpsychologische Beiträge, insbesondere über die soziale Funktion der Hexenverfolgung, auf die hier nicht näher eingegangen werden soll.

Als Beispiel dafür, daß sich Adlers sozialpsychologisches Verständnis manchmal innerhalb enger Grenzen bewegte, soll kurz auf eine Diskussion über den Schülerselbstmord erwähnt werden. Am 20. April 1910 hatte Oppenheim zu diesem Thema referiert, und eine Woche später wurde die ausführliche Diskussion fortgesetzt. Furtmüller plädierte an diesem Abend dafür, den Schülerselbstmord nicht nur rein psychologisch, sondern auch unter sozialen Gesichtspunkten zu behandeln. Er verwies auf die Schuld der Schule als einer Institution voller Härten, deren Reform auf Widerstand stoße, da das Leistungsprinzip allgemein dominiere. Damit seien der psychologischen Ausbildung der Lehrer Grenzen gesetzt. Als Masseninstitution könne die Schule ohnehin nicht auf geborene Pädagogen rechnen.

Adler vertrat die Ansicht, daß bei Selbstmördern jede Form von Organminderwertigkeit vorzukommen scheine, die meistens schon seit der Kindheit von starken Minderwertigkeitsgefühlen begleitet würden. Die Bedeutung der Institution Schule für den Selbstmord hielt er jedoch für gering:

»...der Selbstmord ist der Versuch eines männlichen Protestes, natürlich bei Personen, deren Weiblichkeit außer Frage steht. Es handelt sich um Leute, die aus der Kindheit ein tiefes Gefühl der Minderwertigkeit

mitbringen und einen daraus resultierenden maßlosen Ehrgeiz« (*Protokolle* 1977, S. 466).
Die Rolle von Schule und Lehrer bei den Schülerselbstmorden trete angesichts der Tatsache, daß sich der Selbstmörder sein Material lediglich aus der Schule hole und es sonst anderswo gefunden hätte, in den Hintergrund.[1]

»Zur Psychologie des Marxismus« (10. März 1909)

Adlers Vortrag »Zur Psychologie des Marxismus« vom 10.3.1909 gilt als erster bekannter Versuch einer theoretischen Verbindung von Psychoanalyse und Marxismus. Sein Inhalt wurde nur fragmentarisch protokolliert. Adler wies zwar auf eine baldige Publikation des Vortrages hin; es ist jedoch nie dazu gekommen.
Nach Furtmüller (1946, S. 235) war Adler während seines Studiums bereits mit Mitgliedern der sozialistischen Studentengruppe befreundet, nahm aber selber erst als junger Arzt an ihren Diskussionsabenden teil. Man sah ihn auch bei Massenversammlungen, manchmal in Begleitung von Raissa Timofeyevna Epstein, einer russischen Studentin, die er später heiratete. An den Veranstaltungen habe er nur als Zuhörer teilgenommen. Für Marxens ökonomische Theorie habe er sich nach Ansicht Furtmüllers nie so richtig interessiert:
»Ganz anders verhielt es sich mit der soziologischen Anschauung, auf der der Marxismus beruht. Von hier strahlte eine Wirkung aus, die die Entwicklung von Adlers Gedankenwelt entscheidend beeinflußte. Von Marx lernte er, wie die gegebene gesellschaftliche Lage auf das Geistes- und Gefühlsleben des Individuums einwirkt, ohne daß es sich dessen bewußt wird. Auch in diesem Gebiet war Adler nicht ein Marxist im Sinne der Orthodoxie. Während seine Freunde über die Interpretation schwieriger oder unklarer Stellen in den Marxschen Schriften argumentierten, machte sich dieser schweigende Zuhörer Marxens Ideen zu eigen, verschmolz sie mit seiner neuen Persönlichkeit und ließ ihnen Zeit« (ebda., S. 235 f.).
Um die Jahrhundertwende befaßte sich Adler mit Themen aus dem

1 Die Diskussion wurde 1910 publiziert: *Über den Selbstmord, insbesondere den Schülerselbstmord.* (Diskussionen der Wiener Psychoanalytischen Vereinigung, Band I), Wiesbaden 1910. Adler verfaßte dafür einen Beitrag und schrieb das Vorwort. Oppenheim verfaßte unter dem Pseudonym »unus multorum« die Einleitung. Auch der Beitrag Furtmüllers erschien unter einem Pseudonym (Karl Molitor). Vielleicht wollten die beiden Gymnasiallehrer Furtmüller und Oppenheim in der Öffentlichkeit nicht als Mitglieder der WPV bekannt werden.

Bereich der Sozialmedizin. Seine erste Publikation, das *»Gesundheitsbuch für das Schneidergewerbe«* (1898), lag auf dieser Linie. Im ersten Jahrgang der sozialistischen Monatsschrift *Der Kampf* (1908) erschien ein Aufsatz Adlers (»Über Vererbung von Krankheiten«). Zum damaligen Zeitpunkt soll Adler über seine Frau auch dem Kreis der sozialistischen russischen Emigration nahegestanden sein. Er hatte Adolf Joffe, den späteren Diplomaten der russischen Revolution, in Behandlung. Er kannte auch Trotzki, der von 1907 bis 1914 in Wien lebte und der – politisch noch gemäßigter – Kontakte zu österreichischen Sozialdemokraten unterhielt. Glaser (1976, S. 12f.) folgerte daraus, daß Adler im Jahr 1909 noch »vor dem Hintergrund der geistigen Ähnlichkeit von Austromarxismus und revolutionärer russischer Emigration« argumentierte.

Da die Mitglieder der »Mittwoch-Gesellschaft« vor allem an psychologischen und psychopathologischen Themen interessiert waren, stand zu erwarten, daß Adlers Referat auf wenig Zustimmung stoßen würde. Es gab aber neben zurückhaltenden Reaktionen auch einige positive Diskussionsbeiträge. Adler schien davon angenehm überrascht gewesen zu sein, denn in seinem Schlußwort dankte er »für die Aufnahme der Ausführungen, deren er nicht ganz sicher war«.[2]

Die positive Aufnahme kann darauf zurückgeführt werden, daß damals in den Kreisen liberaler, vorwiegend jüdischer Ärzte und Intellektueller sozialistisches Gedankengut auf dem Hintergrund der an politischem Einfluß gewinnenden Sozialdemokratie nicht nur ablehnend diskutiert wurde.

Es wurde von verschiedenen Autoren darauf hingewiesen, daß Freud mit einigen bedeutenden Sozialisten (Victor Adler, Gustav und Therese Eckstein) in freundschaftlichem Kontakt stand. Federn und Friedjung waren Sozialdemokraten, Ludwig Jekels Kommunist. Die Berührungspunkte der »Mittwoch-Gesellschaft« mit der Sozialdemokratie wurden aber mitunter überstrapaziert. Die Mehrzahl der Mitglieder war liberal eingestellt und durch den Niedergang des Liberalismus als politische Größe enttäuscht und verstört. Sie hielten sich daher dem politischen Leben fern. Mit der Sozialdemokratie verband sie weniger inhaltliche Übereinstimmung als die ähnliche gesellschaftliche Außenseiterposition gegenüber einer klerikal-konservativen und zunehmend antisemitischen Majorität.

2 Sofern nicht anders angegeben, finden sich die folgende Zitate in den *Protokollen*, (1977, S. 155–160).

An diesem Abend am 10.3.1909 waren neben Adler und Freud nur sechs Mitglieder anwesend: Federn, Hitschmann, Joachim, Rank, Stekel und Steiner. Diesen Umstand gilt es zu bedenken, wenn man die Aufnahme des Vortrags durch die »Mittwoch-Gesellschaft« einschätzt. Josef Friedjung und Ludwig Jekels etwa stießen erst im Herbst 1909 zur Gruppe.

Adlers Ausführungen sind aufgrund der fragmentarischen Protokollierung nur auszugsweise nachvollziehbar. Wie Glaser (1976, S. 12) bemerkte, versuchte er ein Stück weit eine psychoanalytische Biographik von Marx. Er ging auf seinen Charakter und seine Leistungen ein und betonte dessen intellektuelle Fähigkeiten, die ihm »einen so tiefen Einblick in den Werdegang der gesellschaftlichen Entwicklung« ermöglichten. Marx sei die die Psychoanalyse charakterisierende Erkenntnis, nämlich »das Primat des Trieblebens«, klar vor Augen gestanden. Von der Nationalökonomie kommend, sah er die ökonomischen Verhältnisse als elementare Erscheinungsformen der Gesellschaft, »in denen Triebleben und Befriedigungstendenzen wie in einem Knotenpunkt zusammenstoßen. – Die Befriedung komme nur auf einem Aggressionsumweg zustande, der die Produktionsbedingungen einschließe.«

Die Psychoanalyse habe gezeigt, daß alle altruistischen Ideen (Mitleid, Wohltätigkeit, Milde, Schamgefühl) weder angeboren sind noch einem moralischen Sinn entstammen, sondern Reaktionserscheinungen sind, die sich »aus gegensätzlichen Regungen aufbauen, die direkt dem Triebleben entstammen«. Die Reaktionserscheinungen bewirkten eine Affektlage der Empfindlichkeit: »Empfindlichkeit gegen Herabsetzung, Degradierung, in letzter Linie Beschmutzung.« Diese Empfindlichkeit breite sich über zahlreiche Beziehungen des Lebens aus:

»Beim Proletariat besteht sie gegen jede Art von Degradierung und ist der Affekt, der dem Klassenbewußtsein zugrunde liegt... Marx' Leistung gipfelt nun darin, diese Empfindlichkeit bewußt gemacht zu haben (die erste große Massenanalyse) und sie dann auf einen Punkt konzentriert zu haben.«

Adler schloß mit der Hoffnung, »daß aus seinen Ausführungen der Einklang der Klassenkampftheorie mit den Ergebnissen der Trieblehre deutlich hervorgegangen sein dürfte«.

So wie Adlers Ausführungen, die hier gekürzt wiedergegeben sind, mitunter schwer zu folgen ist, sind auch viele Diskussionsbeiträge unverständlich, da sie sich auf Passagen des Vortrags beziehen, die nicht festgehalten sind. Es seien daher nur einige Auszüge zitiert:

Freud meinte, »er könne sich gegen solche Vorträge, mit ihrer Erweiterung unseres Gesichtskreises, nur rezeptiv verhalten«. Adler habe »nicht den Nachweis unserer Gedankengänge bei Marx« gebracht, sondern »den psychologischen Unterbau für die Marxischen Aufstellungen zu geben versucht«. Gefallen hat Freud Adlers kritische Wertung der Ideen als Reaktionsbildungen.

Federn meinte einleitend – und das überrascht –, er wisse auf diesem Gebiet wenig Bescheid. Dann hob er einen Punkt hervor, »in dem Marx sich mit Freud berühre. Marx sei der erste gewesen, der den unterdrückten Klassen die Möglichkeit gab, sich vom Christentum zu befreien, durch die neue Weltanschauung, die er ihnen gab. War der ›Sadismus‹ ins Christentum konvertiert worden (Masochismus), so erläuterte Marx den Menschen ihren Masochismus, wodurch er ihn unmöglich machte und den ursprünglichen Trieb der Selbsterhaltung wieder befreite. Das sei ein Beispiel, wie man durch Bewußtmachung eine Verdrängung aufheben kann. Auf diesem Wege sei der Aggressionstrieb ins Klassenbewußtsein übergegangen.«

Joachim fand die Materie zu schwierig und fremd, um sich zu ihr kritisch äußern zu können. Rank befaßte sich mit den Hintergründen der Ethik und gab Adler recht: »Alle ethischen Ideen sind kulturelle Reaktionsbildungen gegen alle Formen von Aggressionsregungen.« Hitschmann äußerte sich zustimmend, hatte aber Schwierigkeiten mit der von Adler behaupteten »Bewußtseinserweiterung« durch den Marxismus:

»Das Individuum fühle ja nur die rein persönlichen Neigungen, um sich an einer solchen Bewegung zu beteiligen, und in diesem Sinne habe ihm der Begriff des Klassenbewußtseins, der ja nur eine von den Führern gegebene Lehre sei, Schwierigkeiten bereitet. Es sei eben die Frage, ob es sich dabei wirklich um ein metaphysisches (oder metapsychologisches) Bedürfnis handle oder um einen ›religiösen Impfzwang‹. Interessant wäre es auch gewesen zu hören, wie sich die Marxischen Lehren aus seiner persönlichen Psychologie ergeben haben.«

Steiner bezog sich auf Federns Interpretation des Sozialismus als Ersatz der Religion. Gerade das mache ihn mißtrauisch. Der Sozialismus komme ihm auch – im schlechten Sinn – wie eine Religion vor. Er ging schließlich so weit, die Frage aufzuwerfen, inwieweit es sich beim Sozialismus um eine Neurose handle. In seinem Schlußwort antwortete Adler vor allem auf Hitschmann und Steiner:

»Bezüglich der Bewußtseinserweiterung, die durch den Klassenbegriff gegeben sei, habe Rank im Einklang mit ihm hervorgehoben, daß es sich dabei, wie bei den ethischen Vorstellungen, um die Wirkung des Sadismus (wie er sage: des Aggressionstriebes) handle. Hier zeige es sich auch deutlich, daß es sich beim Sozialismus nicht um eine Neurose handle (Steiner): Beim Neurotiker sehen wir den Aggressionstrieb in Hemmung, durch das Klassenbewußtsein wird er befreit, und Marx zeigt, auf welche Weise er im kulturellen Sinn befriedigt werden kann: nämlich durch das Erfassen der wahren Ursachen der Unterdrückung und Ausbeutung und durch zweckmäßige Organisation.«

Bei der berechtigten Frage nach den Lebensumständen von Marx müsse man mit großer Toleranz zu Werke gehen:

»Der wichtigste äußere Impuls war anscheinend die Unmöglichkeit für Marx, sich habilitieren zu können. Daneben hat er natürlich auch noch etwas anderes mitgebracht: seinen Kopf.«

Abschließend hob Adler hervor, »daß die ganze Arbeit von Marx in der Forderung gipfelt, *bewußt* Geschichte zu machen«.

Es ist Adlers unbestreitbares Verdienst, daß er als erster die Psychoanalyse mit dem Marxismus konfrontierte. Weitere Versuche sollten erst in den 20er und 30er Jahren unternommen werden. Freilich wurde Adlers Versuch unterschiedlich eingeschätzt. Glaser (1976, S. 15), der sich am detailliertesten mit diesem Vortrag auseinandergesetzt hat, sieht in ihm den Ausgangspunkt für Adlers spätere Zusammenarbeit mit den Austromarxisten und seine pädagogische Praxis, aber auch als Ausgangspunkt für die Anreicherung des Austromarxismus mit psychoanalytischen Argumenten.

Nach Dahmer (1982, S. 252) zeigen Vortrag und Diskussion die Gemeinsamkeit zwischen Marx und Freud in der Religionskritik und in der Bewußtmachung und Befreiung von undurchschauten Zwängen auf. Weitergehende Analogisierungsversuche erscheinen ihm nicht plausibel. Spürbar sei die Tendenz, den Marxismus als Ersatzreligion zu etikettieren und der »naturwissenschaftlichen« Kritik der Psychoanalyse zu unterwerfen:

»Das klinische Interesse überwiegt bei weitem das Interesse, sich mit einer nicht-psychologischen Theorie vertraut zu machen, die den gesellschaftlichen Kontext, in dem auch die Psychoanalyse entstanden ist, zu Bewußtsein bringen kann.«

Hart urteilt Elrod (1987a, S. 320, 325) über Adlers Rezeption des Marxismus, wie sie sich bei einer Diskussion am 23.12.1908 zeigte. Adler habe Marx im Sinne einer »Einschränkung der kapitalistischen Wirtschaftsweise« interpretiert, wohingegen dieser von ihrer Überwindung ausging. Elrod sieht darin Adlers Unfähigkeit,

»Marx im Sinne Marxens zu vermitteln wie Freud im Sinne Freuds. Den Marxismus und die Psychoanalyse hatte er angelesen, angelernt, ein Meister sowohl im einen wie im anderen war er nicht geworden... Er wurde, salopp gesagt, sowohl als Psychoanalytiker als auch als Marxist weder Fisch noch Fleisch.«

Bruder-Bezzel (1983, S. 67f.) sieht in Adlers Vortrag keinen Beitrag zur marxistischen Diskussion. Viel eher hätte er im bürgerlichen Freud-Kreis mit psychologischen Begründungen um Verständnis für die Arbeiterbewegung geworben. Die vielfach behauptete Offenheit des Kreises gegenüber der Sozialdemokratie zweifelt sie an. Aus dem Protokoll der Diskussion gehe eine positive Aufnahme nicht hervor, vielmehr der Umstand,

»daß weder die theoretische Frage nach der Beziehung Marx–Freud noch die politische Frage nach Klassenbewußtsein und Klassenkampf interessierten... Zu den politischen Fragen verhielten sich die Anwesenden entweder distanziert: das sei fremd, schwierig, man könne sich nur rezeptiv verhalten (Freud, Joachim, Hitschmann, auch Paul Federn) oder spitz: Sozialismus als Religionsersatz, als Neurose, Klassenbewußtsein als Lehre der Führer, als religiöser Impfzwang (Steiner, Hitschmann). Einzig Paul Federn brachte eine positive Ergänzung zur Beziehung Marx–Freud zur Religionskritik.«

Adlers Verdienst bleibt, diese erste Begegnung zwischen Marxismus und Psychoanalyse initiiert zu haben. Er versuchte, die Mitglieder der Gruppe mit einer Theorie zu konfrontieren, die nicht ohne weiteres in psychoanalytische Termini übersetzt oder aus psychoanalytischer Sicht interpretiert werden kann. Von einer Konfrontation zu sprechen, ist eigentlich schon übertrieben. Die Diskussion hatte keinen großen Stellenwert und blieb ohne Folgen. Wie man in der »Mittwoch-Gesellschaft« alle möglichen Themen (Rauchen, Dichter, Persönliches usw.) in Beziehung zur neuen Theorie setzte, so versuchte man es an diesem Abend mit dem Marxismus.

Der Diskurs zwischen Marxisten und Psychoanalytikern sollte erst wieder Jahre nach dem Ersten Weltkrieg von einer neuen Generation von Psychoanalytikern (Wilhelm Reich, Siegfried Bernfeld, Otto Fenichel) aufgegriffen worden. In dieser Perspektive erscheint Adlers Vortrag für das politische Interesse der Psychoanalytiker als weitgehend folgenlos.

IV. Zwischen Organminderwertigkeitslehre und männlichem Protest: Die theoretischen Differenzen nehmen zu (1908–1910)

Zwischen Oktober 1908 und Juni 1910 fanden etwa sechzig Zusammenkünfte statt, an denen Freud und Rank immer, Hitschmann, Sadger, Federn und Stekel fast immer teilnahmen. Adler und Steiner fehlten an einem Dutzend, Reitler, Joachim, Wittels und Heller an etwa der Hälfte der Abende.

In diesem Zeitraum verschärften sich die theoretischen Gegensätze zwischen Adler und Freud deutlich. War der Vortrag über die organischen Grundlagen der Neurosen ein erstes Anzeichen für unterschiedliche Auffassungen, die aber in der Gruppe und auch von Freud toleriert wurden, so sollten sich nun die Gegensätze deutlicher akzentuieren. Sichtbar wurde diese wachsende Kluft im theoretischen Verständnis an drei Vereinsabenden, an denen Adler referierte, nämlich am 3. Februar 1909 (»Ein Fall von Zwangserröten«), am 2. Juni 1909 (»Über die Einheit der Neurosen«) und am 23. Februar 1910 (»Psychischer Hermaphroditismus«).

»Ein Fall von Zwangserröten« (3. Februar 1909)

An diesem Abend referierte Adler die Fallgeschichte einer Erytrophobie (Angst vor Errötung).[1] Er schickte voraus, daß er die Ursache der Neurose in einer Organminderwertigkeit suche und kritisch gegenüber dem Standpunkt sei, »der von uns allen eingenommen worden ist und worüber noch keine Klarheit zu herrschen scheint: nämlich über die nächste Ursache des Ausbruchs der Neurose und einige andere Punkte mehr...«

Adler kündigt also oppositionelle Ansichten an, tut dies aber verschlüsselt und vage.

Eine vollständige Durcharbeitung des Krankheitsbildes habe er nicht beabsichtigt, aber er wolle den Fall, der ihn ein dreiviertel Jahr beschäf-

1 Das Referat wurde nie publiziert; wesentliche Passagen kommen jedoch bei Adler 1909a vor. Soweit nicht anders angegeben, finden sich die Zitate dieses Abschnitts in den *Protokollen* (1977, S. 114–130).

tigt habe, im ausführlichen Lebenszusammenhang schildern. Denn die Darstellung der Zusammenhänge sei für ihn in einer Analyse das wichtigste. In seiner Begründung schwang deutlich hörbare Kritik an der gängigen Abfassung psychoanalytischer Fallgeschichten mit:
»Wenn man die Literatur der Freudschen Schule zur Hand nimmt, so bekommt man darin nicht oft den Zusammenhang einer Analyse vorgeführt, und man muß schon glücklich sein, wenn man den Zusammenhang in einem Bruchstück vorgeführt bekommt. Der größte Teil der Publikationen bringt Zusammenhänge nicht... Das Beste der Publikationen geht darauf hinaus, gewisse Hervorhebungen Freuds noch einmal zu tun und zu versichern, daß alles da sei.«
Auch in seinen Analysen sei »alles« (er meint damit Perversionen, Inzestgedanken, Komplexe, infantile Traumen usw.) »da«, aber vieles komme auch bei Normalen vor und führe nicht zwangsläufig zur Neurose. Adler drückte hier Unbehagen darüber aus, wie in der Gruppe die von Freud entwickelten Erklärungsansätze übernommen und gehandhabt, wie verschiedene Beobachtungen nach einem stereotypen Schema interpretiert und andere Interpretationsmöglichkeiten nicht herangezogen würden. Dem Freudschen Schema wollte er eine Darstellung des umfassenderen Lebenszusammenhanges gegenüberstellen.
Adlers Fallgeschichte enthält folgerichtig eine Unzahl von Details, die in den *Protokollen* mehr als elf Seiten füllen. Er beschrieb die Symptome, rollte die Krankengeschichte minutiös auf, berücksichtigte die unterschiedlichsten Fakten, ohne eine vorschnelle Diagnose zu stellen. Damit ist aber bereits eine Schwäche seines Vortrags angedeutet, denn nach der umfangreichen Materialdarstellung blieb eine ausführliche Erklärung, Analyse oder diagnostische Zusammenfassung aus, die man nach so vielen Einzelfakten erwartet hätte. Erst ganz am Schluß gab Adler eine knappe und etwas überraschende Erklärung der Krankheit:
»Hinter dem Zustand seiner Neurose steckt also die Unmöglichkeit zu imponieren, die eine allgemeine Aggressionshemmung in mancherlei Beziehung herbeigeführt hat.«
Adlers Interpretation fällt also auf dem Hintergrund seiner neuen Theorie von der übergeordneten Bedeutung des Aggressionstriebs und seiner Hemmung für die Ätiologie der Neurosen aus.
Freud übte in der anschließenden Diskussion »ein bißchen Kritik« an der zu vordergründigen Analyse und setzte Adlers Ansicht, daß die Aggressionshemmung die Ursache der Neurose sei, seine eigene entgegen, wonach die Neurose aus der sexuellen Hemmung entstünde. Hitschmann fand die spezielle Hervorhebung des Imponieren-Wollens

unberechtigt, da dies ein verbreiteter Teil des Selbstgefühls sei und zum »geistigen Selbsterhaltungstrieb« gehöre.
Auch Wittels kritisierte Adlers Schlüssel zur Lösung dieser Neurose, das Imponieren-Wollen des kleinen, unscheinbaren Patienten, als zu allgemein.
In seinem Schlußwort erklärte Adler die Mängel seines Vortrags mit der ungenügenden Vorbereitung und spezifizierte vorsichtig seine Auffassungsunterschiede gegenüber Freud:
»Über die Aggressionshemmung müßte zur Vermeidung von Mißverständnissen mehr gesprochen werden. Sie macht nicht die Krankheit, sondern sie ist die Form. Es bleibt dann zu erledigen, woher sie kommt... Was das Sexuelle betreffe, so stehe er bekanntlich zu dieser Auffassung in einer kleinen Opposition, weil für ihn die sexuellen und die andern Kinderfehler zusammenfließen und... diese andern Kinderfehler ursprünglich des sexuellen Einschlags entbehren. Aber auch das Sexuelle hat den Einschlag der Kinderfehler... Er habe keine Neurose getroffen, die nicht den Analcharakter aufwies. Aber man kommt erst bei dem Gedanken der Begriffserweiterung darauf.«
Adlers Vorstellungen teilen sich aus diesen Zeilen nur undeutlich mit. Dazu trägt Ranks stichwortartige Protokollführung ebenso bei wie Adlers Hang zu unklaren Formulierungen, aber auch seine Vorsicht, die er zu diesem Zeitpunkt in Hinblick auf allzudeutliche dissidente Formulierungen an den Tag legte. Wittels (1924, S. 130f.) hat diesen Eindruck so beschrieben:
»Adler... warf diesen Block von systematischen Gedanken ins kunstvoll verschlungene Netz der Freudschen Mechanismen. Ich sehe ihn noch in der Tafelrunde, die ewige Virginia im Munde, den behäbigen Dialekt des Wiener Bürgers gebrauchend, wie er immer wieder auf seinen Gedanken von der ›Minderwertigkeit der Organe‹ zurückkam. Man merkte wohl, daß er etwas im Schilde führte. Er drückte sich vorsichtig aus: die Wissenschaft sei noch nicht so weit und man könne beim jetzigen Stande der Erkenntnis noch nicht... er wenigstens getraue sich noch nicht... So schlich er wie die Katze um den Brei. Ein Ringen war in ihm. Aber nicht ein Ringen um Erkenntnis, da er ja schon damals mit seinem Gebäude fertig war, sondern ein Ringen um den Bekennermut, der nach der Natur der Beiden zu einem Bruche führen mußte. Es ist kein leichter Entschluß, mit einem Freud zu brechen.«
Trotz der unklaren Aussagen Adlers kann man deutlich neue Akzente heraushören. Begriffe wie »Aggressionstrieb« und »-hemmung« oder »Analcharakter« überlagern zunehmend die reine Organminderwertigkeitslehre.

Den Begriff »Analcharakter« übernahm Adler in Anlehnung an Freuds Trieblehre, offenbar im Bestreben, seine neuen Ergebnisse in Freuds Theoriengebäude einzugliedern. Freud hatte in dem 1908 erschienenen Aufsatz »Charakter und Analerotik« jene Charakterstrukturen, die sich durch die Trias Ordnung, Sparsamkeit und Eigensinn auszeichnen, als Reaktionsbildungen auf die Analerotik erklärt. Während nun Freud Charakterzüge bezeichnen wollte, die in der »analen Phase« der frühkindlichen Entwicklung erworben werden und diese nur eine von mehreren sich abwechselnden Phasen darstellt, wurde der Begriff für Adler etwa ab dem Salzburger Kongreß zu einem Kennzeichen für den Neurotiker schlechthin: »Man finde keinen Neurotiker, bei dem der Analcharakter nicht aufzudecken wäre« (*Protokolle* 1977, S. 184). Der Begriff »Analcharakter« wurde von Adler als Synonym für die Aggressionsproblematik verwendet, und seine Aufwertung entspricht dem Umstand, daß Adler den Aggressionstrieb dem ganzen Triebleben überzuordnen begann. Freuds Libido blieb in diesem System weiterhin ausgespart. Es ist nicht verwunderlich, daß eine deutlich akzentuierte Konfrontation nicht mehr lange auf sich warten ließ.

»Über die Einheit der Neurosen« (2. Juni 1909)

Dieser Vortrag am Ende des siebten Vereinsjahres, den Adler schon am 4. November 1908 angekündigt hatte, nimmt eine Schlüsselstellung in der inhaltlichen Auseinandersetzung zwischen Adler und Freud ein. Zum erstenmal werden wesentliche Unterschiede offen ausgesprochen. Auch Holtz (1981, S. 25) sieht in diesem Referat den offensichtlichen Beginn der Entzweiung der beiden Männer. Der interessante Vortrag provozierte eine überaus lebhafte und hintergründige Diskussion.

Adler betonte einleitend die Schwierigkeiten, »heute schon« über dieses Thema zu sprechen. Er drückte seine Hoffnung aus, daß sein Vortrag einen kleinen Schritt vorwärts im Verständnis und in der Therapie der Neurosen bedeuten möge und daß seine Gedanken noch sehr der Schonung bedürften.

Adler nannte fünf Merkmale, die allen Neurosen gemeinsam seien:

1. Die Organminderwertigkeit, die er als Grundlage für das Verständnis des Trieblebens betrachtete. Mit ihr verbunden sei ein stärkerer Trieb, der mit den Kulturanforderungen in Widerspruch gerate. Dies führe auch zu Entwicklungshemmungen im Psychischen.

2. Den Aggressionstrieb, der in den verschiedensten Formen, etwa auch als Angst, auftrete, auf den man aber die verschiedensten Erscheinungsbilder von Neurosen regelmäßig zurückführen könne.
3. Die Überempfindlichkeit, die einer Verwandlung des Aggressionstriebes entstamme und eine der hervorspringendsten Eigenschaften aller Neurotiker sei. Ihre Kenntnis sei vor allem unerläßlich für die praktische Behandlung:
»Das Zutrauen zum Arzt ist kolossal, sobald Patient bemerkt, daß man seine Empfindlichkeit verstehe und schone, wie anderseits die meisten Patienten, welche die Kur abbrechen, dies aus verletzter Empfindlichkeit tun.«[2]
4. Den Analcharakter, der mit den drei ersten Punkten in Wechselwirkung stünde und dadurch in den unterschiedlichsten Ausprägungen (Trotz, Geiz usw.) vorkomme, und:
5. Die Beziehung zu den Eltern.

Als Grund für die »Neurosenwahl« nannte er die Art der Verschränkung und des Zusammenstoßes der Triebe, die Art der Organminderwertigkeit und als wichtigsten Punkt die jeweilige Entwicklungsstufe des Kindes zum Zeitpunkt des Zusammenstoßes der Triebe mit der Außenwelt. Adler führte seine Vorstellungen noch im Detail aus und meinte abschließend, er habe damit skizziert, »wie man sich die Neurosenwahl vorzustellen habe und wie tatsächlich die Bedingungen gegeben seien, um sämtliche Neurosen unter einem einheitlichen Gesichtspunkt zusammenzufassen«.

Freud bezeichnete Adlers Gedanken in der anschließenden Diskussion als ausnehmend klar und konsequent, lehnte sie aber aus prinzipiellen Gründen ab:

»Der allgemeinste Einwand sei, daß Adler, fast wie absichtlich, das Sexuelle eliminiert habe, das man in einer Betrachtung der Neuroseneinheit nicht missen könne. Adler beschäftigt sich wesentlich mit der Bewußtseinspsychologie und mit dem von ihm (Freud) vernachlässigten Stück Psychologie, das man als Psychologie der Ich-Triebe bezeichnen möchte. Die ganze Psychotherapie steht auf der Seite der andern, der erotischen Triebe, um den Menschen für die andern Interessen fähig zu machen. Die Ätiologie der Neurosen ist durchwegs eine sexuelle. Als Ergänzung dazu ist die Beschreibung der Ich-Triebe und ihres Verhaltens gegen die abzuwehrenden Sexualtriebe etwas außerordentlich Bedeutsames und Unentbehrliches. Man müsse sich aber sträuben dagegen,

2 Soweit nicht anders angegeben, beziehen sich Zitate dieses Abschnitts auf die *Protokolle*, Band II (1977, S. 234–247).

daß die Schilderung dieses Teils der Psychologie die Charakteristik der Neurosen ist; das ist die Charakteristik des Ichs.«
Freud hatte in dieser Kritik eine Position bezogen, die er in späteren Stellungnahmen zur Psychologie Adlers im wesentlichen beibehielt. Auch in einem Brief an Jung vom 19.12.1909 heißt es: »Adlers Psychologie... sieht immer nur das Verdrängende und beschreibt daher die ›Empfindlichkeit‹, diese Attitude des Ich gegen die Libido, als Grundbedingung der Neurose« (Freud/Jung 1974, S. 306).
Im weiteren Verlauf der Diskussion äußerte Freud Überraschung, daß Adler Analerotik und Analcharakter verwechselt hätte. Er selbst hätte nur den erotischen Ursprung gewisser Charakterzüge nachweisen wollen, was aber mit den Neurosen nichts zu tun habe. Freud zählte die beiden letzten Punkte Adlers (Analcharakter, Liebe zu den Eltern) zu den allgemeinen Kulturbedingungen. Sie seien für eine einheitliche Sicht der Neurosen besonders ungeeignet. Adlers Ausführungen zur Neurosenwahl bezeichnete er als zu abstrakt und den Versuch einer Lösung dieses Problems als nicht gelungen. Abschließend meinte er, »daß die Einheit der Neurosen nicht erst gesucht zu werden braucht, weil sie längst existiert. Er fasse die Neurosen auf als Ersatzbildungen für die... (verdrängte Libido) und erkläre ihre Verschiedenheit durch die verschiedenen Mechanismen der Verdrängung und der Wiederkehr des Verdrängten.«
Adler blieb in der Diskussion defensiv. Zum Vorwurf der Eliminierung des Sexuellen sagte er,
»daß er heute nicht über Ätiologie gesprochen habe und glaubte, sich ersparen zu können, die Wichtigkeit des Sexuellen hervorzuheben. Übrigens dürfe aber durch den 5. Punkt auch diese Lücke als gedeckt erscheinen.«
Mit dem 5. Punkt ist die »Liebe zu den Eltern« gemeint, also eine sehr mehrdeutige und verharmlosende Version dessen, was Freud unter dem Sexuellen verstand.
Holtz (1981, S. 26f.) hat den Eindruck gewonnen, »daß Adler den klaren Worten Freuds ausweicht. Erst hält er die Erwähnung des Sexuellen in seinem thematischen Zusammenhang für unwichtig und überflüssig, und dann tritt der sexuelle Faktor doch völlig undefiniert unter der offengelassenen Bezeichnung ›Beziehung zu den Eltern‹ auf... Adler kann oder will es in dieser Diskussion nicht, die von Freud präzise benannten Probleme und Unterschiede in seinen und Adlers Anschauungen ebenbürtig zu kontern, indem er sich offen zu den Schwierigkeiten bekennt und sie ausdiskutiert. Statt dessen wird bei ihm, durch das... Ausweichen vor den Differenzen, ein etwas krampfhaftes Su-

chen nach einer Integration der Auffassungen erkennbar, während die Entwicklung ihrer Beziehungen spätestens seit dieser Sitzung, durch Freuds konkrete und ausführliche Kritik... immer mehr unter dem Zeichen der Konfrontation stand.«

Federn versuchte in der Diskussion nachzuweisen, daß Adlers »Empfindlichkeit« erst Resultat der Verdrängung und nicht konstitutionelles Moment der Neurose sei. Er lehnte den Begriff, den er zu allgemein empfand, ab.

Hitschmann bezeichnete Adlers Standpunkt als einen oppositionell fruchtbaren, war ebenfalls auch mit dem Begriff »Empfindlichkeit« unzufrieden.

Reitler meinte, Adler habe dem Sexualtrieb durch Setzung des Aggressionstriebes und dem Selbsterhaltungstrieb durch die Absonderung der Empfindlichkeit die treibende Kraft genommen. Die Absprechung des Triebcharakters der Sexualität bezeichnete er als »Nonsens«. Auch er unterstrich, daß Analcharakter und Elternbeziehung allen Menschen und nicht bloß den Neurotikern gemeinsam seien.

Im Verlauf des Abends kam es zu einer weiteren Polarisation der Ansichten Adlers und Freuds. Adler meinte, die Einheit der Neurosen sei eine viel tiefergehende »als die Ätiologie der einzelnen Neurosen, die bisher eine gesonderte Besprechung erfahren habe. Das Prinzip der Einheit muß absehen von der Neurosenwahl; es handelt sich dabei um Differenzierungen, die aus der betreffenden psychischen Konstitution erwachsen, und... (es bilde) eigentlich keinen grundlegenden Unterschied..., ob einer Neurastheniker wird oder Hysteriker oder Paranoiker.«

Hier kündigt sich bereits eine Sichtweite Adlers an, die für seine spätere Theorie charakteristisch werden sollte. Vor allem nach dem Ersten Weltkrieg befaßte sich Adler verstärkt mit dem Problem der Jugendverwahrlosung. Seine Theorie faßte er so weit, daß mit ihr sowohl neurotisches wie delinquentes Verhalten unter einheitlichen Gesichtspunkten erklärt werden konnten. Psychoanalytiker hätten eher die Unterschiede bei Neurosen (zu stark) und Delinquenz (zu schwach ausgebildete Über-Ich-Strukturen) betont. Adler ging in seiner einheitlichen Sichtweise so weit, daß er nicht nur die verschiedenen Formen von Neurosen, sondern überhaupt die verschiedensten Formen sozialer Abweichung unter einheitlichen Gesichtspunkten bündelte. In seinem Aufsatz aus dem Jahr 1930 mit dem Titel »Nochmals – die Einheit der Neurosen« schreibt er:

»Jeder Fall einer Neurose, einer Psychoneurose, eines Selbstmordes, des Alkoholismus, Morphinismus usw., der Verkommenheit und

Schwererziehbarkeit, der sexuellen Anomalie, des Mordwahns, der Tyrannei usw. zeigt es uns immer wieder.., daß es in dem bestimmten Falle nicht gelungen war, in den ersten 4–5 Jahren ein genügendes Gemeinschaftsgefühl einzupflanzen« (Adler 1930j, S. 44).

Im Jahr 1909 war Adler noch weit entfernt vom Begriff des »Gemeinschaftsgefühls«, doch die vereinheitlichende Sicht von Neurosen, die später auch auf andere Formen sozialer Abweichung ausgedehnt wird, läßt sich bereits erkennen.

Freud sah diese Materie völlig anders und wird später, wie noch gezeigt werden soll, Adlers Ansatz als »Einerleiheit der Neurosen« bezeichnen (*Protokolle* 1979, S. 145). An diesem Abend kritisierte er, daß die Einheit der Neurosen nur dann einen Sinn habe, »wenn man auch die Verschiedenheit der Neurosen berücksichtigt; und diese beruhe auf der Verschiedenheit der Verdrängungsbedingungen... Den Unterschieden des Verdrängungsmechanismus werden auch Unterschiede in der Therapie, in der Beurteilung im Leben, vielleicht auch in der Prophylaxe entsprechen.«

Daß Freud an diesem Abend die Auffassungsunterschiede als solche registrierte, geht aus dem Briefwechsel mit Jung hervor. Dieser hatte von der Diskussion erfahren und schrieb Freud zehn Tage später, er habe gehört, »daß Adler sich von Ihnen entferne und eigene Bahnen wandle, in einem gewissen Gegensatz sogar zu Ihnen. Ist daran etwas Wahres?« (Freud/Jung 1974, S. 257). In der Antwort Freuds vom 18.6.1909 wird auch seine damalige persönliche Einstellung zu Adler sichtbar:

»Die Sache ist, glaube ich, richtig. Er ist ein Theoretiker, scharfsinnig und originell, aber fürs Psychologische nicht eingestellt, und er zielt an diesem vorbei ins Biologische. Anständiger Mensch übrigens, wird nicht sobald abfallen, aber doch nicht in unserem Sinne mittun. Wir müssen ihn möglichst erhalten« (ebda., S. 259f.).

Adlers Vortrag über die Einheit der Neurosen war zugleich der letzte Abend der »Mittwoch-Gesellschaft« vor der Sommerpause. Die nächste größere inhaltliche Auseinandersetzung zwischen Adler und Freud fand erst wieder zu Beginn des Jahres 1910 statt.

Neue Mitglieder

Im Herbst 1909 wurden Josef Friedjung, Viktor Tausk und Carl Furtmüller neu in die Gruppe aufgenommen. Ludwig Jekels nahm als Gast an zahlreichen Sitzungen teil.

Josef Friedjung (1871–1946)
ein Freund und Studienkollege Paul Federns, war Kinderarzt und Privatdozent für Kinderheilkunde an der Universität Wien. Seit 1900 als aktiver Sozialdemokrat tätig, war er einer der ersten politisch engagierten Psychoanalytiker: ab 1912 als Abgeordneter im niederösterreichischen und von 1922 bis 1934 als Abgeordneter im Wiener Landtag. Friedjung beschäftigte sich besonders mit der Anwendung der Psychoanalyse auf die Kinderheilkunde. Er dürfte mit Adlers prophylaktischen und pädagogischen Konzepten sympathisiert haben. Jedenfalls gehörte er 1911 zu den Unterzeichnern einer Erklärung, in der das Vorgehen gegen Adler kritisiert wurde. Im Gegensatz zu den anderen Unterzeichnern schloß er sich aber nicht Adlers Gruppe an, sondern blieb Mitglied der WPV. Nach der Machtergreifung des Austrofaschismus wurde Friedjung im Anhaltelager Wöllersdorf interniert. 1938 emigrierte er nach Palästina.[3]

Viktor Tausk (1875–1919)
war ursprünglich Richter in Kroatien, später Journalist in Berlin und Wien. 1914 wurde er Arzt und Psychiater. Über seinen Selbstmord im Jahr 1919 entzündeten sich zahlreiche Spekulationen und Kontroversen.[4]

Ludwig Jekels (1867–1954)
leitete als Neurologe und Psychiater eine Nervenheilanstalt in Polnisch-Schlesien. Nach dem Ersten Weltkrieg ging er nach Wien und begann eine Psychoanalyse bei Freud. Als aktiver Sozialist emigrierte er 1935 über Schweden und Australien in die USA.

Carl Furtmüller[5]
war ein enger Freund Adlers und wurde später zu seinem wichtigsten Mitarbeiter beim Aufbau der individualpsychologischen Schule. Er unterrichtete ab 1909 an einer Wiener Realschule die Fächer Deutsch, Philosophie und Französisch. Am 20. Oktober 1909 schlug ihn Adler der »Mittwoch-Gesellschaft« zur Aufnahme vor, und am 27. Oktober 1909 wurde die Aufnahme formell beschlossen. Furtmüller berichtet, daß Adler sein Interesse an Freuds Psychologie geweckt habe. Er habe begonnen, dessen Bücher zu lesen und sie mit Adler diskutiert. Als er 1909 von einer längeren Lehrtätigkeit im böhmischen Kaaden (heute Kadan) nach Wien zurückkehrte, habe ihn Adler in Freuds Kreis eingeführt. Die wöchentlichen Zusammenkünfte dieser Gruppe empfand

3 Zur Biographie Friedjungs vgl. Gröger 1988.
4 Vgl. Roazen 1969 und Eissler 1971.
5 Nähere Angaben zu seiner Person auf S. 195

er als eine der fruchtbarsten intellektuellen Erfahrungen, die er je machte. Besonders interessant war es, zu sehen, wie Freud und Adler in verschiedener Weise das Faktenmaterial interpretierten, das von den Mitgliedern der Gruppe präsentiert wurde.[6]

Am 3. November 1909 nahm Furtmüller zum erstenmal an einer Zusammenkunft teil. Bis zu seinem Austritt im Oktober 1911 versäumte er keinen einzigen Abend. Furtmüller brachte vor allem philosophische und pädagogische Aspekte in die Diskussion ein. Bei medizinisch-psychopathologischen Diskussionen hielt er sich als »Laie« eher zurück.[7] Der Verwendung psychoanalytischer Termini stand er reserviert gegenüber. Als Pädagoge erwartete er sich von der Psychoanalyse »Anhaltspunkte für eine vernünftige Erziehung, welche die dem Kinde bevorstehenden Konflikte voraussieht und rechtzeitig vorbaut«. Er verstand darunter sowohl »die planmäßige Fernhaltung gewisser Schädlichkeiten« als auch »die Erziehung der Eltern und Pflegepersonen« (*Protokolle* 1977, S. 294 f.).

Am 15. Dezember 1909 hielt er sein erstes Referat zum Thema »Erziehung oder Fatalismus?«, das Aufschlüsse über sein pädagogisches Konzept gibt. Anstoß für Furtmüllers Referat war möglicherweise eine Bemerkung von Wittels, die dieser am 17. November 1909 machte, als ein Referat von Friedjung (»Was kann die Kinderheilkunde von der psychoanalytischen Forschung erwarten?«) diskutiert wurde. Er hatte auf die Frage, was die Kindererziehung von den bisherigen Ergebnissen der Psychoanalyse zu lernen habe, geantwortet, »man dürfe bei Kindern nicht erziehen, weil man sie nicht erziehen könne. Man soll sich um die Kinder gar nicht kümmern.« Furtmüller hatte geantwortet, daß dieser Grundsatz »wohl nur so weit Gültigkeit (habe), als Wittels unter ›erziehen‹ schon das schlechte Erziehen verstehe« (*Protokolle* 1977, S. 294).

Er ging in seinem Referat »von dem starken Widerstand aus, den Freuds Darlegungen über das Seelenleben des Kindes gefunden haben«. Das »Paradies der Kinderzeit« habe sich als »rückdatierte Wunscherfüllung« der Eltern entpuppt. Diese übersehen die Sexualität der Kinder und weichen ihrer eigenen aus. Freuds Untersuchungen haben der schon vorhandenen Kritik des herrschenden Erziehungssystems inneren Zusammenhang und Vertiefung gegeben. Tausk protestierte in der Diskussion gegen diese Bemerkung, »daß Freud nur Zusammenhänge und Vertiefungen von längst Geahntem gegeben habe. Er hat

6 Aus einem Brief Furtmüllers, zitiert bei Ansbacher/Ansbacher 1965, S. 325 f.
7 Vgl. *Protokolle* 1977, S. 294 und 399.

vielmehr wirkliche Motive und Quellen aufgezeigt, die bis jetzt nicht ausgeschöpft wurden.«[8]

Zurück zu Furtmüllers Referat: Die »Rebellions- und Konkurrenzregungen des Kindes« stünden dem »Elternegoismus« und der »Elternüberhebung« machtlos gegenüber. Die zahlreichen Gefahren neurotischer Entwicklung in diesem Feld zwischen Rebellion und Unterwerfung führten »zu einem tiefen Skeptizismus in Erziehungsfragen... so scheint wirklich alles auf eine radikale Verwerfung der Erziehung hinzudrängen«.

Furtmüller grenzte sich von diesem Standpunkt ab. Es gäbe Wege, »die bisherige Erziehungsmethode so zu modifizieren, daß ihre Schäden einigermaßen vermieden werden«. Er erinnerte daran, »daß das Kind in wenigen Jahren eine Entwicklung zurücklegen muß, zu der die Menschheit als Ganzes Jahrtausende gebraucht hat; daß zwischen den naturwüchsigen Trieben des Individuums und den Anforderungen der Kultur eine Kluft sich dehnt, die durch restlose psychische Arbeit des Kindes überbrückt werden muß«.

Ein wichtiges Hilfsmittel des Kindes, der »Nachahmungstrieb«, könne infolge der geänderten Form des sozialen Zusammenlebens (eine Folge der »gänzlich veränderten Verhältnisse unseres Wirtschaftslebens«) nicht mehr zur Geltung kommen, denn das Kind lebte heute außer und neben der Gesellschaft: »Der neue Weg der Erziehung... muß das natürliche Hineinwachsen in die Gesellschaft durch künstliche Vorbereitung auf dieselbe ersetzen.«

Furtmüller sprach sich gegen das Prinzip des Gehorsams, der Unterwerfung unter den Erzieher und gegen brutale Zwangsmittel aus und plädierte für Kontinuität, Gleichmäßigkeit und Unmerklichkeit der Maßnahmen:

»Allerdings heißt das nicht, vor jedem Widerstand des Kindes haltmachen, was eine schlechte Vorbereitung auf das an Beschränkungen so reiche gesellschaftliche Leben wäre... (sondern) direkten Zwang auf ein Minimum zu beschränken und den mittelbaren Zwang, der einen Lustgewinn von der Unterwerfung abhängig macht, vorziehen.«

In diesem Zusammenhang verwies er auf die »beachtenswerten Hinweise«, mit denen Adler gezeigt habe, »wie sich das Zärtlichkeitsbedürfnis des Kindes pädagogisch verwerten läßt«. Furtmüller bezog sich hier auf den im Jahr 1908 von Adler in einer Wiener pädagogischen Zeitschrift publizierten Aufsatz »Das Zärtlichkeitsbedürfnis des

8 Bzgl. der Zitate aus Furtmüllers Referat und der anschließenden Diskussion vgl. *Protokolle* 1977, S. 320–330.

Kindes«. Im Verhältnis der Eltern zueinander und zum Kind liege die Gefahr der »übertriebenen Zärtlichkeit oder eines Zuwenig derselben«.

Etwas unklar sind Furtmüllers Ausführungen über die sexuelle Erziehung zusammengefaßt: »...wahrscheinlich dürfte dieser persönlichste Teil des Menschen sich den Eingriffen des Erziehers entziehen. Wo sich jedoch eine abnorme Entwicklung des Sexualtriebs zeigt, wird nicht ohne weiteres auf einen Eingriff zu verzichten sein; besonders beim Verdrängungsprozeß wird man mit gutem Erfolg psychische Hilfen dem Kinde an die Hand geben. In der Frage der sexuellen Aufklärung... (schließe er sich) dem Standpunkt Adlers an, das Kind nicht früher mit diesen Dingen bekannt zu machen, als es wirklich ein ernstes Bedürfnis danach hat.«

Furtmüllers Vortrag ist deshalb bedeutend, weil er das pädagogische Konzept einer bedeutenden Persönlichkeit in der Geschichte der Individualpsychologie aufzeigt, die ihre pädagogische Ausrichtung gefördert und Adler in diese Richtung stark beeinflußt hat.

Der Vortrag löste eine rege Diskussion aus, in der die Unsicherheit der Gruppenmitglieder über die pädagogischen Konsequenzen der Psychoanalyse zum Ausdruck kam.

Freud betonte, »daß er es immer möglichst vermieden habe, aus unseren Erkenntnissen Schlüsse oder gar Vorschriften für die Erziehung zu schöpfen... würde sich (aber) freuen... einen Aufsatz zu bekommen, der die Eindrücke eines Pädagogen von einem Zusammentreffen mit der Psychoanalyse widerspiegelt. Am heutigen Vortrag konnte man erst eine psychoanalytische Fassade bemerken, hinter der sehr liberale und hoffnungsvolle Ansichten über die Erziehung stecken.«

Furtmüllers Vortrag war neben einem Referat, das Ferenczi zum Thema »Psychoanalyse und Pädagogik« beim Salzburger Kongreß gehalten hatte, die erste Anregung für die Mitglieder der »Mittwoch-Gesellschaft«, das Verhältnis von Psychoanalyse und pädagogischer Praxis zu diskutieren.

Für Elrod (1987b, S. 344) zeigt sich Furtmüller in den Diskussionen »besonnen, diskussionsfreudig, fähig, Spannungen auszuhalten, interessiert an humanen, wissenschaftlich vertretbaren Lösungen der aufgegriffenen Probleme«. In seinen Beiträgen setzt Furtmüller häufig den psychoanalytischen Erklärungen soziologische Begründungen gegenüber. Mehrmals sprach er sich dagegen aus, psychoanalytische Erkenntnisse als Waffen gegen Personen zu verwenden. Am deutlichsten kam dies bei einer Diskussion über Karl Kraus zum Ausdruck. Freud hätte den bekannten Satiriker und Kritiker gerne als »Bundesgenossen«

der Psychoanalyse gesehen. In seinem Kampf für die Trennung von Sittlichkeit und Kriminalität hatte sich Kraus auf Freuds Sexualtheorie berufen. Freuds Bemühungen blieben ohne anhaltenden Erfolg: »Persönliche Differenzen mit dem Freudschüler und Fackel-Mitarbeiter Fritz Wittels gaben... bald Anlaß zur grundsätzlichen Abrechnung, die vornehmlich der Künstleranalyse der Freudschüler und später auch der Praxis der psychoanalytischen Bewegung galt. Gerade der Übergriff der Analytiker auf den – für Kraus unantastbaren – Bereich des Künstlers war ihm Grund für den Bruch mit Freud.«[9]

Ein Baustein für diese Entfremdung war der Vortrag »Die Fackel-Neurose«, den Wittels am 12. Januar 1910 in der Gesellschaft hielt und in dem er Kraus als Neurotiker »entlarvte«. Wittels hatte mit Kraus zusammengearbeitet, sich aber mit ihm überworfen. In dem Vortrag rechnete er mit ihm ab. Auf der Grundlage dieses Referates erschien im selben Jahr ein Roman Wittels' mit dem Titel *Ezechiel, der Zugereiste*, der eine arge Entgleisung gegenüber Karl Kraus darstellte. Kraus wurde zu einem erbitterten Gegner und Verspotter der Psychoanalyse und verzieh ihr bis an sein Lebensende trotz Aussöhnungsbemühungen Freuds nicht. In der Diskussion von Wittels' Referat knüpften viele der Mitglieder an diese Diagnose an. Für Adler war Kraus ein »wildgewordener Spießbürger, dem der Weg zum geeigneten Ausleben abgesperrt wurde«. Joachim wollte Kraus »lieber vom psychiatrischen Standpunkt betrachten«, und für Heller steckte in ihm »ein stark sadistischer Zug« (*Protokolle* 1977, S. 352f.).

Tausk und Freud verteidigten den Wiener Kritiker. Freud meinte, »... wir vergessen zu leicht, daß wir kein Recht haben, die Neurose dort in den Vordergrund zu stellen, wo es sich um eine bedeutende Leistung handelt« (ebda., S. 355).

Auch Furtmüller sah in dem Vortrag eine Gefahr: »Es ist die Frage, ob die Analyse als Dogmengebäude oder als Arbeitsmethode zu betrachten ist. Im heutigen Vortrag ist mehr die erste Auffassung zum Durchbruch gekommen, wodurch das Ergebnis wenig überzeugend ausgefallen ist und vieles vernachlässigt wurde, so daß wir eigentlich in gewissem Sinne zu einer Verkennung dieses Menschen kommen. Ein Mensch wie Kraus kann in der *Presse* keinen Platz finden, auch ohne Neurose« (ebda., S. 356).[10]

Am 12. Januar 1910 wurde von Freud

9 Worbs 1983, S. 10. Über »Karl Kraus und die psychoanalytische Bewegung« vgl. ebda., S. 149ff.

10 Ähnliche Bedenken Furtmüllers gegen die Verwendung der Psychoanalyse als Waffe finden sich auch in der Diskussion über »Erkenntnistheorie und Psychoanalyse« (vgl. *Protokolle* 1977, S. 305).

Dr. David Ernst Oppenheim[11],
Gymnasialprofessor für klassische Sprachen am Akademischen Gymnasium in Wien, zur Aufnahme vorgeschlagen. Auch er verließ die Gruppe 1911 zusammen mit Adlers Anhängern. In seinen Diskussionsbeiträgen bezog sich Oppenheim häufig auf Themen aus der antiken Geschichte und Mythologie. Am liebsten beschäftigte er sich mit Mythen, Träumen und Symbolen. Am 16. Februar 1910 hielt er seinen ersten Vortrag über »Das Feuer als Sexualsymbol«, der jedoch nicht protokolliert ist. Am 20. April 1910 referierte er zum Thema »Der Selbstmord im kindlichen Lebensalter«. Eine Diskussion zum Thema Schülerselbstmord gestaltete er aktiv mit. Als die Veröffentlichung dieser Diskussion diskutiert wurde, wurde er ersucht, ein einleitendes Kapitel zu verfassen. Oppenheim erklärte sich bereit, wollte aber anonym bleiben. Sein Beitrag wurde mit »Unus multorum« unterzeichnet.[12]
1911 verfaßte Oppenheim zusammen mit Freud das Manuskript »Träume im Folklore«, das allerdings erst nach dem Tod beider Verfasser veröffentlicht wurde. Daß das Manuskript 1911 nicht erschien, hängt vermutlich mit Oppenheims Austritt aus der WPV im Oktober 1911 zusammen. Das Rohmaterial für diesen Artikel stammte von Oppenheim, während Freud das Material ordnete, kommentierte und die Einleitung verfaßte.[13]

»Psychischer Hermaphroditismus« (23. Februar 1910)

Die Diskussionsbeiträge Adlers im Herbst 1909 sind von geringer Relevanz. Interessant ist eine Aussage vom 20. Oktober 1909, wonach für die Frage nach den Grundlagen der Neurosen der »Chemismus« eine wachsende Rolle spiele, der in innigem Zusammenhang mit dem Seelenleben stünde. Auf den skeptischen Einwand Tausks erwiderte Adler, daß die »Eindrücke der Außenwelt erst das Blut passieren müßten, um als Empfindung zu erscheinen« (*Protokolle* 1977, S. 252).
Am 10. November 1909 sprach Adler erstmals vom »Gefühl der Minderwertigkeit«. Dies ist ein erster Hinweis auf die grundlegende Umstrukturierung, die sich in den folgenden Monaten in Adlers Theorien vollzog und die einem »Paradigmenwechsel« in Adlers Denken nahe-

11 Zur Biographie Oppenheims vgl. S. 199.
12 Vgl. »Über den Selbstmord, insbesondere den Schülerselbstmord. (Diskussionen der Wiener Psychoanalytischen Vereinigung, Band I)«, Wiesbaden 1910.
13 Vgl. S. Freud, *Gesammelte Werke*, Nachtragsband, Texte aus den Jahren 1885–1938, Frankfurt/M. 1987, S. 576–600, insbesondere die editorische Vorbemerkung auf S. 573 ff.

kommt, sofern man diesen Begriff hier verwenden kann, ohne ihn der Inflation zu unterwerfen. Er führte von der (biologischen) »Organminderwertigkeit« zum (erlebnis-psychologischen) »Minderwertigkeitsgefühl«.

Daß es sich tatsächlich um eine grundsätzliche Umstrukturierung in Adlers Denken handelte, kam klar zum Ausdruck, als Adler am 23. Februar 1910 zum Thema »Psychischer Hermaphroditismus« referierte. Schon zu Beginn seines Vortrags wies Adler darauf hin, daß dieser die heikelsten Punkte des psychoanalytischen Forschungsgebietes berühren werde. Eine inhaltliche Zusammenfassung seiner Ausführungen ist indes nicht einfach, da vieles an seinem Vortrag unklar bleibt. Dies ist offenbar nicht nur auf Ranks Protokollführung zurückzuführen, da diese Unklarheit von mehreren Seiten in der anschließenden Diskussion bemängelt wurde. Der Vortrag wurde im selben Jahr in einer medizinischen Zeitschrift unter dem Titel »Der psychische Hermaphroditismus im Leben und in der Neurose« publiziert (Adler 1910c). Um Adlers Gedankengang besser wiederzugeben, soll im folgenden sowohl aus den *Protokollen* als auch aus diesem Aufsatz zitiert werden.

Im ersten Teil des Vortrags wies Adler darauf hin, daß seine bisherige Auffassung über den Aggressionstrieb unter dem Mangel litt, »daß sie eine biologische war und sich zum lückenlosen Verständnis der neurotischen Erscheinungen nicht eignete. Man muß dazu die Auffassung des Neurotikers berücksichtigen, die höchst individuell ist und die Erscheinungen so wertet, daß man sie nicht biologisch fassen kann, sondern psychologisch fassen muß oder kulturpsychologisch« (*Protokolle* 1977, S. 385).

Mit dieser Bemerkung hat Adler die grundlegende Umstrukturierung in seiner Betrachtungsweise, die für den Ausbau seiner zukünftigen Lehre so bedeutend werden sollte, beschrieben. Gemeint ist die Ablösung der biologischen Sichtweise (Organminderwertigkeit, Aggressionstrieb) durch einen (erlebnis)psychologischen Ansatz (Minderwertigkeitsgefühl, männlicher Protest). Diese Veränderung wurde von Adler auch klar als solche registriert. Sie hat sich also nicht allmählich und unreflektiert vollzogen.

Im weiteren Verlauf seines Referats sprach Adler davon, daß alle Menschen männliche und weibliche Anteile besitzen, wobei der gegengeschlechtliche Teil verkümmert oder sublimiert wird. Diesen Hermaphroditismus rückte er in das Zentrum der Ätiologie der Neurose, wobei er besonders an den psychologischen Wertungen interessiert war. Alles Aktive werde als männlich, alles Passive als weiblich gewertet, das Schwache und Minderwertige werde als weiblich und die Kompensationsanstrengung als männlich erlebt. Adler definierte allerdings weder in seinem Vortrag noch in seinem Aufsatz eindeutig, was unter den Begriffen »männlich« oder »weiblich« zu verstehen sei. Es wird nicht immer klar, ob es sich dabei nur um falsche kindliche Bewertungen, um gängige kulturelle Vorstellungen oder aber um »objektive« biologische Unterschiede handelt. Doch man kann annehmen, daß er vor allem die kindlichen Wertungen im Sinne hatte. Dies geht auch aus der Zusammenfassung seines Referates hervor, in der er sagt: »Die infantile Auffassung drängt das Kind, alles Minderwertige als unmännlich anzusehen und als weiblich aufzufassen« (ebda., S. 388).

Der Vortrag, dem eine Schlüsselstellung in Adlers Theorienentwicklung zukommt, ist möglicherweise deshalb so unklar und verwirrend, weil Adler die neue Theorie zu diesem Zeitpunkt noch nicht klar artikulieren konnte. Verwirrend ist auch die Einführung eines neuen Schlüsselbegriffs. Ellenberger (1973, S. 844) berichtet, daß Adlers Konzept vom »männlichen Protest« auch aus seinem Zusammenleben mit seiner emanzipierten und politisch radikalen Ehefrau Raissa hervorging. Wieweit diese Anekdote eine reale Basis besitzt, ist schwer zu entscheiden. Jedenfalls berichtet auch Bottome, die das Ehepaar Adler gut kannte, von Schwierigkeiten, die sich aus Raissas unabhängigem und emanzipiertem Auftreten ergaben.

Der Begriff »männlicher Protest« taucht erstmals beim Versuch auf, den Aggressionstrieb erlebnispsychologisch zu beschreiben. Er erwies sich bald als besonders unglückliche Formulierung, da er durch seine Mißverständlichkeit immer einer näheren Erläuterung bedarf. Adler verstand später darunter die Kompensationsanstrengung, die Überwindung minderwertiger, weiblich erlebter Anteile – einen Protest, ein Bemühen hin zum männlichen Ideal. In seinem Vortrag sprach Adler noch vom »Protest des Männlichen«, aber auch hier in einer Form, aus der nicht klar hervorging, ob das, was für Männer als gültig postuliert wurde, in gleicher Weise auch für Frauen gilt.

Der Aufsatz beginnt mit Adlers Beobachtung, daß bei fast allen Neurotikern »körperliche Erscheinungen des gegensätzlichen Geschlechts« zu finden seien. »Diese objektiven Erscheinungen geben vielfach Anlaß zu einem subjektiven Gefühl der Minderwertigkeit« (Adler 1910c, S. 487). Dieses Minderwertigkeitsgefühl sei häufig eine Folge zu autoritärer Erziehung, die die Kinder in eine Rolle drücke, »die ihnen unmännlich erscheint. Alle Neurotiker haben eine Kindheit hinter sich, in der sich der Zweifel in ihnen regt, ob sie zur vollen Männlichkeit gelangen könnten.«

Daraus ergäben sich dann kindliche Wertungen, »nach welchen jede

Form der ungehemmten Aggression, der Aktivität, des Könnens, der Macht, mutig, frei, reich, angreifend, sadistisch als männlich, alle Hemmungen und Mängel (auch Feigheit, Gehorsam, Armut usw.) als weiblich aufgefaßt werden« (ebda., S. 487 f.).
Die Entstehung einer Neurose leitete Adler nun nicht mehr allein aus einer Organminderwertigkeit ab, sondern aus mehreren Faktoren:
»Das Gefühl der Minderwertigkeit peitscht... das Triebleben, steigert die Wünsche ins Ungemessene, ruft die Überempfindlichkeit hervor und erzeugt eine Gier nach Befriedigung, die keine Anpassung verträgt... In dieser hypertrophischen Gier, der Sucht nach Erfolg, in dem sich toll gebärdenden männlichen Protest liegt der Keim des Mißerfolges, allerdings auch die Prädestination zu den genialen und künstlerischen Leistungen. Die Neurose setzt nun ein durch das Scheitern des männlichen Protestes auf einer Hauptlinie« (ebda., S. 490).
Als therapeutisches Vorgehen empfahl Adler, »diese Dynamik aufzudecken und bewußtzumachen. Damit verschwindet die Hypertrophie der ›weiblichen und männlichen Züge‹, die kindliche Wertung macht einer gereiften Weltanschauung Platz. Die Überempfindlichkeit weicht, und der Patient lernt die Anspannungen der Außenwelt ertragen, ohne das Gleichgewicht zu verlieren. Er, der früher ein Spielball dunkler, unbewußter Regungen war, wird zum bewußten Beherrscher oder Dulder seiner Gefühle« (ebda., S. 493).
Die Diskussion nach Adlers Vortrag erweckt den Eindruck einer gewissen Ratlosigkeit. Tausk, Furtmüller und Oppenheim bezweifelten, daß es Kriterien gäbe, anhand derer man entscheiden könne, was im psychologischen Sinne männlich und was weiblich sei.
Federn meinte, »man könne eigentlich jedem Satz zustimmen und doch ein Fragezeichen dazu machen«. Er wertete den Vortrag Adlers als Versuch, die Minderwertigkeitslehre in der Neurosenentwicklung auszubauen, kritisierte aber mangelnde Unterscheidungen. Das regelmäßige und stärkere Vorhandensein des Hermaphroditismus bei Neurotikern sah er als keine neue Beobachtung an:
»Er selbst habe noch nicht gefunden, daß (ein) Patient alles, was er fehlerhaft empfindet, als weiblich auffaßt, und es ist die Frage, ob Adler nicht übertreibt, wenn er das bisexuelle Moment in den Mittelpunkt stellt. Es gibt Hysteriker, die es ohne jede Minderwertigkeit werden. Die Bisexualität kann, wie so vieles andere, ein begünstigendes Moment sein, ins Zentrum der Neurosenlehre gehört sie nicht« (*Protokolle* 1977, S. 389).
Sadger kritisierte an dem Vortrag, daß Adlers Neigung zu theoretisieren in den Vordergrund getreten sei. Jekels hingegen sah in seinen Aus-

führungen »eine logisch unanfechtbare und konsequente Fortsetzung der Ansichten über die Bedeutung des Aggressionstriebs und der Organminderwertigkeitslehre«.
Steiner wies darauf hin, daß die Begriffe männlich und weiblich »keine Gegensätze seien, sondern Komplementärbegriffe. Das Gegenteil von männlich wäre infantil« (ebda., S. 391).
Freud fand wie immer in Adlers Vorträgen »eine Summe von scharfsinnigen, begrifflich gut geschiedenen und vor allem die Tatsachen in ein scharfes Licht rückenden Bemerkungen«, bemängelte aber, daß Adler die Gabe versagt sei, anderen die Einfühlung in seine Gedanken zu erleichtern. Er fand es »bemerkenswert, daß drei eigentlich nicht psychoanalytisch eingestellte Redner, Tausk, Oppenheim und Furtmüller, das Entscheidende hervorgehoben haben: daß wir auf dem Gebiete der Psychologie nicht wissen, was wir männlich und was wir weiblich zu nennen haben... die Begriffe männlich und weiblich (taugen) in der Psychologie nichts, und wir bedienen uns mit Rücksicht auf die Ergebnisse der Neurosenpsychologie besser der Begriffe Libido und Verdrängung. Alles, was libidinös ist, hat männlichen, was Verdrängung ist, weiblichen Charakter. Psychologisch können wir nur darstellen den Charakter der Aktivität und Passivität« (ebda., S. 391 f.).
Freud sprach sich dagegen aus, den Kern des Neurosenproblems mit dem Hermaphroditismus zu verbinden. Adlers neue Begriffe lehnte er wegen des Verlustes an Klarheit ab.
In seinem Schlußwort kündigte Adler an, daß er beim Nürnberger Kongreß seine Theorie noch näher ausführen wolle. Aufhorchen läßt die Bemerkung: »Auf das wichtigste im Vortrag übergangene Problem kann er auch jetzt nicht eingehen, hebe jedoch den festen Eindruck hervor, daß das Inzestproblem nur eine sekundäre Erscheinung ist und sich auf diesen Grundlagen aufbaut« (ebda., S. 394).
Adler verwendet zwar den Begriff »Hermaphroditismus« und vermeidet damit den gebräuchlicheren Ausdruck »Bisexualität«, daß er diese aber ins Zentrum der Neurosenätiologie rückt, läßt nach Einflüssen fragen. Er selbst erwähnte zu Beginn seines Referates u. a. Wilhelm Fließ, Hermann Swoboda und Otto Weininger. Adlers Aussagen erinnern in der Tat an Fließ, der von der überragenden Bedeutung der Bisexualität der Menschen überzeugt war. Der Begriff wurde vor allem durch Otto Weiningers Buch *Geschlecht und Charakter* (1903) allgemein bekannt, das trotz seines dubiosen Inhalts einen ungeheuren öffentlichen Erfolg hatte. Es wäre interessant, der Frage nachzugehen, inwieweit Adler von den Schriften Fließ' und Weiningers direkt angeregt wurde. Für Freud war der Begriff »Bisexualität«, der eine bedeu-

tende Rolle in seiner Theorie der Psychosexualität spielte, allerdings aus persönlichen Gründen ambivalent besetzt. 1906 war es zu einer Plagiatsaffäre gekommen, in der Fließ Freud beschuldigte, daß er Weininger über einen seiner Patienten (Hermann Swoboda) die von ihm entdeckte Bisexualität übermittelt habe. Ohne näher auf die »Fließ-Affäre« eingehen zu wollen[14], sei festgehalten, daß der Begriff »Bisexualität« bei Freud alte Wunden (Freundschaft und Bruch mit Wilhelm Fließ, Plagiatsaffäre) berührte.

Adlers Referat dürfte Freuds Einstellung zu ihm verändert haben. Drei Wochen vorher hatte er an Jung, der ihn um Beiträge für das *Jahrbuch* ersucht hatte, geschrieben: »Meine Wiener werde ich von Ihrem Aufruf verständigen. Ich beschäftige mich meist damit, sie zurückzuhalten. Nur Adler kann man zensurfrei, wenn auch nicht kritikfrei nehmen.« (Freud/Jung 1974, S. 321).

Zwei Wochen nach dem Referat hingegen schrieb er: »von den Vorträgen möchte ich Sie bitten, die ketzerischen wie Adler... nicht in die erste Reihe zu rücken, sie würden die Stimmung verderben« (ebda., S. 332). Freud bezog sich dabei auf Adlers Vortrag über den psychischen Hermaphroditismus.

Adler konnte in seinem Vortrag noch keine klare Vorstellung von seinen neuen Theorien vermitteln. Neu ist die erlebnispsychologische Sichtweise und das Auftauchen der Begriffe »männlich/weiblich« und »männlicher Protest«.

Holtz (1981, S. 27ff.) hat die Bedeutung dieses Vortrags für den weiteren Ausbau der Adlerschen Neurosenlehre detailliert dargelegt. Auch er hat darauf verwiesen, daß die Sexualität als grundlegender Faktor des Seelenlebens und als Ursache der Neurose noch weiter in den Hintergrund geraten ist und Adlers Auffassungen spätestens ab diesem Zeitpunkt nicht mehr in Freuds Konzept integriert werden konnten.

Der Nürnberger Kongreß und seine Folgen

Am 30. und 31. März 1910 fand in Nürnberg ein zweiter psychoanalytischer Kongreß statt, bei dem die »Internationale Psychoanalytische Vereinigung« (IPV) gegründet wurde. An diesem Kongreß entluden sich die rivalisierenden Spannungen zwischen Wien und Zürich. Freud beabsichtigte die Aufwertung Zürichs und die Installierung Jungs an der Spitze der psychoanalytischen Bewegung.

14 Vgl. z. B. kurze Zusammenfassungen bei Brome 1967, S. 18ff., und Worbs 1983, S. 154ff.

Nach Jahren der Isolation und Anfeindung war es für Freud eine große Genugtuung, als ihm Jung im Jahr 1906 schrieb, daß die Psychoanalyse in Zürich auf fruchtbaren Boden gefallen war. Jung war es gelungen, seinen Chef Eugen Bleuler, der Universitätsprofessor, Leiter der Züricher Nervenklinik Burghölzli und einer der wichtigsten Vertreter der damaligen Psychiatrie war, für die Psychoanalyse zu gewinnen. Freud erhoffte sich nun, daß die Psychoanalyse über Bleuler und seine Züricher Mitarbeiter innovativen Eingang in die Psychiatrie finden könnte. Bedeutend für ihn war auch, daß Jung und Bleuler Nichtjuden waren, denn er war über die Anfeindung der Psychoanalyse als »jüdische Wissenschaft« zunehmend besorgt. In einem Brief an Karl Abraham vom 26. 12. 1908 bezieht sich Freud auf die Züricher und schreibt: »Unsere arischen Genossen sind uns doch ganz unentbehrlich, sonst verfiele die Psychoanalyse dem Antisemitismus« (Abraham / Freud 1965, S. 73).
Als sich Bleuler zierte, das internationale Zugpferd zu spielen, verlagerten sich Freuds Hoffnungen auf dessen Oberarzt Carl Gustav Jung. Dieser berichtet, daß es ihm anfangs nicht leichtgefallen sei, sich auf Freud einzulassen:
»Als ich mit seinem Werk bekannt wurde, lag eine akademische Laufbahn vor mir, und ich stand vor dem Abschluß einer Arbeit, die mich an der Universität vorwärtsbringen sollte. Freud war aber in der akademischen Welt jener Zeit ausgesprochen persona non grata, und die Beziehung zu ihm war daher jedem wissenschaftlichen Ruf abträglich. Die ›wichtigen Leute‹ erwähnten ihn höchstens verstohlen, und bei den Kongressen wurde er nur in den Couloirs diskutiert, niemals im Plenum. So war es mir keinesfalls angenehm, daß ich die Übereinstimmung meiner Assoziationsversuche mit Freuds Theorien feststellen mußte« (Jung 1962, S. 152).
Jung hatte Freud ein Exemplar seiner Assoziationsversuche im Frühjahr 1906 geschickt. Im Februar 1907 kam es in Wien zur ersten Begegnung der beiden Männer. Nach Jung (ebda., S. 153 f.) hätten sie dreizehn Stunden lang pausenlos miteinander gesprochen:
»Freud war der erste wirklich bedeutende Mann, dem ich begegnete. Kein anderer Mensch in meiner damaligen Erfahrung konnte sich mit ihm messen. In seiner Einstellung gab es nichts Triviales. Ich fand ihn außerordentlich intelligent, scharfsinnig und in jeder Beziehung bemerkenswert.«
Ein weiterer Grund sprach für Zürich, nämlich das Vorurteil, daß die Psychoanalyse nur im leichtlebigen und sinnenfrohen Wien habe entstehen können. Hinter diesem Stereotyp verbargen sich ebenfalls antisemitische Töne. Freud (1914, S. 175) hat auf den Vorwurf, die Psycho-

analyse sei lediglich eine theoretische Projektion der besonderen Wiener Verhältnisse, also jener Atmosphäre von Sinnlichkeit und Unsittlichkeit, wie sie anderen Städten fremd sei, folgendes erwidert:
»Ich bin wahrhaft kein Lokalpatriot, aber diese Theorie ist mir immer ganz besonders unsinnig erschienen, so unsinnig, daß ich manchmal geneigt war anzunehmen, der Vorwurf des Wienertums sei nur eine euphemistische Vertretung für einen anderen, den man nicht gern öffentlich vorbringen wolle. Wenn die Voraussetzungen die gegensätzlichen wären, dann ließe sich die Sache hören. Angenommen, es gäbe eine Stadt, deren Bewohner sich besondere Einschränkungen in der sexuellen Befriedigung auferlegten und gleichzeitig eine besondere Neigung zu schweren neurotischen Erkrankungen zeigten, dann wäre diese Stadt allerdings der Boden, auf dem ein Beobachter den Einfall bekommen könnte, diese beiden Tatsachen miteinander zu verknüpfen und die eine aus der anderen abzuleiten. Nun trifft keine der beiden Voraussetzungen für Wien zu. Die Wiener sind weder abstinenter noch nervöser als andere Großstädter. Die Geschlechtsbeziehungen sind etwas unbefangener, die Prüderie ist geringer als in den auf ihre Keuschheit stolzen Städten des Westens und Nordens. Diese wienerischen Eigentümlichkeiten müßten den angenommenen Beobachter eher in die Irre führen als ihn über die Verursachung der Neurosen aufklären.«
Die Hartnäckigkeit und die Untertöne dieses unsinnigen Vorwurfes, der sich nicht gegen Freud den Wiener, sondern gegen Freud den Juden richtete, erhöhten für diesen die Attraktivität Zürichs als Sitz der Internationalen Psychoanalyse.
Die Rivalität zwischen den Gruppen in Wien und Zürich wurde durch Freuds Favorisierung der Schweizer angeheizt. Diese fühlten sich als gutausgebildete Psychiater den Wiener Analytikern fachlich überlegen. Der Schweizer Psychiater Ludwig Binswanger (1956, S. 15) nahm Anfang 1910 an einer Sitzung der »Mittwoch-Gesellschaft« teil und übte Kritik: »Mir fiel hierbei der Mangel an psychiatrischer Schulung bei den meisten Teilnehmern auf, und zwar schon hinsichtlich der Nomenklatur.«
Nach dem Nürnberger Kongreß lehnte er die Mitarbeit am neugegründeten *Zentralblatt für Psychoanalyse* zunächst »aus Abneigung gegen eine Zusammenarbeit mit dem ›unwissenschaftlichen‹ Stekel ab«, nahm sie dann aber mit Rücksicht auf Freud als Herausgeber doch an (ebda., S. 34).
Die Schweizer kritisierten die »Wiener Deuterei«, wofür vor allem Stekel stand. Diese, verstanden als schematische und überzogene Deutung von Sexualsymbolen, stand freilich bei manchen der Wiener Analytiker

hoch im Kurs. So beschwerte sich Jung am 8.11.1909 in einem Brief an Freud über Stekel:

»Wer Stekel gelesen hat, hat gewöhnlich eine geringe Schätzung unserer Arbeitsleistung, von anderm ganz zu schweigen. Stekel drängt auch förmlich in die Richtung der Deutelei, was ich hier an meinen Schülern des öfteren sehen kann. Man verzichtet auf die Analyse und sagt: ›Das ist...‹. Außer den gewöhnlichen Feld-, Wald- und Wiesenwiderständen muß ich jetzt auch öfters Stekel in den Köpfen austreiben. Ich möchte ihn aber durchaus nicht absägen; seine Arbeit fürs ›Jahrbuch‹ enthält wieder erstaunlich richtige Dinge. Um seiner Funde willen ist er kostbar, aber für das Publikum deletär« (Freud/Jung 1974, S. 284).

Freuds Antwort am 11.11.1909 fällt noch herrischer aus:

»Stekel plant ein Traumsymbolwörterbuch, das bei seiner Rapidität bald vorliegen dürfte. In der Kritik dieser Produktion haben wir Gelegenheit, ihm öffentlich unsere Meinung zu sagen. Ich schlage Ihnen vor, daß wir uns in die Aufgabe dieser Kritik teilen, Sie den Wienern, ich den Zürichern auf die Finger schlage, wo sie uns mit selbständigen Leistungen kommen. Diese Kritiken sollen den Ausdruck unserer höchst persönlichen Überzeugungen enthalten; es ist ein Versuch der literarischen Diktatur, aber die Leute sind unverläßlich und können es nicht entbehren, gegängelt zu werden. Ich ärgere mich übrigens über meine Wiener jetzt so oft, daß ich Ihnen gelegentlich einen einzigen Hintern wünsche, um sie mit einem Stecken alle auszuklopfen« (ebda., S. 286).

Die Fehlleistung (›Ihnen‹) wurde von Freud zwar bemerkt und rationalisierend kommentiert, erscheint aber aus heutiger Sicht sehr bezeichnend hinsichtlich der Illusionen, die sich Freud über Jungs Rolle in der Psychoanalyse machte. Freud jedenfalls beklagte sich wiederholt bei den Schweizern über seine Wiener Mitarbeiter. Er spottete gegenüber Jung über ihre Mittelmäßigkeit, und Binswanger hielt er nach einer Sitzung der »Mittwoch-Gesellschaft« mit der Frage zurück: »So, haben Sie jetzt diese Bande gesehen?« (Binswanger 1956, S. 13). Daß diese Ressentiments Freuds echt und nicht nur Ausdruck der Politik der Psychoanalyse waren, in der es galt, die Schweizer zu halten, geht aus verschiedenen Briefen hervor. An Ferenczi schrieb er am 3.4.1910: »Die persönlichen Verhältnisse sind bei den Zürichern überhaupt viel respektabler als in Wien, wo man sich oft fragt, wo der veredelnde Einfluß der Ps.A. auf ihre Bekenner eigentlich geblieben ist« (Jones 1962/2, S. 93).

Über die Funktion des Nürnberger Kongresses schreibt Brome (1969, S. 54):

»Es sah so aus, als habe Freud auf der Nürnberger Konferenz die Aufmerksamkeit auf eine von Jung geleitete bekanntere internationale Gesellschaft lenken wollen, während er sich geschickt von den nun lästig gewordenen Bohemeanhängern frei machte, deren persönliche Unzulänglichkeiten gar zu klar zu erkennen waren.«

Wittels (1924, S. 119) sah das noch zynischer: »Diese internationale Ausbreitung tröstete über die vollkommene Finsternis in den Wiener Gehirnen.«

Die Wiener Schüler waren eifersüchtig auf die Schweizer, warfen ihnen vor, sich nur oberflächlich auf die Psychoanalyse eingelassen zu haben und hielten sich zugute, die eigentlichen Pioniere der psychoanalytischen Bewegung zu sein. Diese Sichtweise war nicht ganz unberechtigt und wurde durch Jungs späteren Bruch mit Freud auch bestätigt. Wittels (1924, S. 213) brachte sie auf folgenden Punkt:

»Wenn Freud schärfer hingehorcht hätte, so wäre ihm schon an der Anfeindung Stekels durch die Schweizer aufgefallen, daß sie auf den Schüler schlugen und den Meister meinten.«

Jones (1959, S. 167) sah in Jungs Abneigung gegen die Wiener dessen Antisemitismus am Werk. Jung hatte ihm in Zürich geklagt, wie schade es sei, daß Freud in Wien keinen einzigen bedeutenden Anhänger hätte und daß er von einem »degenerierten« Künstlerhaufen umgeben sei. Jones fand bald heraus, daß Jungs Schilderung – mild gesagt – eingefärbt war, denn in der Wiener Gruppe fand er keinen der von Jung imaginierten Maler und Dichter, sondern mehrheitlich durchaus kultivierte und angesehene praktizierende Ärzte. Daß ihre Mäntel weiter flatterten und ihre Hüte breiter waren als jene, die man in Zürich, London oder Berlin trug, sah Jones als Ausdruck der Wiener Mode. Freilich waren fast alle Wiener Mitglieder Juden, und Jones führte daher Jungs Abneigung nach all seinen Erfahrungen auf seinen Antisemitismus zurück.

Freud war Jung gegenüber nahezu blind. Er setzte in ihn alle seine Hoffnungen für die Zukunft der Psychoanalyse. Dies geht aus zahlreichen Äußerungen hervor. Am 14. 3. 1911 etwa schrieb er an Binswanger (1956, S. 42):

»Wenn das von mir gegründete Reich verwaist, soll kein anderer als Jung das Ganze erben. Sie sehen, meine Politik verfolgt dieses Ziel unausgesetzt und mein Verhalten gegen Stekel und Adler fügt sich in dasselbe System ein.«

Rückblickend beschrieb und rechtfertigte Freud (1914, S. 177ff.) die Motive für sein Vorgehen beim Nürnberger Kongreß damit, daß er »unter dem Eindruck der Aufnahme in Amerika, der steigenden Anfeindung in den deutschen Ländern und der ungeahnten Verstärkung

durch den Zuzug der Züricher« zum Entschluß gelangt sei, »die psychoanalytische Bewegung zu organisieren, ihren Mittelpunkt nach Zürich zu verlegen und ihr ein Oberhaupt zu geben... Ich urteilte, daß der Zusammenhang mit Wien keine Empfehlung, sondern ein Hemmnis für die junge Bewegung wäre. Ein Ort wie Zürich, im Herzen von Europa, an welchem der akademische Lehrer sein Institut der Psychoanalyse geöffnet hatte, erschien mir weit aussichtsvoller... Ich wollte... mich ebenso in den Hintergrund rücken wie die Stadt, von der die Psychoanalyse ausgegangen war. Auch war ich nicht mehr jugendlich, sah einen langen Weg vor mir und empfand es als drückend, daß mir in so späten Jahren die Verpflichtung, Führer zu sein, zugefallen war. Ein Oberhaupt, meinte ich aber, müsse es geben... Dies konnte nur C. G. Jung sein, denn Bleuler war mein Altersgenosse, für Jung sprachen aber seine hervorragende Begabung, die Beiträge zur Analyse, die er bereits geleistet hatte, seine unabhängige Stellung und der Eindruck von sicherer Energie, den sein Wesen machte. Er schien überdies bereit, in freundschaftliche Beziehungen zu mir zu treten und mir zuliebe Rassenvorurteile aufzugeben, die er sich bis dahin gestattet hatte. Ich ahnte damals nicht, daß diese Wahl trotz aller aufgezählten Vorzüge eine sehr unglückliche war, daß sie eine Person getroffen hatte, welche, unfähig, die Autorität eines anderen zu ertragen, noch weniger geeignet war, selbst eine Autorität zu bilden, und deren Energie in der rücksichtslosen Verfolgung der eigenen Interessen aufging. Die Form einer offiziellen Vereinigung hielt ich für notwendig, weil ich den Mißbrauch fürchtete, welcher sich der Psychoanalyse bemächtigen würde, sobald sie einmal in die Popularität geriete. Es sollte dann eine Stelle geben, welcher die Erklärung zustände: Mit all dem Unsinn hat die Analyse nichts zu tun, das ist nicht die Psychoanalyse.«
Der inhaltliche Teil des Nürnberger Kongresses, eine Reihe interessanter Referate, geriet völlig in den Hintergrund, weil sich um die Art der internationalen Organisierung der Psychoanalyse heftige Kontroversen entfachten.
Wittels (1924, S. 121 f.) meint, daß Freud, Jung und Ferenczi »die Notwendigkeit einer straffen Organisation der Psychoanalyse besprachen. Freud hörte auf, die Psychoanalyse rein als Wissenschaft zu betreiben; die Politik der Psychoanalyse beginnt. Die drei Herren beschlossen, fest und treu zusammenzuhalten und die Lehre vor allen Gefahren zu bewahren. Die eine Gefahr war die der Verflachung und des Mißverständnisses, wie sie jeder wissenschaftlichen Richtung droht, die populär wird. Die andere Gefahr sah insbesondere Jung in den Arbeiten der Wiener Schüler Freuds, in der Wiener ›Deuterei‹. Wenn man von Wie-

ner Schülern sprach, so waren damals vornehmlich Adler und Stekel gemeint, in zweiter Linie Sadger und die andern... Freud selbst, der wissen mußte, daß gerade die Wiener Schüler mit ihrem Herzblut bei der Sache waren, begab sich damals in eine merkwürdige Abhängigkeit von Jung. Wir sahen sein Antlitz glänzen, wenn er von ihm sprach.«
Freud hatte Ferenczi beauftragt, dem Kongreß entsprechende Vorschläge zu unterbreiten, und dieser bewies wenig Feinfühligkeit. Er sprach davon, daß die Wiener Analytiker den Zürichern unterlegen seien, und goß damit Öl ins Feuer der bereits bestehenden Rivalität. Ferenczi meinte, man solle die Verwaltung nach Zürich verlegen. Er schlug nicht nur die Ernennung Jungs zum Präsidenten auf Lebenszeit vor, sondern wollte ihm auch das Recht einräumen, alle vorgelegten Artikel zu prüfen und über ihre Veröffentlichung zu entscheiden. Jung sollte also zu einem internationalen Zensor ernannt werden.
Nach Ferenczis Vorschlag brach ein Proteststurm aus. Stekel sprach ausführlich gegen diese Vorschläge, und nach ihm ergriff Adler das Wort. Nach Freud (1914, S. 179f.) sprach Adler »in leidenschaftlicher Erregung die Befürchtung aus, daß eine ›Zensur und Einschränkung der wissenschaftlichen Freiheit‹ beabsichtigt sei«. Brome (1969, S. 51) schreibt ohne nähere Quellenangabe, daß Adler so heftig wurde, daß er »bei einem Punkt fast an den eigenen Worten erstickte«. Die Diskussion erhitzte sich so stark, daß die Versammlung vom Vorsitzenden aufgehoben und auf den nächsten Tag verlegt wurde.
Wittels (1924, S. 123) kommentierte die Ereignisse so: »Man kann sich denken, daß die ahnungslosen Wiener... von diesem Antrag in höchstem Grade befremdet waren. Ich weiß nicht, ob außerhalb der katholischen Ordensorganisation etwas derartiges jemals ausgedacht worden ist. Eine junge aufblühende Wissenschaft unter der Kontrolle eines einzigen jungen Herrn, der nicht ihr Begründer war und erst vor wenigen Jahren ihre Bekanntschaft gemacht hatte... keine Erklärung wird uns darüber hinwegbringen, daß die psychoanalytische Politik mit einem Gewaltstreich begann, der allerdings durch die energische Opposition der Wiener sogleich an Ort und Stelle abgewehrt wurde.«
Stekel berichtet von einem Geheimtreffen aller Wiener Kollegen, das er organisierte und bei dem Freud überraschend auftauchte und dringend um Unterstützung der Vorschläge Ferenczis bat. Brome (1969, S. 51) hat Stekels Angaben übersetzt und zusammengefaßt: »Seinem eigenen Bericht zufolge arrangierte Stekel ein ›Geheimtreffen‹ aller Wiener Kollegen... und hielt eine erregende politische Ansprache... Jahrelang, sagte er, hatten die Wiener die Opposition in Schach gehalten, Freud

verteidigt und für sein Ansehen gekämpft, und nun habe dieser kleine Ferenczi die erstaunliche Frechheit, vorzuschlagen, man solle die Leitung in die Hände eines Neuen legen, in die Jungs in Zürich, der von den Härten der Pionierarbeit gar keine Ahnung habe. Das sei empörend. Sollten sie von Zürichs Gnaden abhängig sein? Die Antwort kam von allen Anwesenden zugleich: ›Nein!‹ ›Plötzlich öffnete sich die Tür und da stand Freud. In höchster Erregung bat er sie, Ferenczis Vorschlag ihre Zustimmung nicht zu verweigern. Er kündigte schlechte Zeiten und harten Widerstand der offiziellen Wissenschaft an. Seinen Rock zurückwerfend rief er: Meine Feinde wären froh, mich verhungern zu sehen; sie würden mir am liebsten den Rock vom Leibe reißen. Aus seinen Augen strömten Tränen: Ein anerkannter Psychiater und Nichtjude muß die Bewegung führen, sagte er.‹ Und Stekel fügte hinzu: ›Er sah das Anwachsen des Antisemitismus voraus.‹«

Dieselbe Szene hat Wittels (1924, S. 124) so beschrieben: »Auf einmal erschien Freud uneingeladen unter ihnen. Er war in großer Erregung, wie ich ihn niemals gesehen habe, und sagte: ›Ihr seid zum größten Teile Juden und deshalb nicht geeignet, der neuen Lehre Freunde zu erwerben. Juden müssen sich bescheiden, Kulturdünger zu sein. Ich muß den Anschluß an die Wissenschaft finden; bin alt, will nicht immer nur angefeindet werden. Wir alle sind in Gefahr.‹ Er faßte seinen Schlußrock beim Revers: ›Nicht einmal diesen Rock wird man mir lassen‹, sagte er. ›Die Schweizer werden uns retten. Mich und Sie alle.‹«

Nach Stekel (1950, S. 129) kam es noch zu einer langen, zähen Diskussion mit Freud. Schließlich schlug dieser einen Kompromiß vor, der am nächsten Tag vom Plenum angenommen wurde. Der Präsident würde demnach immer nur auf zwei Jahre gewählt werden, und der Sitz der Vereinigung sollte der jeweilige Wohnort des Präsidenten sein. Er sollte überdies keine Zensurgewalt erhalten. Auch wenn die Wiener, wie Klemperer (1952, S. 38) berichtet, am liebsten Adler, Stekel oder Hitschmann als Präsidenten gesehen hätten, wurde Jung unter diesen Bedingungen ins Präsidentenamt gewählt.

Der Nürnberger Kongreß markiert einen Wendepunkt in der Geschichte der Psychoanalyse. Er ist das wichtigste Ereignis auf dem Weg zur Institutionalisierung der psychoanalytischen Bewegung. Diese Einschätzung fällt aus historischer Perspektive leicht, aber Freud sah dies bereits damals so. In einem Brief vom 3. 4. 1910 an Ferenczi schreibt er:

»Mit dem Nürnberger Reichstag schließt die Kindheit unserer Bewegung ab; das ist mein Eindruck. Ich hoffe, jetzt kommt eine reiche und schöne Jugendzeit« (Jones 1962/2, S. 93).

Aus Freuds Briefen der kommenden Jahre geht hervor, daß er sich immer intensiver mit Fragen der Institutionalisierung der Psychoanalyse befaßte.
Die an den Kongreß anschließenden Zusammenkünfte der »Mittwoch-Gesellschaft« standen ganz unter dem Zeichen dieser Ereignisse. Freud eröffnete die Sitzung vom 6. April 1910 mit einem Rückblick auf den Kongreß und meinte, daß nun eine neue Periode des Vereinslebens beginne. Es gelte nun, sich »einzureihen in die Gesamtvereinigung und in der Konkurrenz mit den anderen Ortsgruppen zu bestehen« (*Protokolle* 1977, S. 422). Es ginge nicht mehr an, daß die Mitglieder lediglich seine Gäste seien, der Verein müßte sich auch in Wien konstituieren. Zur Wahl des Vorsitzenden schlug er Adler vor. Warum er auf Adler kam, geht aus dem Brief an Ferenczi vom 3. 4. 1910 hervor:
»Die Führerschaft werde ich Adler übertragen, nicht aus Neigung oder Befriedigung, sondern weil er doch die einzige Persönlichkeit ist und weil in dieser Stellung er möglicherweise genötigt wird, den gemeinsamen Boden mitzuvertheidigen« (Jones 1962/2, S. 92).
An seine Ausführungen im Wiener Verein knüpfte Freud abschließend noch zwei persönliche Wünsche. Die Beziehungen in der Gruppe sollten sich bessern und ein Gegensatz zwischen Wien und den anderen Zentren vermieden werden, auch hier wünschte er sich ein gutes persönliches Einvernehmen.
Abschließend nahm Adler aus seiner Sicht zu den Ereignissen am Kongreß Stellung. Dort habe die Wiener Schule versucht, die Härten von Ferenczis Elaborat zu eliminieren, »was ihr auch zum größten Teil gelungen sei, so daß man heute davon reden könne, daß wir nunmehr einem Verein angehören, der in einer freien Wahl von gleichgestellten Mitgliedern sich seinen Präsidenten wählt wie jeder andere Verein« (*Protokolle* 1977, S. 424).
Er bezeichnete es als einen Fortschritt, daß nun allgemein die Notwendigkeit eines Zusammenschlusses anerkannt wurde, und machte den Vorschlag, die Abgeschlossenheit aufzugeben und zu versuchen, »... geeignete Personen in unsere Versammlung zu bringen und an der Mitarbeit teilnehmen zu lassen. Mit der Vergrößerung der Zahl, der Verstärkung unserer Leistungsfähigkeit, wird auch unser Einfluß in der Ärzteschaft und in der Gesellschaft eine Zunahme erfahren. Die Durchführung dieses Punktes wird mit manchen unserer lieben Gewohnheiten in Kollision geraten. Vor allem müssen wir für ein geeignetes Lokal Sorge tragen« (ebda.).
Auch hier wird Adlers Bestreben sichtbar, die Gruppe zu öffnen. Tausk und Wittels äußerten ihre Betrübnis über die neue Entwicklung. Wit-

tels meinte: »Wir waren bis jetzt so ziemlich das Gegenteil von einem Verein, und das Traurige ist, daß wir eben jetzt ein Verein werden sollen« (ebda., S. 428). Nicht ohne Polemik fragte er, wie man die neuen Mitglieder »prüfen soll, um zu verhindern, daß solche hineinkommen, die nur äußerlich dazugehören wie die Schweizer«.

Auch andere Mitglieder äußerten Bedenken gegen eine Erweiterung des Kreises. Furtmüller unterstützte Adlers Vorschlag und sah keine Gefahr darin, »daß bei Erweiterung des Vereins die Plebs hineinkommen könnte, welche dann die Lehre in verzerrter Form verbreiten wird. So sei es allen großen Gedanken geschehen, die sich nur auf einem solchen Umweg überhaupt durchsetzen konnten« (ebda.).

Das Protokoll dieser Sitzung ist in vielerlei Hinsicht aufschlußreich. Es kommt zu offenen Aussprachen über verschiedene Probleme, etwa die Rivalität mit Zürich, die von einigen Mitgliedern bemerkte Reserviertheit Freuds gegenüber den Wienern, das Selbstverständnis der Wiener Mitglieder usw. Es soll darauf nicht näher eingegangen werden, sondern nur beispielhaft eine Wortmeldung von Wittels zitiert werden, in der er polemisch zu den Zürichern Stellung nimmt – und im historischen Rückblick nicht ganz unrecht behält:

»Die Züricher werden in der Klinik zu Freudianern herangebildet und würden wahrscheinlich auch jede andere Lehre mit derselben Biederkeit und demselben larmoyanten Ton vertreten. Die Wiener Gesellschaft dagegen ist historisch gewachsen, und jeder von uns hat die Neurose, die notwendig ist zum Eintritt in die Freudschen Lehren; ob die Schweizer das haben, sei fraglich« (*Protokolle* 1977, S. 428).

Am Schluß der Sitzung wurde Freud zum wissenschaftlichen Vorsitzenden gewählt und Adler per Akklamation zum Obmann der Ortsgruppe Wien. Sein Vorschlag, Adler zum Obmann zu wählen, zielte auf eine sichtbare Aufwertung der Wiener, die eine Aussöhnung mit den Schweizern erleichtern sollte. In einem Brief vom 12. 4. 1910 an Jung schrieb er darüber:

»Letzten Mittwoch war die Sitzung unserer Gesellschaft, in der ich die Führerwürde an Adler abgetreten habe. Sie benahmen sich alle sehr zärtlich, so daß ich versprach, noch die Leitung der wissenschaftlichen Sitzungen zu behalten. Sie sind sehr aufgerüttelt, ich bin mit diesem Teil des Erfolgs meiner staatsmännischen Tätigkeit zunächst zufrieden. Eine rechtschaffene Konkurrenz zwischen Wien und Zürich wird der Sache nur nützen. Die Wiener sind persönlich sehr ungezogen, wissen aber sehr viel und können noch eine gute Rolle in der Bewegung spielen« (Freud/Jung 1974, S. 338).

Die Sitzung am 13. April 1910 wies eine zwölf Punkte lange Tagesordnung auf. Man wählte Stekel zum stellvertretenden Obmann und diskutierte die Frage des Versammlungsortes. Adler hatte, getreu seiner Vorliebe für Kaffeehäuser, das Café Pucher und das Café Siller vorgeschlagen. Das Plenum entschied sich aber gegen ein Kaffeehaus und für ein mietbares Lokal irgendeines anderen wissenschaftlichen Vereins. Später entschied man sich endgültig für das Auditorium des medizinischen Doktor-Kollegiums.

Der Nürnberger Kongreß führte noch zu einer weiteren Neuerung. Stekel schlug am 6. April die Gründung einer Zeitschrift als Ergänzung des von Jung redigierten *Jahrbuchs* vor, die »neben selbständigen wissenschaftlichen Arbeiten kleinere Mitteilungen, die Sitzungsberichte unserer Vereinsabende sowie ausführliche Referate enthalten soll« (*Protokolle* 1977, S. 429f.). Als Herausgeber schlug er Adler und sich selbst vor. Als Motiv für Stekels Vorschlag darf man Befürchtungen über Zensurmaßnahmen der Züricher vermuten und den Wunsch, selbständig in Wien publizieren zu können. Freud äußerte den Wunsch, die Zeitschrift solle in keinen Gegensatz zu Zürich treten und für alle Mitarbeiter offen sein. Als Namen schlug er *Zentralblatt für Psychoanalyse* vor. Die Darstellungen der weiteren Gründungsumstände der neuen Zeitschrift sind widersprüchlich. Brome (1969, S. 52f.) schilderte den Ablauf anhand Stekels Autobiographie so:

»Freud (lud) ... vier Männer der Wiener Gruppe zu einem Kaffeehaustreffen ein... Beim Kaffee erstattete er Bericht: ›Ich habe wegen der Zeitung zwei Verleger angeschrieben. Beide wollen das Angebot annehmen, wenn ich als Editor verantwortlich zeichne.‹ Dann folgte die höchst bedeutsame Frage: ›Welche Garantie können Sie mir dafür geben, daß die Zeitung sich nicht gegen mich richten wird?‹ Stekel meint, diese Annahme wäre doch widersinnig, da sie alle Freuds Schüler seien, doch fügte er zugleich hinzu: ›Wir behalten uns das Recht vor, unsere eigenen Theorien zu verkünden.‹ Freud schöpfte neuen Verdacht und schlug vor, jeder Artikel solle zuerst einem Triumvirat – Freud, Adler und Stekel – unterbreitet werden, und jeder in diesem Trio solle das Recht haben, gegen seine Veröffentlichung ein Veto einzulegen.«

Wittels (1924, S. 124) schreibt, daß Adler und Stekel die Zeitschrift zur Sicherung ihrer wissenschaftlichen Stellung gründeten und es nicht in ihrer Absicht lag, Freud ein Vetorecht einzuräumen. Freud (1914, S. 180) schildert die Ereignisse so: Das *Zentralblatt* »hatte offenbar ursprünglich eine oppositionelle Tendenz und sollte Wien die durch die Wahl Jungs bedrohte Hegemonie zurückgewinnen. Als aber die beiden Unternehmer des Blattes unter dem Drucke der Schwierigkeit, einen Verleger zu finden, mich ihrer friedlichen Absichten versicherten und mir als Unterpfand ihrer Gesinnung ein Vetorecht einräumten, nahm ich die Herausgeberschaft an und beteiligte mich eifrig an dem neuen Organ.«

Die erste Nummer erschien im September 1910. Herausgeber war Freud, die Schriftleitung teilten sich Adler und Stekel. Jeder der drei konnte ein Veto gegen einen ihm mißliebigen Artikel geltend machen.

Die Gründung des *Zentralblatts* war doch auch ein Zugeständnis Freuds und ein Erfolg für Adler und Stekel, wenn auch ein eingeschränkter. In diesem Zusammenhang soll erwähnt werden, daß dreieinhalb Jahre zuvor ein Versuch Adlers, mehr Mitsprache in Publikationsfragen zu erlangen, gescheitert war. Am 10. Oktober 1906 hatte Freud die Gruppe über seinen Plan informiert, eine Monographienreihe (»Schriften zur angewandten Seelenkunde«) einzurichten, bei der er allerdings den Mitgliedern der Gesellschaft »keinen Einfluß auf die Redaktion der Sammlung sowie auf die Annahme oder Ablehnung von Arbeiten einräumen« wolle (*Protokolle* 1976, S. 7). Adler hatte daraufhin den Antrag gestellt, daß »zwei oder drei mit der Literatur vertraute Herren das ständige Referat über alles Einschlägige übernehmen« mögen. Sein Antrag war jedoch abgelehnt worden.

Unter der Obmannschaft Adlers veränderte sich die Form der Zusammenkünfte. Formale und »vereinsmeierische« Aspekte traten in den Vordergrund. Jedes Treffen begann mit einer langen Tagesordnung, mit Berichten des Sekretärs, des Bibliothekars, mit Anträgen und Interpellationen, mit der Abwicklung bürokratischer Geschäfte wie z. B. der Anschaffung einer Schreibmaschine oder von Büchern. Gegen Ende des Arbeitsjahres flauten die formalen Geschäfte allerdings wieder langsam ab. Furtmüller (1946, S. 242) berichtet, daß die Spannung in der Wiener Gruppe etwas nachließ:

»Innerhalb der Gruppe ergab sich durch die neue Umgebung... und die Gegenwart neuer Mitglieder, die noch nicht in die alten Polemiken verwickelt waren, eine weitaus angenehmere Atmosphäre. Aber nicht auf lange Zeit. Adler benützte die neue Zeitschrift natürlich, um seine Arbeiten zu veröffentlichen. Und diese Arbeiten entwickelten natürlich seine Gedanken, die sich mit wachsender Klarheit zu einem System vervollständigten. In der Gruppe fiel er gerne in die altgewohnte Rolle des schweigenden Zuhörers.«

Margarete Hilferding[15]
wurde am 6.4.1910 zur Aufnahme in den Verein vorgeschlagen. Hilferding war eine der ersten Ärztinnen in Wien, sie hatte 1903 promoviert. Über den Aufnahmeantrag kam es am 13. April 1910 zu einer Debatte, in der sich Sadger prinzipiell gegen die Aufnahme von Frauen aussprach. Adler plädierte für die Aufnahme von Ärztinnen und von Frauen überhaupt. Freud fand es eine »arge Inkonsequenz, wenn wir Frauen prinzipiell ausschlössen«. In einer informativen Abstimmung sprachen sich drei Mitglieder gegen und elf für die prinzipielle Zulassung von Frauen aus. Adler sah sich daraufhin genötigt, »in diesem Punkt mit besonderer Zurückhaltung vorzugehen« (*Protokolle* 1977, S. 440). Die Frage der Aufnahme Dr. Hilferdings wurde daraufhin an den Vorstand verwiesen. Zwei Wochen später wurde die Aufnahme mit zwölf Pro- gegen zwei Kontra-Stimmen beschlossen. Eine Kontra-Stimme dürfte von Sadger stammen. Unklar ist, von wem die zweite kam. Wittels, dem man aufgrund seiner Einstellung zu »weiblichen Ärzten«[16] die Kontra-Stimme zuschreiben möchte, war bei dieser Abstimmung nicht anwesend. Margarete Hilferding wurde das erste weibliche Mitglied der »Mittwoch-Gesellschaft«. Am 11. Januar 1911 hielt sie ihren ersten Vortrag mit dem Titel »Zur Grundlage der Mutterliebe«. Im Oktober 1911 sollte sie mit Furtmüller und anderen Anhängern Adlers die Vereinigung verlassen.

Zwei weitere Mitglieder kamen formell ebenfalls noch im Frühjahr 1910 zur Gruppe:

Stefan von Maday[17]
war Doktor der Philosophie. Er wurde am 20. April 1910 von Adler zur Aufnahme vorgeschlagen und zwei Wochen später mit dreizehn Pro-Stimmen und zwei Enthaltungen aufgenommen. Im Protokoll der Sitzung vom 5. 10. 1910 ist vermerkt, daß von Maday um zeitliche Suspendierung seiner Mitgliedschaft angesucht hatte, da er das Jahr studienhalber in Innsbruck verbringen wollte. Im Sommer 1911 trat er aus Solidarität mit Adler aus dem Verein aus, ohne jemals an einer Sitzung teilgenommen zu haben.

15 Nähere Angaben zu ihrer Person auf S. 197f
16 Vgl. die Diskussion über einen gleichlautenden Aufsatz von Wittels am 15. 5. 1907 in der »Mittwoch-Gesellschaft« (*Protokolle* 1976, S. 183ff.).
17 Zu seiner Person vgl. S. 198

Baron Franz von Hye[18]
wurde am 27. 4. 1910 von Stekel zur Aufnahme vorgeschlagen, und zwei Wochen später wurde er einstimmig aufgenommen. Schon zu diesem Zeitpunkt wurde bekannt, daß er erst im Herbst 1910 seine Mitgliedschaft beanspruchen würde. Er erschien allerdings nur zu einer einzigen Zusammenkunft (2. 11. 1910). Auch von Hye trat im Sommer 1911 in Solidarisierung mit Adler aus dem Verein aus.

18 Zu seiner Person vgl. S. 198

V. Höhepunkt der inhaltlichen Auseinandersetzung und Bruch zwischen Adler und Freud (1911)

Neue Mitglieder

Im Herbst 1910 begann das neunte Arbeitsjahr der »Mittwoch-Gesellschaft«, die sich am 12. Oktober offiziell als »Wiener Psychoanalytische Vereinigung« (WPV) konstituierte. Die Vereinsgründung war mit »statthalterischem Erlaß« vom 29. 9. 1910 »nicht untersagt« worden. Der Proponent Adler wurde zum Obmann und Stekel zu seinem Stellvertreter gewählt. Als Zweck des Vereins wurde in § 2 der Statuten »Pflege und Förderung der von Prof. Dr. Sigmund Freud in Wien begründeten psychoanalytischen Wissenschaft, sowohl auf dem Gebiete der reinen Psychologie, als auch in ihrer Anwendung in der Medizin und in den anderen Geisteswissenschaften«[1] angegeben.

Drei neue Mitglieder stießen im Herbst 1910 zur Gruppe. Alle drei traten ein Jahr später zusammen mit Furtmüller, Oppenheim und Hilferding aus und schlossen sich der neuen Schule Adlers an. Es handelt sich um Paul Klemperer und die Brüder Franz und Gustav Grüner.[2] Sie hatten Freuds Universitätsvorlesungen besucht und Klemperer berichtet, daß Freud nach dem ersten Jahr die ganze Gruppe einlud, der psychoanalytischen Vereinigung beizutreten: »Wir trafen uns ... im Doktorkollegium ... Es war ein großer Raum mit einem riesigen ovalen Tisch ... Ich erinnere mich, daß da insgesamt dreißig Mitglieder gewesen sein müssen.«[3]

Paul Klemperer

war der Cousin und ein enger Freund Paul Federns. Er wurde am 12. 10. 1910 aufgenommen. Zu diesem Zeitpunkt war er noch Medizinstudent. Klemperer trat zwar aus Protest gegen Freuds Vorgehen gegenüber Adler aus der Vereinigung aus, schloß sich aber den Individualpsychologen nicht an. Er diente einigen Autoren als Zeuge für den Konflikt zwischen Adler und Freud.[4]

1 Zitiert nach Leupold-Löwenthal 1981, S. 226.
2 Biographische Angaben zu Klemperer und den Brüdern Grüner auf S. 197 f
3 Klemperer (1952, S. 5); eigene Übersetzung.
4 Vgl. Klemperer 1952.

Gustav Grüner
wurde ebenfalls am 12. 10. 1910 in die Gruppe aufgenommen. Er stieß aus allgemeinem Interesse für Kunst und Wissenschaft zur Psychoanalyse.

Franz Grüner,
dessen Bruder, war Jus-Student und kam aus ähnlichen Interessen zum Verein. Er wurde am 26. 10. 1910 formell aufgenommen.

Eine Reihe weiterer Personen wurden im Herbst 1910 Mitglieder der WPV. Unter ihnen der Mathematiker Gaston Rosenstein, der Jurist Hanns Sachs, der Kinderarzt Richard Wagner und der spätere Präsident der WPV, Alfred Freiherr von Winterstein.

Hanns Sachs (1881–1947)
gab ab 1912 mit Rank die Zeitschrift *Imago* heraus und war Gründungsmitglied des »Komitees«, das die Geschicke der Psychoanalyse nach der Trennung von Adler und Jung führen sollte. Er ging 1920 nach Berlin, war dort Lehranalytiker und emigrierte 1932 nach Boston.

Sachs (1944, S. 47 f.) berichtet, daß er mit einigen anderen, die Freuds Vorlesungen besucht hatten, in die WPV aufgenommen wurde. Er meint damit Klemperer und die Brüder Grüner. Über seine ersten Eindrücke vom Vereinsleben schreibt er:

»Die Sitzung fand in einem großen, dem Medizinischen Doktorenkollegium gehörigen Raum statt, den die Gesellschaft für einen Abend in der Woche, den Mittwoch, gemietet hatte. Wir neuen Mitglieder fühlten uns natürlich anfangs etwas unsicher und nahmen keinen Teil an der Diskussion, bis Freud sagte: ›Wir wollen uns doch nicht in ein Oberhaus spalten, das allein das Wort führt, und in ein Unterhaus, das die Rolle des stummen Zuhörers spielt.‹ Diese Worte brachen das Eis und lösten unsere Zungen... Bei dieser Sitzung ebenso wie bei einigen andern präsidierte Dr. Adler; aber bald begann der Konflikt, den seine neuen Theorien und abweichenden Ansichten hervorriefen.«

Die Zusammensetzung der Gruppe zwischen Oktober 1910 und Oktober 1911 hatte sich im Vergleich zu den Vorjahren verändert. Meistens waren folgende Personen anwesend: Adler, Federn, Freud, Friedjung, Furtmüller, Franz und Gustav Grüner, Hilferding, Hitschmann, Klemperer, Oppenheim, Rank, Reitler, Rosenstein, Sachs, Sadger, Steiner, Stekel, Tausk, Wagner und Winterstein. Im Vergleich zu früher, wo an den Vereinsabenden jeweils etwa ein Dutzend Personen teilgenommen hatten, war die Gruppe nun beträchtlich gewachsen. Im Durchschnitt nahmen zwanzig Personen oder mehr an den Zusammenkünften teil. Vom gruppendynamischen Aspekt her war eine Größe erreicht worden, in der neue Strukturen oder aber Abspaltungen entstehen mußten.

Es wäre einseitig und reduktionistisch, den Bruch zwischen Adler und Freud aus diesem Umstand zu erklären. Vielleicht aber wären in einer kleineren Gruppe die inhaltlichen Unterschiede geduldiger diskutiert worden.

Die entscheidenden Diskussionen um Adlers Theorien (Januar/Februar 1911)

Die Vorgeschichte (Herbst 1910)

Adler fuhr im Herbst 1910 fort, seine neuen Begriffe (»Minderwertigkeitsgefühl«, »männlicher Protest«) in die Diskussion einzubringen. Am 19. Oktober 1910 hielt er einen Vortrag (»Ein kleiner Beitrag zur hysterischen Lüge«), in dessen Folge an Adlers Begriffen offen Kritik geübt wurde.

Stekel meinte, »daß Adler mit dem gewiß wertvollen Begriff des männlichen Protestes Mißbrauch treibe«, wenn er jeden Traum oder die Onanie auf diesen zurückführe (*Protokolle* 1979, S. 27). Hitschmann befand, daß sich Adlers Betrachtungsweise von der »unseren« sehr unterscheide. Die von ihm angegebenen Charaktereigenschaften des Kindes stünden nicht immer in so ursächlichem Zusammenhang mit der Neurose wie die sexuellen Hintergründe: »Gewiß sind die Neurotiker oft verschroben, aber diese Charaktereigenschaften sind nicht immer – wie Adler meint – Ursachen der Neurosen, sondern entweder Folgen derselben oder parallel laufende Erscheinungen« (ebda., S. 28).

Federn meinte, er »möchte die Gelegenheit nicht mißbrauchen, um über die Stellung des Adlerschen Systems zur Freudschen Lehre zu sprechen« (ebda., S. 29). Er gebraucht hier fast dieselben Worte, mit denen Hitschmann einige Wochen später Adler auffordern sollte, seine Lehre im Verhältnis zu der Freuds darzustellen. Vermutlich bestand bei mehreren Mitgliedern ein Bedürfnis nach einer klärenden Gegenüberstellung.

Freud anerkannte an diesem Abend zwar Adlers Leistung, »mit gewohnter Meisterschaft die pädagogischen und sozialen Einstellungen des Falles aufgezeigt« zu haben, übte jedoch die Kritik, daß »seine Ausführungen wie gewöhnlich der psychoanalytischen Ergänzung bedürfen« (ebda., S. 30).

Eine Woche später referierte Freud »Über die zwei Prinzipien des psychischen Geschehens« und entwickelte in diesem Vortrag seine Vorstellungen über das Verhältnis von Lustprinzip und Realitätsprinzip.

In seinem Diskussionsbeitrag warnte Adler davor, »einen Begriff, der eine so riesige Ausdehnung habe wie der Begriff der Lust, zur Erklärung bestimmter Probleme heranzuziehen«, und bezog sich im weiteren auf die Organminderwertigkeitslehre. Es sei ihm schwer, in den beiden Prinzipien jene zu sehen, die »zur Aufdeckung des Leitfadens alles psychischen Geschehens Verwendung finden könnten« (ebda., S. 39).

Freud antwortete kurz und dankte u. a. »für die Zutaten biologischer und genetischer Art« (ebda., S. 40).

Bei der nächsten Sitzung am 2. November 1910 referierte Stekel zum Thema »Berufswahl und Neurosen«. Adler meldete sich ausführlich zu Wort und sprach von der Rolle des Sadismus bei der Berufswahl, vom Gefühl der Minderwertigkeit und dessen Wertung als etwas Weiblichem, vom Aggressionstrieb und der Organminderwertigkeit, vom »oben sein«, der »Sehnsucht nach Triumph« als treibende Tendenz und von der Dominanz sadistischer Momente vor sexuellen (ebda., S. 50f.).

Hitschmann fand es bei diesem Thema, »welches sich mit dem Charakter beschäftigt, begreiflich, daß die Adlerschen Auffassungen sich in den Vordergrund drängen, da bei der Berufswahl nicht nur die Sexualität, sondern auch die andern Triebe eine große Rolle spielen. Doch unterscheidet sich der Aggressionstrieb und der männliche Protest nicht viel von dem, was wir sonst als leben wollen, leisten wollen, sein wollen etc. bezeichnen« (ebda., S. 57).

Adler antwortete darauf, daß das Lebenwollen beim Neurotiker anders, »daß es ein überhitzter Mechanismus sei«. Zur Hauptfrage, was die Berufswahl für die Neurose bedeute, meinte er: »Die Berufswahl ist wie die Liebe der Punkt, an dem der Disponierte sich zu erkennen gibt... Wie das Kutschersein nichts anderes ist als der Wunsch, oben zu sein, so ist das Überfahrenwerden nichts als das Unten-, das Weibsein. Dazu kommt, daß in der kindlichen Phantasie vom Geschlechtsverkehr der Tod eine große Rolle spielt; das Kind empfindet das Untenliegen als etwas sehr Gefährliches« (ebda., S. 59).

Hier deutet sich bereits Adlers Verständnis des Geschlechtsaktes als männlicher Protest (»oben sein«) an, das Freud so in Rage bringen sollte.

Adlers Ausführungen wurden – wie diese Beispiele zeigen mögen – zunehmend oppositioneller und in der Gruppe immer öfter kritisiert. Aus dieser Situation ist ein Antrag zu verstehen, mit dem Hitschmann am 16. 11. 1910 vorschlug,

»die Adlerschen Lehren einmal im Zusammenhang und insbesondere im Hinblick auf ihre Divergenz gegenüber der Freudschen Lehre eingehend zu diskutieren, um, wenn möglich, eine Verschmelzung beider Anschauungen oder mindestens eine Klärung der Differenzen zu erzielen«.

Freud modifizierte diesen Antrag dahingehend, daß »nur über einen Punkt der Adlerschen Anschauungen gesprochen werde, der ihm noch nicht geklärt erscheine, nämlich über das Verhältnis des männlichen Protestes zur Verdrängungslehre, die in den Adlerschen Arbeiten keine Rolle spiele«.

Adler meinte zwar in der ersten Überraschung, daß Hitschmanns Wunsch nicht so leicht erfüllbar sei, erklärte sich aber bereit, »in acht Tagen ein Thema namhaft zu machen, das Gelegenheit bieten soll, den Gegensatz zu beleuchten« (ebda., S. 62).

Adler soll diese folgenschwere Aufforderung – denn sie führte zum Bruch mit Freud – positiv aufgenommen haben. Stekel (1950, S. 141) berichtet, Adler sei damals seinen eigenen Weg gegangen und arbeitete an einer Theorie, die sich von der Freuds unterschied. Er war intuitiv und voll neuer Ideen. Zuerst habe er versucht seine Theorien an die Freuds anzupassen. Über die Einladung zur umfassenden Darstellung sei er sehr erfreut gewesen. Bei einem Spaziergang mit ihm habe er sich gefragt, was mit Freud los sei, ob er wirklich bereit sei, einen Kompromiß zu schließen und die Abweichungen zu akzeptieren.

Eine frühere Darstellung Stekels (1923, S. 561 f.) beschreibt diese Situation noch ausführlicher:

»Freud überbot sich in Liebenswürdigkeit Adler gegenüber, er schmeichelte ihm und trachtete ihn gänzlich für sich zu gewinnen. Adler nannte ihn einen ›Seelenfänger‹ und traute ihm nicht. Adler wurde schließlich aufgefordert, seine Lehre eingehend auseinanderzusetzen. Er hatte damals seinen ›männlichen Protest‹ gefunden und glaubte damit den Schlüssel zum Verständnis der Neurosen zu besitzen. Allerdings war der männliche Protest damals noch nicht asexualisiert. ›Wir wollen alle lernen!‹ sagte Freud. ›Tragen Sie uns Ihre Lehre vor!‹ Adler war damals unendlich glücklich und selbstbewußt... Ein Monat der Lehre Adlers gewidmet! Das war etwas Neues in den Annalen der analytischen Sitzungen, in denen nur über Freud und über das, was sich auf Freud bezog, gesprochen wurde. Adler war diesmal nicht skeptisch und glaubte an eine Wandlung Freuds. Endlich wollte der Meister etwas Neues annehmen, seine Lehre korrigieren und erweitern lassen. Wir hatten viele Besprechungen, aber ahnten beide nicht, welches Gewitter sich vorbereitete.«

Auch Wittels (1924, S. 134) berichtet ähnliches:

»Adler war sehr zuversichtlich und hoffte auf diesem Wege des Meinungsaustausches zu dauerndem Frieden mit Freud zu gelangen. Er wollte seinen Lehrer überzeugen. Aber es kam anders.«

Freuds Einstellung zu Adler hatte sich inzwischen grundlegend gewandelt. Hatte er im Juni 1909 an Jung geschrieben, daß man seine Mitarbeit »möglichst erhalten« müsse, so äußerte er sich ein Jahr später, am 19.6.1910, bereits wesentlich schärfer: »Adler ist überempfindlich, und weil ich seine Theorien konsequent ablehne, innerlich verbittert« (Freud/Jung 1974, S. 365).

Jung kritisierte in einem Brief vom 29.10.1910 an Adler den »Verlust der Psychologie«, worauf Freud am 31.10. antwortete, Jung habe mit dieser Charakteristik unbestreitbar recht und »sogar die glänzende Formel gefunden, nach der ich immer suche« (ebda., S. 403 ff.).

Am 23.11.1910 schrieb Freud an Ferenzci: Ich »ärgere mich überdies schändlich mit Adler und Stekel. Ich habe bereits gehofft, daß es zu irgendeiner reinlichen Scheidung kommen würde, aber es verzieht sich wieder, so muß ich trotz meiner Meinung, daß mit ihnen nichts zu machen ist, doch mit ihnen weiter rackern... Ich sage Ihnen, es war oft schöner, so lange ich allein war.«[5]

Ähnlich äußerte sich Freud in einem Brief vom 25.11.1910 gegenüber Jung:

»Die Stimmung wird mir durch die Ärgernisse mit Adler und Stekel weggenommen, mit denen schwer auszukommen ist... Adler, ein sehr anständiger und geistig hochstehender Mensch, ist dafür paranoisch, drängt seine kaum verständlichen Theorien im ›Zentralblatt‹ so vor, daß sie alle Leser in Verwirrung bringen müssen. Streitet beständig um seine Prioritäten, belegt alles mit neuen Namen, beklagt sich, daß er in meinem Schatten verschwindet, und drängt mich in die unliebsame Rolle des alternden Despoten, der die Jugend nicht aufkommen läßt. Ich wäre froh, wenn ich sie beide los wäre, da sie mich auch persönlich schlecht behandeln. Aber es wird nicht gelingen. Ich würfe das ›Zentralblatt‹ gerne mit hin, und wir könnten das ›Jahrbuch‹ ausdehnen, um dem Andrang der Mitteilungen zu genügen. Sie werden aber keinen Bruch wollen, ohne sich dabei ändern zu können. Dabei der lächerliche Wiener Lokalstolz und die Eifersucht auf Sie und Zürich! Es sind wirklich Menschen, an denen die PA nichts geändert hat. Die anderen in Wien sind sehr brav, aber nicht gerade sehr tüchtig« (Freud/Jung 1974, S. 412).

Der Vorwurf, Adler sei ein »Paranoiker«, sollte nun in Freuds Briefen

5 Zitiert nach Jones 1962, Bd. 2, S. 160.

immer öfter auftauchen. Auf die Problematik dieser Psychiatrisierung Adlers wird noch genauer eingegangen. Bei den unverständlichen Theorien, die Adler ins *Zentralblatt* vordränge, hatte Freud mit Sicherheit an dessen Aufsatz »Die psychische Behandlung der Trigeminusneuralgie« gedacht, der in der Oktober/November-Nummer erschienen war.[6] In diesem Aufsatz versucht Adler anhand eines Fallberichts den Nachweis der Psychogenität einer Trigeminusneuralgie. Der relativ umfangreiche erste Teil des Aufsatzes stellt hingegen eine Zusammenfassung der Adlerschen Theorien dar, wie er sie in dieser Kohärenz bisher noch nie formuliert hatte. Adler geht von der Organminderwertigkeitslehre aus, die hier aber schon modifiziert ist, denn er spricht von einem »dialektischen Umschlag aus der Organminderwertigkeit über ein subjektives Gefühl der Minderwertigkeit in psychische Kompensations- und Überkompensationsbestrebungen« (Adler 1910f., S. 13).
Er entwickelt sein Verständnis vom Aggressionstrieb, vom psychischen Hermaphroditismus und vom männlichen Protest. Sexuelle Beobachtungen seien zumeist auf das Prinzip: »Ich will ein ganzer Mann sein« zurückzuführen. Vieles, was sich an Sexuellem zeige, diene den Sicherungstendenzen der Neurotiker.
Es ist nicht bekannt, wann die Worte Adlers fielen, daß er nicht im Schatten Freuds verschwinden wolle, aber er dürfte dies im Herbst 1910 gesagt haben. Die Aussage ist zu einem geflügelten Wort in der Freud-Adler-Kontroverse geworden.
Freud (1914, S. 186) sah hinter der Aussage Adlers Ehrgeiz am Werk. Er schreibt:
»Über das persönliche Motiv seiner Arbeit darf man auch vor der Öffentlichkeit sprechen, da er es selbst in Gegenwart eines kleinen Kreises von Mitgliedern der Wiener Gruppe geoffenbart hat. ›Glauben Sie denn, daß es ein so großes Vergnügen für mich ist, mein ganzes Leben lang in Ihrem Schatten zu stehen?‹ Ich finde nun nichts Verwerfliches darin, wenn ein jüngerer Mann sich frei zu dem Ehrgeiz bekennt, den man als eine der Triebfedern seiner Arbeit ohnedies vermuten würde.«
Wahrscheinlich bezog sich Adlers Sorge auf seine geplante Universitätskarriere. Tatsächlich hat Wagner-Jauregg in dem Bericht, in dem er negativ zu Adlers Habilitationsansuchen Stellung nahm, festgehalten, daß Adler aus Freuds Schule hervorgegangen und dessen Methoden treu geblieben sei, sich allerdings von seinen Lehrsätzen losgesagt habe:

6 *Zentralblatt für Psychoanalyse*, 1 (1910), S. 10–29.

»Es ist zum erstenmale, daß ein Jünger dieser Schule sich um die Dozentur bewirbt; und es wird daher notwendig sein, daß das Professoren-Collegium sich etwas eingehender mit der Frage befasse, ob es wünschenswert sei, daß das, was dieser Vertreter der Schule zu lehren hat, an der Wiener medizinischen Fakultät gelehrt werde« (Beckh-Widmanstetter 1965, S. 183).

Obwohl Wagner-Jaureggs Bericht erst 1915 geschrieben wurde, also vier Jahre nach dem Bruch, wird Adler in ihm nach wie vor mit Freuds Schule identifiziert. Er selbst hat über seine Aussage geschrieben: »Herr Freud hat mit meinen mündlichen Äußerungen Pech... meine zarte Ablehnung: ›es sei kein Vergnügen, in seinem Schatten zu stehen‹ – d. h. durch die Mitarbeit an der Neurosenpsychologie für alle Ungereimtheiten des Freudismus mitschuldig gemacht zu werden, deutet er flugs als ein Bekenntnis meiner revoltierenden Eitelkeit, um sie ahnungslosen Lesern aufzutischen. Da bisher keiner der Wissenden dieses Pech ihres Lehrers – nicht meines, wie öfters irrtümlich behauptet wird – wahrhaben wollte, bin ich selbst zu einer Zerstörung einer Legendenbildung genötigt« (Adler 1972 a, S. 56).

Adlers Erklärung klingt plausibel; der patzige Tonfall, in dem er sie vorbringt, ist jedoch unüberhörbar. Am 29. 11. 1910 spricht Jung von einer beträchtlichen Analogie zwischen Adler und Bleuler:

»die gleiche Manie, die Terminologie möglichst anders zu haben und zugleich alles aus dem flexiblen und fruchtbaren Gebiete der psychologischen Betrachtungsweise ins Grobschematische der physiologisch-biologischen Betrachtungsweise hinüberzudrängen. Zudem ist Bleuler auch einer, der sich gegen's Verkümmern in Ihrem Schatten wehrt« (Freud/Jung 1974, S. 413).

In seiner Antwort vom 3. 12. 1910 klagt Freud, daß er gegenüber seinen ältesten Anhängern anfange, empfindlich zu werden:

»Mit Adler wird es wirklich arg. Finden Sie Bleuler in ihm, so erweckt er mir das Andenken an Fließ, eine Oktave tiefer. Dasselbe Paranoid. In der zweiten Nummer des ›Zentralblattes‹... werden Sie ein Referat von ihm... finden. Lesen Sie es sorgfältig, es ist sonst schwer herauszubringen, was er eigentlich will. Seine Darstellung leidet an der paranoiden Unbestimmtheit. Diesmal merkt man aber deutlich, wie er die schöne psychologische Mannigfaltigkeit in das enge Bett einer einzigen aggressiven ›männlichen‹ Ichströmung zwingen will, als ob das Kind nur daran dächte, ›oben‹ zu sein, den Mann zu spielen, die Weiblichkeit von sich wiese. Dabei muß er einiges gänzlich mißdeuten... Praktisch bedenklich ist, daß alles auf die Absetzung des Sexualtriebes hinausläuft und daß die Gegner bald auf einen geübten Psychoanalytiker werden hinweisen können, der anderes findet als wir. Natürlich bin ich ihm gegenüber zwischen meiner Überzeugung, daß das alles schiefgewickelt und schädlich ist, und der Gefahr, für einen intoleranten Greis zu gelten, der die Jugend nicht aufkommen läßt, in einer sehr peinlichen Stellung« (ebda., S. 415f.).

Freud brachte hier seine Urangst vor einer Verwässerung und Entschärfung der Psychoanalyse zum Ausdruck, und die Passage, wonach die Gegner bald Adlers Funde aufgreifen könnten, verweist auf seine eigentlichen Motive für den herbeigewünschten Bruch. Am selben Tag (3. 12. 1910) hatte Freud auch an Binswanger geschrieben:

»Mit Adler's Arbeiten heißt es vorsichtig sein. Die Gefahr mit ihm ist umso größer, je intelligenter er ist. Seine Darstellung macht alles undurchsichtig; ich weiß aber, daß es auf biologische Gesichtspunkte an Stelle der psychologischen und auf Absetzung des Sexualtriebes hinausläuft. Es ist da nicht alles in Ordnung« (Binswanger 1956, S. 37).

Jung berichtet am 20. 12. 1910, er hätte Adlers Rezension gelesen: »Bedenklich, sogar sehr bedenklich finde ich die Bemerkung, daß sich meine Auffassung ganz der Freudschen Libidotheorie anschließe, wie wenn das ein Mangel oder eine Beschränktheit wäre. Damit würde ja die köstlichste Errungenschaft Ihrer Forschung eskamotiert, noch bevor sie zu der ihr bestimmten unabsehbaren weiten heuristischen Wichtigkeit gelangt ist. Sie ist ja, wie ich immer deutlicher sehe, der eigentliche Schlüssel der Mythologie, ganz abgesehen vom Neurosenproblem« (ebda., S. 422).

Jung argumentiert hier noch auf dem Boden der Libidotheorie. Im letzten Satz deutet sich aber bereits die Richtung an, in die er sich einige Jahre später absetzen würde.

Freud antwortet ihm am 22. 12. 1910: »Ich freue mich sehr, daß Sie Adler so sehen wie ich. Mir geht die Sache nur darum nahe, weil sie die Wunden der Fließ-Affäre aufgerissen hat. Dasselbe hat mir das sonstige ruhige Gefühl bei der Paranoiaarbeit gestört; ich bin diesmal nicht sicher, wieweit ich meine Eigenkomplexe fernehalten konnte, und will mich auch gerne kritisieren lassen« (ebda., S. 422f.).

Warum ihn Adler an die Fließ-Affäre erinnert – »dasselbe Paranoid«, heißt es einmal –, wird aus anderen Passagen des Briefwechsels mit Jung ersichtlich. Am 17. 2. 1908 schrieb er Jung, daß er an Fließ die Paranoia-Theorie entwickelt habe (Freud/Jung 1974, S. 134).

Im letzten Brief äußerte Freud auch Selbstzweifel und Selbstkritik. Und er gibt einen wichtigen Hinweis, indem er berichtet, daß er bei seiner Arbeit über Paranoia (»Psychoanalytische Bemerkungen über einen autobiographisch beschriebenen Fall von Paranoia [Dementia paranoides]«, 1911), an der er gerade schrieb, irritiert werde. Vielleicht ist Freud dem Phänomen erlegen, das sich häufig bei der intensiven Beschäftigung mit psychopathologischen Themen einstellt. Man erblickt in allen möglichen Personen des Alltagslebens Anzeichen jener Störung, die man gerade untersucht.

Stekel (1923, S. 563) hat Freuds Versuche, Adler als Paranoiker zu etikettieren, scharf kritisiert:

»In einer Sitzung, die nach dem Austritt Adlers stattfand, erklärte er, Adler sei ein Paranoiker. Dies war die Lieblingsdiagnose von Freud, er hat sie auch an einem anderen, bedeutsamen Freunde gestellt, von dem er sich getrennt hatte. Sofort fanden sich im Chore Sklavennaturen, die dieser lächerlichen Diagnose begeistert zustimmten und verschiedene Züge berichteten, die diese Diagnose bestätigen sollten.«

Stekel spielt auf Fließ an. Über die Mechanismen bei Freud, die ihn zu diesen Diagnosen brachten, wird noch zu reden sein.

Aus diesen Briefen geht eindeutig hervor, daß Freud bereits im Herbst 1910 daran dachte, Adler loszuwerden. Adler hingegen hing der Illusion nach, daß Freud seinen Ansatz integrieren wolle. Er hat beim Versuch, seine theoretischen Abweichungen in aller Klarheit auszuarbeiten, nicht daran gedacht, daß es dadurch zum Bruch kommen könnte.

Am 4. Januar und am 1. Februar 1911 hielt er die angekündigten Vorträge, über die an zwei weiteren Abenden (8. und 22. Februar) ausführlich diskutiert wurde. Diese vier Abende nahmen einen dramatischen Verlauf und sollten die Trennung zwischen Adler und Freud besiegeln.

Erster Abend (4. Januar 1911)[7]

An diesem Abend referierte Adler vor 24 Zuhörern zum Thema »Einige Probleme der Psychoanalyse«. Er zählte acht Punkte auf, über die er an verschiedenen Abenden zu sprechen gedachte:

1. über die Rolle der Sexualität in der Neurose;
2. über die Angst und die Sicherungstendenz in der Neurose;
3. über Anal-Charakter und -Erotik;
4. über die Beziehungen zwischen erogenen Zonen und Organminderwertigkeiten;
5. über sexuelle Konstitution und Heredität;

7 Soweit nicht anders angegeben, beziehen sich die Zitate dieses Abschnitts auf die *Protokolle* (1979, S. 102–111).

6. über die Libidotheorie, da die Libido für ihn »nicht einheitlich als der treibende Faktor anzusehen ist, sondern als zusammengesetzt und künstlich genährt durch den männlichen Protest, übertrieben empfunden und aus Tendenz hochgewertet oder entwertet«;
7. über die Traumtheorie;
8. über die Rollen von Verdrängung und Unbewußtem in der Neurose. Beide seien nicht die Ursache der Neurose.

Adler hob hervor, daß er Inzestphantasien als »Spuren einer maßlos empfundenen Libido« werte, nicht aber als Kernpunkt der Neurose.

In der Behandlung setzte er auf die Hervorhebung des männlichen Protestes, die Einsicht des Patienten in die Mechanismen des psychischen Hermaphroditismus und als drittes Moment auf die Übertragung, wobei hinter der »Liebesübertragung« immer die Auflehnung stecke.

Trotz dieses umfangreichen Programmes kam es nur zu zwei Vortragsabenden Adlers. Beim zweiten sprach er über den männlichen Protest als Kern der Neurose. An diesem Abend referierte Adler »Über die Rolle der Sexualität in der Neurose«. Der Vortrag ist nur lückenhaft protokolliert worden. Adler hat ihn 1914 unter dem Titel: »Zur Kritik der Freudschen Sexualtheorie des Seelenlebens. I. Die Rolle der Sexualität in der Neurose« in einem Sammelband publiziert.[8] Zum besseren Verständnis von Adlers Vortrag werden die knappen Ausführungen in den *Protokollen* mit einigen Passagen aus dieser Publikation angereichert.

Adler beginnt mit einer Würdigung Freuds. Er sagt, er wolle keine endgültigen Formulierungen, sondern nur »Entwicklungsstandpunkte« vorlegen. Alle diese Probleme seien »erst durch die Arbeiten Freuds vorbereitet und überhaupt diskutierbar geworden«.

Die Auffassung, daß jeder Trieb eine sexuelle Komponente habe, sei biologisch nicht haltbar. Auch Organminderwertigkeiten sehe er mit der Erogenität eines Organs nicht direkt verknüpft. Die Erogenität sei vielmehr das Resultat »einer Triebverschränkung unter dem Druck falscher Sexualtheorien. Die Behauptung, daß das Kind polymorph-pervers sei, ist ein hysteron-prosteron. Die perversen Phantasien knüpften sich an die minderwertigen Organe erst im späteren Leben«.

In der publizierten Fassung heißt es weiter: »Bevor der Sexualtrieb eine nennenswerte Größe erreicht, etwa am Ende des ersten Jahres, ist das psychische Leben des Kindes bereits reich entwickelt« (Adler 1914, S. 95).

Adler versteht unter Sexualtrieb etwas ganz anderes als Freud unter der

8 Vgl. *Heilen und Bilden,* Adler 1914. In späteren Auflagen hat Adler Passagen verändert.

Libido. Denn bei Freud ist das Saugen des Kleinkindes bereits Ausdruck seiner oralen Lust. Adler spricht vom Ende des ersten Lebensjahres und meint offenbar Anzeichen genital fixierter Lust. So dürfte er auch die polymorph-perverse Sexualität des Kleinkindes anders verstanden haben als Freud. Adler fährt fort: »Alles was uns der Neurotiker an Libido zeigt, ist nicht echt.« In der publizierten Version des Vortrags wird dies näher erläutert:
»Seine Frühreife ist erzwungen, sein Onaniezwang dient dem Trotz und der Sicherung gegen den Dämon Weib, seine Liebesleidenschaft geht bloß auf den Sieg, seine Liebeshörigkeit ist ein Spiel, darauf berechnet, sich dem ernsthaften Partner nicht zu unterwerfen, seine perversen Phantasien, ja selbst seine aktiven Perversionen dienen ihm nur dazu, sich von der Liebe fernzuhalten«.
Die Inzestphantasien seien nicht Kernkomplex der Neurosen, sondern dienten nur dazu, »den eigenen Glauben an die Übermacht und die verbrecherische Neigung der Libido zu nähren und dabei jeder anderen Sexualbeziehung aus dem Wege gehen zu können« (Adler 1914, S. 97f.).
Adler erläutert seine Vorstellungen anhand eines konkreten Fallberichtes, über den im Protokoll jedoch nichts Näheres festgehalten ist. Zusammenfassend stellte er zur Frage, wie nun die Sexualität in die Neurose komme und welche Rolle sie darin spiele, fest:
»Sie wird frühzeitig geweckt und gereizt durch die Organminderwertigkeit und vom gesteigerten männlichen Protest als riesenhaft empfunden, damit der Patient sich rechtzeitig sichert oder sie entwertet und als Faktor streichen kann. Im allgemeinen ist es nicht möglich, die sexuellen Regungen des Neurotikers – ebenso wie die des Kulturmenschen – so weit als echt zu nehmen, um mit ihnen zu rechnen.«
Die publizierte Fassung enthält den Zusatz: »geschweige sie... als den grundlegenden Faktor des gesunden oder kranken Seelenlebens weiterhin auszugeben. Sie sind niemals Ursachen, sondern bearbeitetes Material und Mittel des persönlichen Strebens« (Adler 1914, S. 101).
An diesem Abend drückte sich Adler klar und unmißverständlich aus. Der Kontrast zu Freuds Auffassungen wurde damit unübersehbar.
In der anschließenden Diskussion versuchte Federn zu vermitteln. Adlers Auffassung von der Neurose differiere nicht wesentlich von der Freudschen, »weil es sich nur darum handelt, ob man vom Unbewußten, Verdrängten ausgeht oder vom Bewußtsein, welches die Sexualität ablehnt«. Er setzte Adlers Begriff der »Sicherung« mit Freuds »Verdrängung« gleich: »Vom Bewußtsein aus muß sich dieser Vorgang als etwas darstellen lassen, wogegen sich der Patient sichert, sonst hätte er

es ja nicht verdrängt... das spricht aber nicht dagegen, daß die Symptome auch in gerader Linie der Sexualität entsprechen.«
Nach mehreren kritischen Bemerkungen zur inneren Logik von Adlers Ausführungen bezog Federn in einem Punkt deutlich gegen Adler Stellung:
»Der Aggressionstrieb... weckt nicht erst, wie Adler will, die Sexualität, sondern umgekehrt, wo der Aggressionstrieb pathogen wird, da sehen wir ihn durch eine vorzeitige Sexualität gereizt; das Gegenteil ist von Adler nicht bewiesen worden. Hierin liegt eine wirkliche Gefahr der Adlerschen Anschauungen, denn in diesem Punkte hat er eine retrograde Arbeit geleistet und sich mit den Gegnern der Freudschen Lehre in eine Reihe gestellt.«
Bei allem Kredit für Adlers Berücksichtigung der Aggressivität, der in der Gruppe zuwenig Bedeutung beigemessen wurde, hat Federn hier doch eine zentrale Kritik an Adler formuliert. Adler benutze seine Theorien, um dem Sexuellen seine Bedeutung abzusprechen, und sehe nicht die gegensätzliche Bedingtheit. Federn, der immer mehr Verständnis für einen eigenständigen Aggressionstrieb aufgebracht hatte als Freud, bezieht hier dennoch denselben Standpunkt wie sein Lehrer. Adler nähere sich jenen an, die die Psychoanalyse ablehnen, weil sie sexuellen Inhalten so viel Bedeutung zumesse. Das ist ein klar ausgesprochenes und hartes Verdikt aus dem Mund jenes Mitglieds der Gruppe, das immer wieder Verständnis für Adlersche Gesichtspunkte aufgebracht hatte.
Jekels warf die Frage auf, ob die Vorstellungen über das Männliche und das Weibliche nicht erst aus der libidinösen Einstellung des Kindes zu seinen Eltern erwüchsen. Er kritisierte die Behauptung, daß die Neurotiker die Sexualität einerseits riesenhaft werten, andererseits entwerten, als »subjektive Ansicht Adlers«. Reitler meinte, daß nach diesem Vortrag nicht erwiesen sei, daß der männliche Protest und nicht der Inzestkomplex der Kern der Neurose sei. Auch in Adlers Aufsatz über die »Trigeminusneuralgie« wurde nicht nachgewiesen, »daß der Patient aus männlichem Protest und nicht aus Libido zur Mutter ins Bett will«. Es sei auch unklar, »ob der männliche Protest im Bewußtsein oder im Unbewußten steckt«.
Adler antwortete Reitler, daß der Inzestwunsch die Funktion habe, dem Patienten zu beweisen, daß er kein Weib ist. Den männlichen Protest sah er sowohl im Bewußten als auch im Unbewußten verankert.
Hitschmann fand Adlers schwächsten Punkt in der Kasuistik: »Seine Fälle sind meist monosymptomatisch, und kein Fall hat die von ihm

durchgeführte Rationalisierung des Trieblebens mehr bloßgestellt als der heutige Fall.«
Während Adler die Überschätzung der Sexualität durch den Patienten betone, wäre die rein ärztliche Auffassung plausibler, »daß der Mann sich eben unfähig fühlt, eine Frau in der Ehe zu befriedigen. Daß er mit seiner Überlibido irgendeine Absicht verfolgen soll, daß er die Pollution absichtlich zustande bringen soll, all das ist zu künstlich und rationalisiert; auch in die Träume wurde überflüssigerweise zuviel hineingetragen. – Wer einmal das Impulsive einer Perversion (etwa Sadismus oder Masochismus) in der Neurose gesehen hat, dem wird es fernliegen, ursprünglich annehmen zu wollen, daß der Patient mit dem Masochismus z. B. sich oder andern etwas zeigen will.«
Auch Hitschmann kritisierte die Wertung von männlich und weiblich, die Adler in »so frühe Jugend verlegt« hatte: »Die Ableitung einer gleichmäßigen Wertung in diesem Sinne ist deshalb schon unmöglich, weil es ja ganz verschiedene Typen von Eltern gibt.«
Adler antwortete, »daß die Wertung von männlich und weiblich in der Neurose nur die Kristallisation jener Wertung ist, die auch in unserer Kultur seit jeher besteht und im Anfang der Kultur bereits begonnen hat«.
Tausk wollte statt Adlers »Sicherungstendenz« Freuds »Flucht in die Krankheit« setzen: »Beim Adlerschen Aggressionstrieb muß man fragen: Wer aggrediert? Ein Aggressionstrieb, der nicht von einem Subjekt getragen wird, ist undenkbar. Ein Aggressionstrieb ohne Träger, d. h. ohne einen Trieb, der einem bestimmten biologisch begründeten Zweck dient, ist eben ein zweckloser Trieb.«
Zweifel meldete er an Adlers Einführung des Begriffpaars »männlich/weiblich« in die Neurosentheorie an. Er sehe die Neurose durch den gehemmten Trieb bedingt.
Freud nahm an diesem Abend nicht Stellung. Seine Meinung geht aus einem Brief hervor, den er am 22. 1. 1911 an Jung schrieb und in dem er sich auf einen Diskussionsbeitrag Adlers am 18. 1. 1911 bezog. Adler hatte davon gesprochen, »im Koitus nicht eine rein sexuelle Reaktion zu sehen, sondern auch die Tendenz, seine Männlichkeit zu beweisen« (*Protokolle* 1979, S. 130). Freud schrieb an Jung:
»Adler geht konsequent weiter und wird bald ausgelaufen sein. Unlängst äußerte er die Ansicht, auch der Koitus entspringe nicht ausschließlich sexuellen Motiven, sondern diene der Absicht des Individuums, sich männlich vorzukommen. Es ist eine nette kleine Paranoia. Daß bei der ganzen Theorie das eigentliche schwere Leiden der Neurotiker, ihre Unglücks- und Konfliktempfindungen, um seine Erklärung

kommt, ist ihm noch nicht eingefallen. Er hat... im Verein ein Stück seines Systems verteidigt, wurde von vielen Seiten angegriffen, von mir nicht. Seitdem ich ihn ganz verstehe, bin ich Herr meines Affekts geworden und werde ihn sanft und aufschiebend behandeln, allerdings ohne Aussicht auf Erfolg« (Freud/Jung 1974, S. 427f.).

Zweiter Abend (1. Februar 1911)[9]

Adlers Vortrag an diesem Abend hatte den Titel »Der männliche Protest als Kernproblem der Neurose«. Auch dieser Vortrag wurde erst 1914 von Adler publiziert.

Am ersten Abend hatte Adler die Bedeutung der Sexualität für die Ausbildung der Neurose in Frage gestellt. Diesmal sprach er über die eigentlichen Ursachen der Neurosen: Minderwertigkeitsgefühl und männlicher Protest.

Die Protesttendenzen bei Mann und Weib, von denen er immer spreche, seien in der menschlichen Kultur- und Gesellschaftsentwicklung immer wirksam gewesen und hätten mit dem Kampf ums Dasein zu tun. Die Entwertung der Frau durch den Mann sei überdies eine Triebkraft der gegenwärtigen Kultur.

Adler kritisierte den Begriff der Verdrängung, die nicht soviel über die Ursache und den Weg der Neurose verrate, als man annehme: »Ist das treibende Moment in der Neurose die Verdrängung oder, wie (ich)... sagen möchte, die irritierte Psyche, bei deren Untersuchung auch die Verdrängung zu finden ist? Die ganze Verdrängung geschieht unter dem Drucke der Kultur; woher stammt aber die Kultur? Antwort: Aus der Verdrängung.«

Mit diesem Wortspiel wollte Adler das Freudsche Verständnis der Verdrängung als absurde Konstruktion aufdecken. Adler bemängelte, daß der Ichtrieb »zum inhaltlosen Begriff« geworden sei. Er fasse ihn »als die Summe aller Anspannungen, als Einstellung gegen die Außenwelt, als ein Geltenwollen, Streben nach Macht, nach Herrschaft, nach oben sein wollen«. Dieses Geltenwollen könne Triebe hemmen, verdrängen, modifizieren, aber auch steigern:

»Was wir sehen, ist niemals etwas Ursprüngliches, sondern die Einfügung des Kindes richtet und modifiziert sein Triebleben so lange, bis es sich an die Außenwelt angepaßt hat.«

9 Soweit nicht anders angegeben, beziehen sich die Zitate dieses Abschnitts auf die *Protokolle* (1979, S. 139–149).

Die Neurose ist für ihn in erster Linie Sicherung. An ihrem Ursprung stünden zwei »Durchgangspunkte«: »... das Aufkeimen eines Minderheitsgefühls im Zusammenhang mit der Minderwertigkeit gewisser Organe... (und) deutliche Hinweise auf eine jeweilige Befürchtung vor einer weiblichen Rolle. Bei gegenseitiger Unterstützung führen diese Momente zur Auflehnung und Trotzeinstellung. Von diesem Punkte aus wird das Gefühlsleben verfälscht, von da an kommt diese Gier nach Triumphen hinein.«

Man wird bei dieser Schilderung den Eindruck nicht los, daß Adler ein ganz spezifisches Bild neurotischen Verhaltens vor Augen hatte, das nicht immer auf die Erscheinungsformen unterschiedlicher Neurosen (Depressionen, Zwangsneurosen, Phobien, Hysterien) übertragbar ist.

Aufgabe der Analyse ist für Adler vorerst die »Aufdeckung der Protestcharakterzüge«. Der zweite Schritt führe dann immer zu den »Quellen der Neurose: dem Gefühl der Minderwertigkeit und dem männlichen Protest«.

Eine Reihe von Phänomenen ordnete Adler dem Begriff der »Sicherungstendenz« unter, der durch den Drang nach Geltung charakterisiert ist. In den Träumen äußere sich dies durch oben sein, fliegen, auf Stiegen und Leitern steigen, auf dem Giebel eines Hauses stehen usw. Adler führt hier Beispiele an, die in der Gruppe regelmäßig als sexuelle Träume interpretiert worden wären.

Der Neurotiker müsse die Frau entwerten und koitieren, weil er befürchtet, daß sie ihm überlegen sei. Adler dehnte dies auch auf Freuds Ödipuskomplex aus:

»Auch im Rahmen des Inzestkomplexes will der Knabe, der sieht, daß es männlich ist, oben zu sein, die Mutter koitieren, um sich über sie zu erheben und sie zu entwerten. Auch Sadist wird er in der gleichen Entwertungstendenz. Ob und wieviel Libido dabei im Spiele ist, ist vollkommen gleichgiltig... Man kann nicht mehr von einem Komplex von libidinösen Wünschen und Phantasien reden, sondern es wird auch der Ödipuskomplex als Teilerscheinung einer überstarken psychischen Dynamik verstanden werden müssen, als ein Stadium des männlichen Protestes, von dem aus die wichtigsten Einsichten in die Charakterologie des Neurotikers möglich werden.«

Freud eröffnete die Diskussion. In seiner überdurchschnittlich langen Kritik formulierte er seine wesentlichsten Einwände gegen Adlers Theorien, die er auch 1914 in dem Essay »Zur Geschichte der psychoanalytischen Bewegung« vorbringen sollte. Auf dieser Argumentation fußen auch die meisten späteren Kritiken von Psychoanalytikern an der

Adlerschen Lehre. Wegen ihrer grundsätzlichen Bedeutung soll diese Kritik hier ausführlich zitiert werden.
Freud betonte, er wolle an diesem Abend nur einen Teil seiner Einwendungen vorbringen, seine subjektive Stellung zu Adlers Arbeiten, seine Eindrücke und gewisse prinzipielle Bedenken, aber keine Gegenbeweise. Adlers Arbeiten seien wegen ihrer abstrakten Art schwer zu verstehen. Er nehme es ihm übel, daß er von denselben Dingen spreche, aber neue Bezeichnungen verwende, ohne diese mit den alten in Beziehung zu setzen. Freud nannte die Flucht in die Krankheit und den sekundären Krankheitsgewinn als Begriffe, die mit vielem zusammenfielen, was Adler vorbringe. Auch »unsere alte Bisexualität« habe er in psychischen Hermaphroditismus umgetauft, »als ob es etwas anderes wäre«.
Freud verwies anfangs auf einen Artikel Rosensteins (1910), der Adlers Lehre so charakterisiert hatte, daß bei ihm die Fortsetzung der Psychoanalyse nach unten (Organminderwertigkeit) und nach oben (Überleitung zur Ichpsychologie) zu finden sei:
»Daß diese Fortsetzungen... notwendig seien, habe er immer gewußt, sich aber mit Absicht auf die Psychologie des Unbewußten beschränkt. Nun sei aber tatsächlich Adlers Arbeit nicht die Fortsetzung nach oben und die Begründung nach unten, sondern etwas durchaus anderes: es sei nicht die Psychoanalyse.«
Auch diese Formulierung ist eindeutig, in dieser Schärfe aber von Freud noch nie öffentlich formuliert worden: Was Adler vertrete, sei etwas anderes, es habe mit der Psychoanalyse nichts mehr zu tun. Freuds Formulierungen fielen teilweise sehr polemisch aus. So sprach er davon, eine »Anzahl von Sicherungen« zu entfernen, mit denen Adler seine Theorie umgeben hat, und replizierte auf einen früheren Vorwurf Adlers [10]:
»Wenn er den Schülern vorwerfe, daß sie immer wieder nur dieselben Dinge fänden, so habe er selbst an Stereotypien mehr geleistet. Immer wieder hören wir nur vom Obenseinwollen, von der Sicherung, vom Scharfmachen und von Rückendeckung, was sein Vorbild offenbar in einer infantilen Rauferei hat. – Sein Material seien Menschen mit schlampigen Konflikten, verdrehte und verschrobene Charaktere, aber keine wirklichen echten Hysterien und großen Neurosen, bei denen Redner selbst niemals noch das Delier von oben und unten gefunden habe.«
Adlers Forderung, in der Psychoanalyse müsse es gestattet sein, daß sich jede Individualität in ihr zum Ausdruck bringen könne [11], wies er scharf zurück:

10 Vgl. Adlers Referat »Ein Fall von Zwangserröten«.
11 Vgl. Adlers Aussage, es gäbe »viele Wege in der Psychoanalyse« (*Protokolle* 1976, S. 220).

»Nun müsse das zum Glück für die Psychoanalyse nicht so sein, und der Weg, sich vor diesem bis zu einem gewissen Grade allerdings unvermeidlichen subjektiven Faktor zu hüten, bestehe darin, seine persönliche Untersuchung zu fördern, mit der Selbstanalyse den Fortschritt der Erkenntnis zu begleiten.«

Freud sah in Adlers Arbeiten eine »antisexuelle Tendenz« und eine weitere Tendenz, die gegen den Wert des Details und gegen die Phänomenologie der Neurose gerichtet sei. Adlers Einheit der Neurosen kritisierte er als »Einerleiheit der Neurose«: »diese Tendenz ist methodisch zu bedauern und verurteilt die ganze Arbeit zur Sterilität.«

In der Annahme der neuen Namen durch Adler sah er einen bedauernswerten Verlust jener »Programmworte... welche unseren Zusammenhang mit den großen Kulturkreisen hergestellt haben. Die Triebunterdrückung und die Widerstandsbewältigung rief das Interesse aller Gebildeten wach.«

Freud bezog sich hier auf den revolutionären Gehalt der psychoanalytischen Theorie als Kulturkritik. Furtmüller hat eine Woche später auf diese Passage zu Adlers Verteidigung geantwortet: »Der von Freud bedauerte Verlust der Verbindung mit der allgemeinen Kulturbewegung sei bei Adler durch die Einbeziehung der Frauenfrage wiederhergestellt« (*Protokolle* 1979, S. 154).

Freud prognostizierte den Adlerschen Theorien, daß sie einen großen Eindruck machen und der Psychoanalyse sehr schaden würden. Denn es sei unverkennbar, »daß ein bedeutender Intellekt mit großer Darstellungsgabe an diesen Dingen arbeitet«, andererseits habe »die ganze Lehre einen reaktionären und retrograden Charakter und gibt damit eine höhere Anzahl von Lustprämien. Sie gibt statt Psychologie zum großen Teil Biologie, und statt Psychologie des Unbewußten gibt sie Oberflächen-, Ichpsychologie. Endlich gibt sie anstatt Psychologie der Libido, der Sexualität, allgemeine Psychologie. So wird sie die bei jedem Psychoanalytiker noch vorhandenen latenten Widerstände benützen, um sich zur Geltung zu bringen. Sie wird also der Entwicklung der Psychoanalyse zunächst schaden, anderseits, was psychoanalytische Resultate betrifft, steril bleiben.«

Indirekt wird diese Kritik durch Paul Klemperer bestätigt, der die WPV mit Adlers Anhängern im Herbst 1911 verließ, sich der neuen Schule Adlers aber nicht anschloß. Nach dem Ersten Weltkrieg nahm er an einem Treffen der Individualpsychologen teil und zeigte sich erstaunt, daß dort nichts Neues diskutiert wurde: »Wenn ich acht Jahre lang nichts über pathologische Anatomie lesen würde, ich würde mich fremd fühlen, ein bißchen unkomfortabel... Adler stand auf und sagte dasselbe, was ich vor acht Jahren gehört hatte.«[12]

In seiner weiteren Kritik meinte Freud, Adlers Auffassung zeige »eine ziemliche Überschätzung des Intellektuellen. Die falschen Wertungen der Kinder, ihre Zweifel und Unsicherheiten bezüglich des Geschlechts, kurz, die infantilen Sexualtheorien, sind bei ihm die treibenden Kräfte, die den ganzen Aufbau tragen sollen. Diese falschen Urteile werden aber erst bestimmend unter ganz bestimmten Schicksalen der Libido, wobei diese falschen Urteile nicht als treibende Kräfte, sondern nur formgebend wirken.«

Einer der wichtigsten Einwände Freuds war, daß die Darstellung der Neurose bei Adler »vom Ich aus gesehen und vom Ich aus betrachtet« sei, also »so wie die Neurose dem Ich erscheint. Es ist Ichpsychologie, durch die Kenntnis der Unbewußtenpsychologie vertieft. Darin liegt die Stärke und die Schwäche der Adlerschen Darstellung. Die Dinge, die wir bisher studiert haben, kann man auf diese Weise niemals sehen. So kommt es auch, daß bei Adler fortwährend primäre und sekundäre Dinge vertauscht werden. Darin liegt aber auch der wirkliche Wert seiner Arbeiten, insoferne als sie eine scharf gesehene Ichpsychologie bieten.«

Freud kritisierte, daß Adler nichts Neues entdeckt, sondern alles nur umgedacht habe. Er habe die Ichmotivierung für die Neurose beschrieben, aber die »andere und interessantere« unbewußte Motivierung unterschlagen. Nur deshalb könne er behaupten, daß die Libido der Neurotiker nicht echt, sondern arrangiert sei: »Mit dieser Verleugnung der Libido benimmt er sich ganz wie das neurotische Ich.« Kern der Neurose aber sei »die Angst des Ich vor der Libido, und Adlers Ausführungen haben diese Auffassung nur verstärkt. Das Ich ist das, was sich vor der Libido fürchtet, die Libido ist so groß, als ihre störenden Wirkungen sind.«

Eine einheitliche Auffassung der Neurosen war für Freud auf dem Boden der Adlerschen Lehre nicht möglich, da sie als Charakterlehre nur »die gewöhnlichen Mißverständnisse des Ich« leiste: »Es ist die Verleugnung des Unbewußten, deren sich das Ich schuldig macht und die hier theoretisch festgelegt wurde.«

Adler wurde von Freuds geballter Kritik, die offenbar gut vorbereitet war, sichtlich überrascht. Er wies die Stellungnahme als »eine unverdiente« zurück und antwortete nur kurz und defensiv:

»Wenn Freud auf eine antisexuelle Tendenz hinweise, so müsse er be-

12 Klemperer 1952, S. 14; eigene Übersetzung.

tonen, daß sein Neurotiker nicht weniger sexuell sei. Die von Freud geschilderten sexuellen Beziehungen sind in der Neurose zu finden.«
Ihm ginge es darum, hinter dem, was man als Sexuelles ansieht, viel wichtigere Beziehungen aufzuzeigen, »die das nur ins Sexuelle umtäuschen, den männlichen Protest. Das ›rein‹ Sexuelle ist nichts Ursprüngliches, sondern etwas Entstandenes, eine Triebverschränkung.«
Die Verdrängung betrachte er nur als Ausschnitt aus der Wirkungsweise des männlichen Protestes. An diesem Abend ergriff außer Freud nur noch Stekel das Wort und äußerte sich positiv zu Adlers Vortrag. Die weitere Diskussion wurde vertagt.

Dritter Abend (8. Februar 1911)[13]

An diesem Abend meldeten sich mehrere Mitglieder zu Wort. Rosenstein sah in den biologischen Arbeiten Adlers wertvolle Ergänzungen zur Freudschen Psychologie. Seine psychologischen Ausführungen seit dem psychischen Hermaphroditismus fand er hingegen wenig sympathisch. Adlers Anschauungen seien »ein Gemisch von teilweise Freudschen Mechanismen und Begriffen, auf der andern Seite von extrem gegebenen Wertungen und intellektuellen Begriffen«.
Hinter dem Ehrgeiz, dem männlichen Protest und der Sicherung steckten Freudsche Thesen. Er fand aber auch Lob für Adler:
»Neben der ausgezeichneten Charakterologie hat Adler uns über die Ursachen der Verdrängung vieles gesagt. Er hat die Ichtriebe näher charakterisiert, den Geltungstrieb beschrieben und gezeigt, daß die Furcht vor Herabsetzung, vor dem Gefühl der Minderwertigkeit vielleicht auch ein Grund zur Verdrängung sein kann.«
Das Gros seiner Wortmeldung machte aber Kritik aus. Ein Punkt soll noch herausgegriffen werden:
»Wenn der Sinn jedes Traumes ist, ich bin ein Weib und möchte ein Mann sein, so ist nicht einzusehen, warum dieser bei den meisten Frauen bewußt geäußerte Wunsch so schwer deutbare und komplizierte Träume erzeugt. Wenn wir dagegen verdrängte libidinöse Tendenzen zu Hilfe nehmen, so finden wir plötzlich alles klar. Bei Adlers Auffassung muß man sich fragen, was ist eigentlich unbewußt, wozu machen wir eine Analyse.«

13 Soweit nicht anders angegeben, beziehen sich die Zitate dieses Abschnitts mit Ausnahme des Aufsatzes von Reitler auf die *Protokolle* (1979, S. 150–155).

Hitschmann erwähnte, daß die »Trigeminusneuralgie« bei den Lesern große Verwirrung hervorgerufen habe: »Wenn der männliche Protest unbewußt wäre, so müßte er bei einer Analyse aus dem Unbewußten auftauchen. So aber sei in der ›Trigeminusneuralgie‹ das Sexuelle direkt zur Seite geschoben. Ähnliches gelte von den übrigen Fällen und Traumdeutungen Adlers.«

Hitschmann meinte, Adler sei durch seine persönlichen Beziehungen zur Universitätspsychologie, zur Pädagogik, zum Sozialismus und zur Frauenbewegung dazu gekommen, alles, und selbst das Sexuellste, als männlichen Protest aufzufassen:

»Wenn Adler die Kraft des Sexuellen mit dem Hinweis darauf leugnet, daß die Sexualität beim Kulturmenschen keine solche Rolle mehr spielt, so übersieht er dabei, daß gerade diese Tatsache zur Neurose führen muß.«

Anerkennung zollte Hitschmann Adlers Verdiensten um die Charakterologie. Er habe dadurch aber die Neurose nicht erklärt, »sondern nur eine sehr wertvolle Schilderung des Aussehens der Neurose gegeben«.

Furtmüller fand es verfrüht, zu Adlers Ausführungen wertend Stellung zu nehmen, widersprach aber Freuds Behauptung, daß sie eine Gefahr für die Psychoanalyse darstellten.

Reitler verwies auf seinen Aufsatz »Kritische Bemerkungen zu Dr. Adler's Lehre vom ›männlichen Protest‹«. Dieser Aufsatz wurde Anfang 1911 im *Zentralblatt für Psychoanalyse* publiziert.[14] Möglicherweise hatte diese Veröffentlichung politischen Charakter. Reitler war ein Gründungsmitglied der »Mittwoch-Gesellschaft«, und in seinem Aufsatz nahm er sehr prinzipiell gegen Adlers Thesen Stellung. Auch wenn Reitler in der Diskussion lediglich auf diesen Aufsatz verwies, ihn aber nicht referierte, soll er im folgenden wegen seiner argumentativen Bedeutung ausführlich zitiert werden. Reitler schreibt:

»Die neuartige Lehre Adler's vom ›männlichen Protest‹ als dem dynamischen Prinzipe der Neurosenbildung setzt dem Verständnisse deshalb so große Schwierigkeiten entgegen, weil die Freud'sche Psychoanalytik den verdrängten Triebregungen das Hauptaugenmerk zuwendet, während Adler nicht das Verdrängte – nach seiner Anschauung die ›Weiblichkeit‹ –, sondern das Verdrängende – den ›männlichen Protest‹ – in den Vordergrund des Interesses schieben will.«

Es bestehe rein formell kein Unterschied zwischen Adler und Freud,

14 Vgl. Reitler 1911. Die folgenden Zitate sind diesem Aufsatz entnommen.

außer in einem »gänzlich überflüssigen Wechsel der sprachlichen Ausdrucksweise«. In der neuen Ausdrucksform sah Reitler keinen Neugewinn:

»Denn ob man nun vom Verdrängenden oder Verdrängten ausgeht, bleibt sich eigentlich recht gleichgültig. Aber durch diesen Wechsel des Beobachtungsstandpunktes war es Adler möglich, den sprachlichen Ausdruck ›Verdrängung‹ fast ganz zu vermeiden und dadurch wurde der Anschein eines neuentdeckten psychischen Mechanismus hervorgerufen, – und dies ohne jede Berechtigung.«

Reitler wertet dieses Abweichen von der Freudschen Terminologie als belanglos, fügt aber hinzu: »Da uns gerade die Psychoanalyse gelehrt hat, daß es nichts ›Belangloses‹ auf psychischem Gebiete gibt, so werden wir auch dieses scheinbar bedeutungslose Abweichen von der altgewohnten Ausdrucksform als eine symptomatische Handlung auffassen und ihr wahrscheinlich dieselbe Bedeutung beimessen dürfen, wie etwa dem Aufziehen der Signalflagge: ›Klar zum Gefechte!‹ Wer in so nebensächlichen Dingen, wie es der sprachliche Ausdruck ist, ohne jede inhaltliche Begründung rein formale Abweichungen durchführt, der signalisiert damit, daß seine Publikationen nicht nur Neues, sondern auch Gegensätzliches enthalten werden.«

Für Reitler bieten Adlers Lehren den bisherigen Anschauungen »diametral Entgegengesetztes«:

»Die Forschungen Freuds ergaben…, daß es die aus dem infantilen Sexualleben stammenden Triebregungen sind, welche vom kulturellen Ichbewußtsein abgewehrt und verdrängt werden müssen. Der Erfolg dieses Kampfes entscheidet über Gesundheit oder psychische Erkrankung. Bei Adler reduzieren sich all diese komplizierten Konfliktmöglichkeiten einfach auf den Kampf der Geschlechtscharaktere in einem und demselben Individuum: hie minderwertiges Weib, hie überwertiger Mann.«

Reitler wirft die Frage auf, ob Adler für seine Behauptungen den Beweis erbracht habe, und konstatiert, daß seine Publikationen durch die gründliche Bearbeitung, die oft ins minutiöse Detail geht und fast künstlerisch zu nennen ist, besticht. Dennoch breite sich diese Gründlichkeit, »ohne in die Tiefe zu dringen, bloß flächenhaft aus«. Adlers Beobachtungen lägen ferner auf einer oberflächlichen Ebene, die man schwerlich der Psychoanalyse des Unbewußten zurechnen könne. Adler leiste eine vorzügliche Darstellung neurotischer Charakterentwicklungen, nicht neu im Inhalt, aber in dieser Zusammenschau. Es wäre aber ein Irrtum, »das aus der angeborenen Organinsuffizienz entspringende Minderwertigkeitsgefühl mit darauffolgendem ›männlichen Pro-

test‹ als das wesentlichste dynamische Moment der Neurosenbildung« zu betrachten:
»In welcher Form immer der ›männliche Protest‹ sich äußern mag, als neurotische Überempfindlichkeit, als krankhafter Ehrgeiz oder – in Form einer Sicherungstendenz – als übertriebener Mangel an Selbstvertrauen, immer gelingt es der Psychoanalyse noch tiefere, dem Ichbewußtsein entzogene Schichten aufzudecken, die alle schließlich zu Triebregungen führen, die dem infantilen Sexualleben entstammen und deren kulturelle Verdrängung mißglückt ist. Das Minderwertigkeitsgefühl und dessen Gegenpart, der ›männliche Protest‹, beide sind ein charakterologisches Produkt der psychischen Erkrankung, nicht aber deren Ursache. Sie können es schon aus dem unwiderlegbaren Grunde nicht sein, weil es sonst auch ursachlose Neurosen geben müßte, denn bei einer recht beträchtlichen Anzahl von Neurotikern ist der ›männliche Protest‹ einfach gar nicht zu finden. Und das kann nicht auf einem Beobachtungsfehler beruhen.«
Reitler bringt anschließend einen Fallbericht, der seine Argumentation stützt, auf den aber hier nicht näher eingegangen werden soll.
Adlers Auffassung, daß es dem Neurotiker auch im Geschlechtsakt lediglich darum ginge, »oben« zu sein, setzt Reitler folgende Betrachtungsweise des Geschlechtsaktes zweier Neurotiker entgegen:
»Beiden... scheint es nach Adler nicht so sehr um den Geschlechtsakt als solchen zu tun zu sein, als vielmehr um die Befriedigung des Wunsches ›von der weiblichen Linie abzurücken‹, den ›männlichen Protest‹ durchzusetzen und ›oben‹ zu sein, das Weib allerdings nur in der Phantasie, der Mann aber auch körperlich. Ein derartig gewaltsames Zurücksetzen des stärksten Triebes, den wir besitzen, des Sexualtriebes, zugunsten einer charakterologischen Konstitution, erscheint ja beinahe so, als sollte der Sexualakt selbst entsexualisiert werden, oder als bedürfte er zumindest neben der Libido noch einer dem Ichtriebe entstammenden Kraft.«
Die Behauptung, auf der das ganze Gebäude des »männlichen Protestes« ruht, daß nämlich das Kind das »Minderwertige«, »Schwache« mit dem weiblichen identifiziere und daher bestrebt sei, ein »Mann« zu sein, bezeichnet Reitler als grundfalsch: »Dem hilflosen Kinde erscheint nicht nur der Mann, sondern auch das erwachsene Weib als das gigantische, riesenhaft Starke.«
Minderwertige Schwäche drücke sich daher nicht als weiblich, sondern als kindlich aus: »Tatsächlich fühlen und benehmen sich die erwachsenen Neurotiker... keineswegs ›weiblich‹, sondern ›infantil‹. In ihrem Sexualleben sind sie auf der Entwicklungsstufe der Präpubertätszeit

steckengeblieben. Sie begnügen sich mit den Vorakten des Geschlechtsverkehres mit Benützung ihrer infantilen erogenen Zonen, so wie sie es eben als Kinder taten.«

Reitler schließt seine Ausführungen mit der zusammenfassenden Bemerkung, »daß der ›männliche Protest‹ eine sekundäre Bildung, ein Krankheitssymptom darstellt, keineswegs aber als das wichtigste dynamische Moment oder gar als das ›Kernproblem‹ der Neurose aufgefaßt werden darf, daß ferner die Zurücksetzung der im unbewußten wirkenden sexuellen Triebkräfte zugunsten charakterologischer Ichkomplexe durch die Ergebnisse der Psychoanalyse durchaus nicht begründet erscheint, und daß schließlich die ganze Lehre vom ›männlichen Proteste‹ auf der denn doch nur fiktiven Voraussetzung beruht, daß Kinder, die über ihr eigenes Geschlecht noch im unklaren sind, trotz ihrer Jugend es schon wissen sollen, daß es bei den erwachsenen Menschen ein sogenanntes ›schwächeres Geschlecht‹ gibt, während tatsächlich nicht nur der Mann, sondern auch das erwachsene Weib der kindlichen Psyche immer als Repräsentant überlegener Stärke imponieren muß.«

Gustav Grüner versuchte, zwischen Adler und Freud zu vermitteln: »Was Adlers Stellung zur Sexualität betreffe, so fasse er dieselbe als das Treibende im Menschen auf.« In seinem Vermittlungsversuch übersah er allerdings, daß er Adlers Intentionen nicht richtig wiedergab.

Am Schluß ergriff Adler das Wort und wies auf die Entwicklung seiner Theorien hin, die mit der *Studie* begonnen habe. Die Organminderwertigkeitslehre erscheine deshalb etwas vernachlässigt, weil er den Schwerpunkt nun im Minderwertigkeitsgefühl sehe. Zur allgemeinen Tendenz seiner Theorien meinte Adler, daß er nicht davon ausgegangen sei, »die Auffassungen Freuds von der Neurose und ihren Mechanismus zu entwerten, sondern nur der praktischen und theoretischen Notwendigkeit zu gehorchen, sie auf eine breitere Basis zu stellen«.

Freuds Beurteilung der Diskussionen geht aus einem Brief vom 9.2.1911 an Jung hervor: »Die Adlerdebatten im Verein ergeben bis jetzt ein sehr günstiges Resultat und decken die Schwäche des Gegners auf« (Freud/Jung 1974, S. 431). Jung antwortete am 14.2.1911, er »habe im Sinn, auch in Zürich die Adlerschen Schriften in extenso referieren und diskutieren zu lassen« (ebda., S. 432), worauf Freud zustimmend antwortete: »Ich finde es auch sehr zweckmäßig, daß Sie in Zürich zu den Adlerschen Arbeiten Stellung nehmen. Die zwei Diskussionsabende hier haben ihm sehr geschadet« (ebda., S. 435).

Vierter Abend (22. Februar 1911)[15]

Auch an diesem Abend ergriffen zahlreiche Mitglieder das Wort. Tausk warf die für ihn keineswegs philosophische Frage auf, wer beim männlichen Protest protestiere:

»Offenbar jemand, der unterdrückt wird, und das kann doch nur ein Trieb sein... Der wahrhaft unterdrückte und protestierende Trieb kann nur die Libido sein, denn bei den anderen Trieben handelt es sich um eine einfache Auseinandersetzung mit der Außenwelt. Bei der Libido dagegen ist das Objekt unbewußt... denn der Sexualtrieb wird gezwungen, unbewußt zu werden, da sein Objekt immer ein anderes ist, als er will.«

Abschließend relativierte Tausk Adlers Bild vom männlichen Protest des Neurotikers:

»Der Neurotiker stellt sich dar als ein Mensch, der über seine Libido nicht verfügt, der den Aufgaben, die die allgemeine Sexualität an ihn stellt, nicht gewachsen ist. Wenn er nun sieht, daß die Männer freier sind als die Frauen und aggressiv, was er selbst nicht kann, so fällt es ihm leicht, seine Situation in die Worte zu kleiden: Ich will ein Mann sein. Das ist nur ein so spätes Stadium der Entwicklung, daß man es in die oberflächlichen Schichten der Neurose verlegen muß.«

Adler antwortete auf Tausks Frage, wer protestiere: »Es protestiert das Kind sofort, wenn es unsicher geworden ist und Befürchtungen ausgesetzt ist.« Gerade diese Passage zeigt, wie groß die Gegensätze in der Sprache und in den Denkmodellen bereits geworden sind.

Furtmüller wiederholte seine Meinung, daß Adler der Sexualität nicht jede Existenz abspreche. Klemperer sah keinen Widerspruch zwischen den Auffassungen Freuds und Adlers. Die Adlerschen Begriffe seien aber auch nicht nur Neubezeichnungen Freudscher Begriffe.

Freud kam auf Adlers Wortspiel zurück, wonach die Verdrängung von der Kultur und die Kultur wiederum von der Verdrängung komme. Er sah darin keinen Widerspruch, sondern eine Bestätigung seiner Auffassungen:

»Die Verdrängung geht beim einzelnen vor sich und wird gefordert durch den Anspruch der Kultur. Was ist nun die Kultur? Sie ist ein Niederschlag der Verdrängungsarbeit aller Generationen vorher. Vom einzelnen wird gefordert, alle Verdrängungen zu leisten, die vor ihm schon geleistet wurden.«

15 Soweit nicht anders angegeben, beziehen sich die Zitate dieses Abschnitts auf die *Protokolle*, Bd. III (1979), S. 164–172.

Freud unterstrich einen Einwand Rosensteins, wonach die Traumbildung vom Adlerschen Standpunkt völlig unverstanden bleibe, und faßte seine Meinung noch einmal zusammen: Er hielte »die Adlerschen Lehren für falsch und für die Entwicklung der Psychoanalyse gefährlich. Aber das sind wissenschaftliche Irrtümer, die durch die falsche Methodik... hervorgerufen sind; und es sind Irrtümer, die ihrem Urheber alle Ehre machen. Und ungeachtet der Ablehnung des Inhalts der Adlerschen Anschauungen, kann man doch ihre Konsequenz und ihren Sinn anerkennen.«

Stekel meinte, Adlers Anschauungen seien keineswegs Abstraktionen oder Irrtümer, sondern große Fortschritte in der Neurosenlehre. Sie seien eine Vertiefung und ein Aufbau der bis jetzt gefundenen Tatsachen und stellten keinen Gegensatz dar, da sie auf dem Freudschen Fundament aufgebaut seien:

»Der wirklich große Fortschritt Adlers beruht auf psychologischem Gebiet und zeigt, wie sich der Charakter des Neurotikers aus gewissen Einstellungen entwickeln muß.«

Freud antwortete scharf, wenn Stekel glaube, es gäbe keine Widersprüche, »so muß doch darauf hingewiesen werden, daß zwei von den Beteiligten diesen Widerspruch doch finden: nämlich Adler und Freud«.

Adler meinte, seine Arbeiten seien zwar »von Freud und einigen Kollegen als Provokation aufgefaßt worden... wären aber nicht möglich gewesen, wenn Freud nicht sein Lehrer gewesen wäre. Seine wissenschaftliche und persönliche Situation sehe er einigermaßen bedroht und werde sich nicht scheuen, die nötigen Konsequenzen daraus zu ziehen, um einem solchen Fortgang der Dinge im Interesse der psychoanalytischen Bewegung Einhalt zu tun.«

Was genau Adler meinte, läßt sich schwer sagen. Interessant ist, daß er sich hier ausdrücklich als Schüler Freuds bezeichnete.

Federn nahm gegen Schluß der Debatte noch einmal sehr prinzipiell zur inhaltlichen Auseinandersetzung Stellung. Er bezeichnete Adlers Arbeiten als »ungewöhnlich wertvoll«, mit Ausnahme einiger Denkfehler, die es ihm erlaubten, »das gesamte psychoanalytische Material für sich zu verwerten. Der Aggressionstrieb sei eine wichtige und wertvolle Beobachtung; jedes Individuum hat den angeborenen Trieb, sich zu behaupten und zu wehren... Aber wir sehen in der Natur, daß gerade das mildeste Tier wild wird, sobald die Sexualität dazukommt. Es ist gerade umgekehrt, als Adler meint: Die unbefriedigte Libido reizt. Ebenso verhält es sich mit der Behauptung, die Libido der Neurotiker sei arrangiert, was ja ganz richtig sei; nur ist dahinter die echte, ursprüngliche Libido verdrängt und zur Neurose umgewandelt. Das ist der große

Denkfehler Adlers, daß er hinter all dem nicht die libidinösen Wünsche sieht, wie ja auch der männliche Protest selbst nur einem Wunsche entspricht; Adler setzt einfach für jeden Wunsch männlich, für jeden Verzicht weiblich. Es wäre geraten und den wertvollen Anschauungen Adlers nur zuträglich, wenn er etwas skeptischer gegen seine eigenen Befunde wäre und dahinter doch nach dem verdrängten Libidinösen suchen würde.«

Federn entwirft hier in knappester Form eine gemeinsame Basis für Freud und Adler, ohne die Unterschiede zu verwischen. Seine Anregung wurde aber weder von Freud noch von Adler aufgegriffen. Die bisherige Diskussion ergibt folgendes Bild: Freud und der Großteil seiner Schüler stellten Adlers Ansichten als unvereinbar mit der Psychoanalyse dar. Andere, wie Federn, versuchten zu vermitteln, ohne die Substanz der Freudschen Auffassungen preiszugeben. Adler selbst betonte die Verbundenheit mit Freud, und seine Anhänger, vor allem Furtmüller, Klemperer, Grüner, aber auch Stekel legten dar, daß die Auffassungen Freuds und Adlers durchaus vereinbar seien. In diese Situation platzte die Wortmeldung Steiners, von der Stekel in seiner Autobiographie berichtet, sie sei in ihrer Formulierung einem Antrag auf Ausschluß Adlers gleichgekommen. In den *Protokollen* ist Steiners Wortmeldung so wiedergegeben:

»Das Beginnen Adlers halte er für ein verfehltes und gefährliches. Deshalb haben auch Adlers Anhänger ihre Sache auffallend schlecht geführt; aber auch Freud sei der Vorwurf nicht zu ersparen, daß er seinen Affekt zu lange aufgespart habe. Seit der wertvollen Studie über die Minderwertigkeit der Organe hat sich Adler immer mehr von der Lehre entfernt; und seine urchristenmäßige Abkehr von der Sexualität mute heute, wo wir in einer Art Renaissance wieder an die Sinnesfreude der Antike anzuknüpfen versuchen, geradezu anachronistisch an. Seine Einheit der Neurose hat nichts getan, als die klassische Einteilung, die wir Freud verdanken, wieder zunichte zu machen... Ferner hat er uns, die wir zusammengetreten sind, um die Schicksale der Libido zu erforschen, in solchem Grade wieder der Oberflächenpsychologie anzunähern versucht, daß wir unsere Vereinigung, in deren Programm und Rahmen die Adlerschen Ideen gar nicht passen, würden umtaufen müssen.«

Adler erwiderte auf diese Kritik, »daß er an Steiners Stelle nicht den Mut zu solcher Rede gefunden hätte«. Er ging auf einige Details der an diesem Abend geäußerten Kritik ein, blieb aber in seinen Aussagen auffallend vage und defensiv.

Die Stimmung dieser Diskussionen beschreibt Wittels (1924, S. 134f.)

so: »die Adepten führten einen konzentrierten Angriff gegen Adler aus, der an Heftigkeit selbst auf diesem heißen Boden kaum seinesgleichen hatte. Ich selbst war nicht mehr dabei. Stekel erzählte mir, daß er den Eindruck eines planmäßig vorbereiteten Trommelfeuers empfing. Freud hatte Notizen vor sich liegen, aus denen heraus er mit finsterer Stirne seinen Gegner abzutun versuchte. Das dicke Ende kam... als ein Mitglied der Vereinigung – ich kann wohl sagen, eines der unbedeutendsten – sich erhob und den Antrag stellte, man möge Adler nahelegen, eine Vereinigung zu verlassen, zu deren Oberhaupt er sich in einen unüberbrückbaren Gegensatz gestellt habe. In dieser wenig würdigen Form entledigte sich Freud eines seiner bedeutendsten Schüler.«
Klemperer, einer der Jüngeren in der Gruppe, war von der Heftigkeit der Auseinandersetzung erschüttert. Er berichtet[16], daß Freud an der Spitze des Tisches saß. Die Diskussion begann an seiner Rechten, und jeder am Tisch mußte etwas sagen – ob er übereinstimme, ob er nicht übereinstimme und warum, und jeder sagte seine Meinung. Er sei irgendwie darum herumgekommen, indem er sagte, er verstünde von der Problematik wenig. Bei der zweiten Zusammenkunft sprach Freud zwei Stunden lang und lieferte eine verheerende Kritik, durchsetzt mit persönlichen Angriffen auf Adler. Freud war ausgesprochen zornig und verurteilte Adler. Was immer er sage, habe keinen Sinn, was immer gut sei, sei nicht neu und was immer neu sei, sei absolut schlecht... eine verheerende, zornige Diskussion über Adler. Klemperer hatte den Eindruck eines von Freud arrangierten Tribunals über Adler. Adler habe nichts anderes tun können, als zurückzutreten. Es war wegen der Heftigkeit Freuds keine Versöhnung möglich. Er ließ Adler keine Chance für einen Kompromiß... verurteilte ihn... in sehr heftigen Worten... nahm sich kein Blatt vor den Mund... keine Diplomatie... kein Mitleid, kein Versuch zu sagen: »Gut, vielleicht ist da ein Mißverständnis«... da war kein Mißverständnis, es war absolut klar, Adler ist ein Häretiker.
Soweit der Eindruck eines der jüngeren Mitglieder. Er läßt keinen Zweifel daran, daß Freud sehr emotional war. Auch Richard Wagner, der an allen Sitzungen teilgenommen hatte, hat in Interviews mit Roazen (1976, S. 191) bestätigt, daß er den Eindruck eines Prozesses, eines Tribunals gehabt habe. Im Unterschied zu Klemperer habe er aber keine persönlichen Angriffe Freuds auf Adler bemerkt. Sachs (1944, S. 48) berichtet, daß Freud Adler nicht schonte und keine scharfen Worte und schneidenden Bemerkungen scheute, sich aber nie dazu

16 Klemperer 1952, S. 11 und 40f., eigene Übersetzung und Zusammenfassung.

herabließ, persönlich zu werden. Den Eindruck von dicker Luft und vorbereiteten Wortmeldungen und Kritiken berichtet auch Stekel (1950, S. 141).

Stepansky (1983, S. 136) sieht in Freuds feindseliger Reaktion ein politisches Manöver erster Ordnung. Nicht die theoretische Unzuverlässigkeit der Adlerschen Ansichten hätten Freud veranlaßt, seine früheren Vorbehalte gegen Adlers Theorien in Richtung Beendigung der aktiven Mitarbeit Adlers neu zu interpretieren, sondern seine wachsende Sorge um eine geeinigte psychoanalytische Bewegung. Insofern sei Freuds Kritik ausgenommen präzise ausgefallen. Sie habe früheren Vorbehalten gegen Adler, die Freud in den vergangenen Jahren wiederholt vorgebracht hatte, nichts hinzugefügt.

Im Protokoll der Sitzung ist noch vermerkt, daß Adler in einer Ausschuß-Sitzung, die nach der Diskussion abgehalten wurde, seine Funktion als Obmann der Vereinigung »wegen Inkompatibilität seiner wissenschaftlichen Stellung und seiner Stellung im Vereine« niederlegte und Stekel sich solidarisch erklärte, indem er auf seine Funktion als Obmann-Stellvertreter verzichtete. Obwohl Adler den Verein erst etwa vier Monate später endgültig verließ, war dieser Rücktritt der entscheidende formale Schritt zur Trennung von Freud.

Über die neue Lage in Wien berichtete Freud am 26. 2. 1911 an Oskar Pfister:

»In Wien hat es eine kleine Krise gegeben, von der ich Jung noch nichts mitgeteilt habe. Adler und Stekel haben demissioniert, und ich werde mich nächsten Mittwoch zum Vorsitzenden wählen lassen... Adlers Theorien gingen zu weit vom rechten Weg ab, es war Zeit, dagegen Front zu machen. Er vergißt das Wort des Apostels Paulus, dessen genauen Wortlaut Sie besser kennen als ich ›Und hättet Ihr der Liebe nicht‹. Er hat sich ein Weltsystem ohne Liebe geschaffen, und ich bin dabei, die Rache der beleidigten Göttin Libido an ihm zu vollziehen. Ich habe mir gewiß immer vorgesetzt, tolerant zu sein und keine Autorität auszuüben; in der Wirklichkeit geht es dann nicht. Es ist so wie mit dem Wagen und den Fußgängern. Als ich anfing, den ganzen Tag im Wagen zu fahren, ärgerte ich mich über die Unvorsichtigkeit der Passanten, wie früher über die Rücksichtlosigkeit der Kutscher« (Freud/Pfister 1963, S. 47).

Freud war, wie man sieht, nicht verlegen, dem Pastor die Sachlage mit den angebrachten Worten zu erklären.

Die Ereignisse bis zum endgültigen Austritt Adlers und seiner Anhänger (März–Oktober 1911)

Die nächste Vereinssitzung am 1. März begann als außerordentliche Generalversammlung, in der Freud durch Akklamation zum Obmann gewählt wurde und Hitschmann – »ein Strenggläubiger«, wie Freud zwei Tage später an Jung schrieb – zu seinem Stellvertreter. Als weitere Ausschußmitglieder wurden Sachs, Steiner und Rank gewählt.
Zu einem Tauziehen kam es, als Furtmüller forderte, der Verein solle erklären, daß die von Adler behauptete Inkompatibilität nicht existiere, ihm für seine Tätigkeit danken und sein Scheiden bedauern.
Freud befürwortete zwar die »Danksagung«, blieb jedoch hinsichtlich der ersten Forderung unbeugsam: »... er halte die Verneinung der Inkompatibilität in diesem fortgeschrittenen Stadium für eine Kritik, die wir Adler, und für eine Werbung, die wir uns ersparen können« (*Protokolle* 1979, S. 174).
In einer Abstimmung wurde dennoch, gegen Freuds Willen, mehrheitlich beschlossen, daß der Verein die Inkompatibilität nicht anerkenne. Freud erlitt also mit seiner Meinung, daß Adlers Lehre mit der Psychoanalyse nichts mehr zu tun habe, eine Abstimmungsniederlage.
Wie diese Ereignisse auf Adler gewirkt haben, läßt sich nur vermuten. Er dürfte durch die Zuspitzung der Ereignisse, durch Freuds massive Kritik und Steiners Votum für einen Ausschluß völlig überrascht gewesen sein.
Freuds Meinung ist aus dem Briefwechsel mit Jung unzensuriert überliefert. Am 3. 3. 1911 informierte er ihn über die jüngsten Ereignisse:
»Seit vorgestern bin ich der Obmann der Wiener Gruppe. Es ging nicht länger mit Adler, er sah es ein und erklärte es selbst als inkompatibel mit seinen neuen Lehren, die Leitung der Gruppe länger zu führen. Stekel, jetzt ein Herz und eine Seele mit ihm, ist ihm gefolgt, und ich habe mich entschlossen, nach diesem mißglückten Versuch die Zügel wieder in die Hand zu nehmen. Ich werde sie jetzt stramm anziehen; es dürfte ohnedies allerlei Malheur bereits angerichtet sein. Obmann-Stellvertreter ist Hitschmann, ein Strenggläubiger, wie Sie wissen. Die Opposition gegen Adler war bei den älteren Mitgliedern sehr stark, während bei den jungen und neuen sich viel Sympathie für ihn gezeigt hat. Ich betrachte mich nun als den Vollstrecker der Rache der beleidigten Göttin Libido und werde auch im ›Zentralblatt‹ schärfer als bisher darauf sehen, daß die Ketzerei nicht zu viel Raum einnehme. Hinter Adlers scheinbarer Schärfe ist ein großes Stück Verworrenheit zum Vorschein gekommen. Daß ein Psychoanalytiker dem Ich so aufsitzen könnte, hätte ich nicht

erwartet. Das Ich spielt doch die Rolle des dummen August im Zirkus, der überall seinen Kren dazu gibt, damit die Zuschauer glauben, er ordne alles an, was da vor sich geht« (Freud/Jung 1974, S. 441 f.).

Freud berichtet Jung also von Adlers Rücktritt wegen Inkompatibilität, nicht aber über seine Abstimmungsniederlage in dieser Frage. Seine Wortwahl (»Strenggläubiger«, »Ketzerei«) läßt an Vergleiche mit einem Kirchenschisma denken. In der Tat sind hier Ähnlichkeiten festzustellen, auf die schon Graf (1942, S. 473) hingewiesen hat. Graf meinte, Freud als Kirchenoberhaupt hätte Adler gebannt und aus der offiziellen Kirche geworfen. Seine Erfahrungen als eines der ersten Mitglieder der »Mittwoch-Gesellschaft« faßte Graf so zusammen:

»Innerhalb weniger Jahre durchschritt ich die ganze Entwicklung einer Kirchengeschichte: von den ersten Predigten an eine kleine Apostelschar bis zum Streit zwischen Arius und Athanasius.«[17]

Jung gratulierte Freud in seinem Antwortschreiben vom 8. 3. zur Obmannwürde, zeigte sich erstaunt über die Wendung der Ereignisse und bat um nähere Details:

»Adler scheint ja ganz gefährlich zu werden. Von Stekel ist es ganz unverantwortlich, sich so mit Adler aus Komplexgründen allein zu identifizieren. Wie soll es mit dem ›Zentralblatt‹ gehen, wenn der Wind aus dieser Ecke bläst? Wollen Sie die Redaktion reformieren?« (Freud/Jung 1974, S. 443).

Freud antwortete Jung ausführlich am 14. 3.:

»Beim ›Zentralblatt‹ hat sich durch die Palastrevolution in Wien wenig geändert. Natürlich lauere ich auf die Gelegenheit, die beiden abzuwerfen, aber sie wissen es und benehmen sich darum vorsichtig und konziliant, so daß ich vorläufig nichts tun kann. Eine strengere Kontrolle meinerseits ist selbstverständlich; sie lassen sich auch die gefallen. Ich bin in meinem Herzen mit ihnen beiden fertig. Aus all den Wienern wird nichts werden, nur der kleine Rank, der ebenso gescheit als ordentlich ist, hat eine Zukunft. Die Folgen von Adlers Rebellion werden wir in der Literatur zu verspüren haben. Es war hohe Zeit zum Eingreifen. Er dissimuliert nämlich eine Menge, was bald zum Vorschein gekommen wäre. In einer Diskussion gebrauchte er folgendes Argument: Wenn Sie fragen, woher die Verdrängung kommt, erhalten Sie die Antwort: von der Kultur. Wenn Sie weiter fragen, woher die Kultur, lautet die Antwort: von der Verdrängung. Sie sehen also, es ist nur ein Spiel mit Worten. Ich habe ihm die Rabulistik heimgezahlt und ihn gefragt, wo der Widersinn steckt, wenn dem Einzelnen dieselbe Verdrängungs-

17 Eigene Übersetzung.

leistung nachzuholen zugemutet wird, die seine Ahnen vor ihm zustande gebracht haben und als deren Ergebnis sich die Kultur darstellt. – Ein andermal hielt ich ihm aus einer im Druck befindlichen Arbeit vor, daß er gesagt habe, die feindselige Einstellung gegen den Vater habe sich bereits in der asexuellen Zeit der Kindheit gebildet. Er leugnete, aber ich wies es ihm im Druck nach; es stand dort vorsexuell, aber vorsexuell ist doch wohl asexuell?« (ebda., S. 445f.).

Jung bestätigte in seiner Antwort vom 19. 3., daß er die Nachrichten über Adler höchst interessant fand:

»Auch hier in Zürich wurde von verschiedenen Mitgliedern die Beobachtung gemacht, daß die Patienten die Adlerschen Schriften als Widerstandsquellen ausnützen ... Adlers Frage über Verdrängung und Kultur ist eine recht typische ›Doktorfrage‹, nur dazu bestimmt, jemand zu leimen und nicht, um eine Wahrheit zu fördern« (ebda., S. 449).

Auch Karl Abraham wird von Freud in einem Brief am 3. 3. 1911 davon informiert, daß er die Leitung der Ortsgruppe Wien nach den Rücktritten Adlers und Stekels übernommen hat:

»Adlers Auftreten war mit unseren psychoanalytischen Interessen nicht mehr vereinbar, er leugnet die Bedeutung der Libido und führt alles auf Aggression zurück. Die schädlichen Wirkungen seiner Arbeiten werden auf sich nicht lange warten lassen« (Abraham/Freud 1965, S. 107).

Abraham antwortet am 9. 3. mit einer ausführlichen Darlegung seiner Einschätzung Adlers:

»Adlers Rücktritt kann ich kaum bedauern. Bei aller Achtung vor seinen guten Eigenschaften war er doch sicher nicht der Geeignete zur Leitung der Ortsgruppe. Seine neueren Arbeiten behagen mir gar nicht. Freilich traue ich mir kein definitives Urteil zu, weil ich von einer Antipathie gegen Adlers Stil und Darstellungsweise nicht los komme. Die Gefahr liegt vor, daß man dann vielleicht manches aus Bequemlichkeit ablehnt, um sich nicht hineinlesen zu müssen. Aber ich glaube ihm nicht Unrecht zu tun, wenn ich den ›Aggressionstrieb‹ sehr einseitig finde. Das Aufgeben der Libido, die Vernachlässigung alles dessen, was wir über erogene Zonen, Autoerotismus, etc. gelernt haben, erscheint mir als Rückschritt. Das Lustprinzip geht völlig verloren. Dazu noch Rückfälle in die Oberflächen-Psychologie, wie die ›Überempfindlichkeit‹ etc. Wo er ein Beispiel gibt, tritt mir die Einseitigkeit der Auslegung sehr deutlich entgegen ... Der ›männliche Protest‹ scheint mir in gewissen Fällen ein guter Gesichtspunkt; etwas prinzipiell Neues finde ich nicht darin; ich möchte sagen, es ist die schon in Ihren ›Drei Abhandlungen‹ enthaltene Idee (von der Männlichkeit der Libido) pointiert ausgedrückt und einseitig auf die Spitze getrieben. Der ›männliche Protest‹ muß in seinem Unbewußten wurzeln. Trotz all dieser Einwände findet man immer Wertvolles, sodaß man bedauern möchte, daß alles so skizzenhaft, fragmentarisch und ungenügend begründet dasteht« (ebda., S. 108f.).

Freud antwortet am 14. 3. und wartet dabei mit seiner schon bekannten Diagnose auf:

»Ihr Urteil über Adler trifft mit dem meinigen völlig zusammen, besonders mit meinem Urteil vor den Debatten. Seither ist es schärfer geworden; hinter seiner Abstraktion steckt viel Verworrenheit, er dissimuliert einen viel weitergehenden Widerspruch und zeigt schöne paranoische Züge« (ebda.).

Auch in einem Brief an Binswanger berichtet Freud Anfang März von den Vorgängen in Wien. Adler sei zurückgetreten, »wol in der richtigen Empfindung, daß man mit seinen Ansichten nicht gut der Fahnenträger der Sache sein kann. Es heißt wol, daß der gemeinsame Boden die Übung der Methode sei, aber in Wirklichkeit ist doch, was wir gegen die Welt gemeinsam vertreten, die Wertung der Libido, von der sich Adler sehr entfernt hat. Es gibt wieder die Ich-Mißverständnisse, die wir überwunden zu haben glaubten« (Binswanger 1956, S. 41).

Einige Wochen später, am 20. 4. 1911, schreibt Freud an Pfister, der auf seine Schilderung der Wiener Ereignisse (26. 2.) geantwortet hat:

»Die Vorgänge in Wien beurteilen Sie freundlicher, als sie es verdienen. Es ist recht unbehaglich und unschön. Es ist gewiß der Vaterkomplex, aber von der Seite, daß der Vater nicht genug für sie tut. Kritik am ohnmächtigen Vater. In der Tat hat meine Fähigkeit, Patienten zu verteilen, in diesem Jahr der unermüdlichen Hetze recht abgenommen. Mit Stekel wird es wahrscheinlich zu einer Aussöhnung kommen; er ist zwar unerziehbar, aber im Grunde gutmütig und hat sich um die Psychoanalyse doch große Verdienste erworben. Der Andere aber wird über Bord gehen« (Freud/Pfister 1963, S. 49).

Zwischen dem 8. März und dem Ende des Arbeitsjahres am 31. Mai 1911 fanden zwölf Vereinssitzungen statt. Adler nahm an zehn von ihnen teil, meldete sich aber nur noch einmal zu Wort. Von seinen Anhängern wurde hingegen mehrmals in den Diskussionen auf die von ihm geprägten Begriffe verwiesen.

Der Verlauf der Ereignisse dürfte Adler schwer verstimmt haben. Er schwieg beharrlich, während die Spannungen von anderen ausgetragen wurden. Vor allem Furtmüller wurde nun zum Anwalt der Interessen Adlers. Bei der Sitzung am 17. Mai kam es zu einem kurzen, aber heftigen Schlagabtausch mit Freud. Nachdem Klemperer sich auf einen Begriff Adlers berufen hatte, konterte Freud, daß es besser sei, »sich die Dinge daraufhin anzusehen, was sie sagen, als was Adler gesagt habe und ob er recht habe« (*Protokolle* 1979, S. 249). Gegen diese Kritik an der Wissenschaftlichkeit Adlers, der an dieser Sitzung nicht teilnahm, setzte sich Furtmüller zur Wehr und sagte, er »möchte den von Freud allgemein erhobenen Vorwurf der einer wissenschaftlichen Diskussion nicht anstehenden Parteilichkeit als unbegründet zurückweisen und seinerseits das Recht zur wissenschaftlichen Diskussion aller einschlägigen Probleme und Gesichtspunkte gewahrt wissen« (ebda., S. 250).

Freud antwortete polemisch, er glaube, »sich der in diesem Versprechen enthaltenen Hoffnung für die Zukunft hingeben zu können«. Furtmüller protestierte sofort gegen »die Auffassung eines Versprechens, zu dem er keinen Anlaß hätte« (ebda.).

Beim Vereinsabend am 24. Mai 1911 kam es zu jener einzigen Wortmeldung Adlers vor seinem endgültigen Austritt. Er bezog sich auf den Wortwechsel zwischen Freud und Furtmüller und erinnerte an jenen Plenumsbeschluß, wonach sein wissenschaftlicher Standpunkt in keiner Weise zu den Forschungen Freuds in Gegensatz stehe: »Indem er auf diesen Beschluß des Plenums verweise, beruhige er sich mit dieser Zustimmung vollkommen« (ebda., S. 254).

Adlers Berufung auf den Plenumsbeschluß vom 1. März erhellt die Beweggründe seines Rücktritts, den er selbst aus »Inkompatibilität« erklärt hatte. Es war dies offenbar ein Protestschritt, der mit der Hoffnung verknüpft war, von den Vereinsmitgliedern wieder zurückgeholt zu werden. Dies geschah auch durch den Plenumsbeschluß vom 1. März, allerdings nicht so weitgehend, daß er als Vereinsobmann wieder bestätigt worden wäre. Adler dachte noch nicht an einen Austritt, während über Freuds Absicht, eine endgültige Trennung herbeizuführen, kein Zweifel besteht.

Daß Adler entweder in Sitzungen nicht anwesend ist oder sich nicht an der Diskussion beteiligt, was vor seinem Rücktritt kaum vorgekommen war, interpretiert Bruder-Bezzel (1983, S. 102) so, daß er es aufgegeben hat, »in diesem Kreis noch um Anerkennung und um Anhänger zu ringen. Warum aber kommt er noch, was hält ihn? Er kann, so scheint es, nach fast neun Jahren Mitgliedschaft den Absprung nicht finden«.

An diesem 24. Mai 1911 beteiligte sich Adler auch wieder mit einer längeren Wortmeldung an der inhaltlichen Diskussion. Es war dies allerdings sein letzter in den *Protokollen* verzeichneter Beitrag. An der letzten Sitzung des Arbeitsjahres am 31. Mai 1911 hat er nicht teilgenommen.

Die Absicht Freuds, Adler loszuwerden, kommt in verschiedenen Briefen klar zum Ausdruck. An Jung schreibt er am 27. 4. 1911, er möchte Adler, der sich »höchst pueril benimmt... beim nächsten Anstoß ausschiffen« (Freud/Jung 1974, S. 462). An Binswanger schreibt er Ende April, daß die Schwierigkeiten in Wien sich durch die Versöhnung mit Stekel und das Fallenlassen Adlers lösen würden, und Ende Mai heißt es, er arbeite jetzt daran, »Adler auszuschiffen und mit Stekel allein zu bleiben« (Binswanger 1956, S. 43, 45).

»Er arbeite jetzt daran«, damit meinte Freud die Ereignisse, die sich inzwischen im Zusammenhang mit dem *Zentralblatt* zugespitzt hatten. Nach Jones (1962/2, S. 163) hatte Freud in diesen Wochen Adler nahegelegt, als Mitherausgeber des *Zentralblatts für Psychoanalyse* zurückzutreten und in diesem Sinn auch an seinen Verleger geschrieben. Adler soll daraufhin seinen Anwalt konsultiert und Freud Bedingungen gestellt haben, die – so Freud – »von lächerlicher Anmaßung zeugen und ganz unannehmbar sind«.[18] Was sich in diesen Tagen genau ereignet hat, ist nicht mehr zu rekonstruieren. Es kam jedenfalls zu »peinlichen und garstigen Episoden«, wie Freud Ende Juni an Jung schrieb. Furtmüller (1946, S. 243) schildert die Ereignisse so:

»Die endgültige Krise kam im Sommer 1911, als die Gruppentätigkeit während der Ferien eingestellt war. In einem Brief an den Verlag der Zeitschrift erklärte Freud, daß er die Zeitschrift nicht mehr gemeinsam mit Adler herausgeben könne, so daß der Verleger zwischen den beiden zu wählen haben werde. Der Verleger brachte Adler diesen Brief zur Kenntnis und Adler enthob ihn durch seinen sofortigen Rücktritt der peinlichen Notwendigkeit einer Wahl.«

Noch im Juni verfaßte Adler eine Erklärung, in der er seinen Austritt aus der Redaktion begründete. Sie wurde in Heft 10/11 des *Zentralblatts* veröffentlicht und hatte folgenden Inhalt: »Hiermit bringe ich den Lesern dieser Zeitschrift zur Kenntnis, daß ich mit dem heutigen Tage aus der Redaktion dieser Zeitschrift ausscheide. Der Herausgeber der Zeitschrift, Herr Professor Freud, war der Ansicht, daß zwischen ihm und mir derartige wissenschaftliche Gegensätze bestehen, die eine gemeinsame Herausgabe dieser Zeitschrift in seinen Augen inopportun erscheinen ließen. Ich habe mich deshalb entschlossen, freiwillig aus der Redaktion der Zeitschrift auszutreten.«

Um das *Zentralblatt* entbrannte ein Jahr später ein Kampf zwischen

18 Aus einem Brief vom 20. 6. 1911 an Ferenczi, zitiert nach Jones 1962/2, S. 163.

Freud und Stekel, der darin siegreich blieb. Andreas-Salomé (1965, S. 16) berichtet, daß auch Adler für kurze Zeit mit dieser Auseinandersetzung zu tun hatte und es ihr »stark unsympathisch (war)... daß er von diesem Blatt was für sich erwartet, obwohl er sehr gut weiß, wie Stekel es sich gewann«. Am 29. 10. 1912 schrieb Adler ihr die folgenden Zeilen:

»Ich wäre Ihnen sehr verbunden, wenn sie die Mitteilung über das Kapitel Stekel-Freud-Zentralblatt einige Tage nicht weitergeben... es würde nur vermieden... daß in dem jetzt entbrennenden Kampfe zwischen Stekel und Freud ich hineingezogen würde. Halten sie mir zugute, daß ich auf keiner der beiden Seiten stehen will« (ebda.).

Zurück ins Jahr 1911: Gleichzeitig mit der zitierten Erklärung für das *Zentralblatt* begründete Adler seinen Austritt, was Freud in seinem Brief vom 15. 6. 1911 an Jung zitierte. Freud wollte zunächst berichten, daß er Adler endlich losgeworden sei. Aufgrund einer Fehlleistung schrieb er aber pikanterweise, er sei ihn »endlos losgeworden«:

»Nachdem ich von Bergmann seinen Rücktritt vom ›Zentralblatt‹ verlangt, hat er viel herumgezogen und endlich in sonderbaren Wendungen etwas erklärt, was man als Verzicht deuten muß. Wenigstens stimmt dazu die Ankündigung, daß er aus der PA Vereinigung austrete. Dann bricht das Zurückgehaltene heraus: ›Der Verein hatte Ihnen gegenüber trotz einer einmaligen Entschließung nicht den moralischen Einfluß, Sie in der Verfolgung Ihres alten persönlichen Kampfes (!!) gegen mich aufzuhalten. Da ich keine Neigung habe, mit meinem gewesenen Lehrer diesen persönlichen Kampf zu führen, zeige ich hiermit meinen Austritt an.‹ Der Schaden ist nicht sehr groß. Paranoische Intelligenzen sind nicht rar und mehr gefährlich als wertvoll. Er hat als Paranoiker natürlich in vielem recht, wenn auch in allem unrecht. Einige recht unbrauchbare Mitglieder werden wahrscheinlich seinem Beispiel folgen« (Freud/Jung 1974, S. 472f.).

Soweit dieses Zitat zutrifft, beweist es, daß Adler die Auseinandersetzung primär als eine persönliche ansah, während es Freud, wie zahlreiche Passagen seiner Briefe zeigten, um die »Reinheit« seiner Lehre ging. Daß Freud hinter die Formulierung »Ihres alten persönlichen Kampfes gegen mich« Rufzeichen einfügte, zeigt einerseits, daß ihm diese Diskrepanz aufgefallen ist. Vor allem aber haben die Rufzeichen eine zentrale Funktion als Rechtfertigung seiner »Paranoia-Diagnose«. Adlers Formulierung »mit meinem gewesenen Lehrer« mutet reichlich beleidigt und verletzt an.

Dem Beispiel von Adlers Austritt folgten David Josef Bach, Franz Baron von Hye und Stefan von Maday. Ihre Austritte fielen, wie bereits erwähnt wurde, nicht sonderlich ins Gewicht, da sie kaum bzw. nie an Vereinssitzungen teilgenommen hatten und der WPV eigentlich nur formell angehörten.

Am 20. Juni 1911 unterzeichneten Furtmüller, Hilferding, Franz und Gustav Grüner, Klemperer, Oppenheim und – was überrascht – auch Friedjung eine Erklärung, die wahrscheinlich von Furtmüller aufgesetzt worden war. Sie billigten darin Adlers Vorgehen und äußerten den Wunsch, weiterhin in der WPV zu verbleiben und über ihre Mitgliedschaft durch Abstimmung entscheiden zu lassen. Der genaue Wortlaut dieser Erklärung lautet:

»Die Unterzeichneten haben sich, als sie von der bevorstehenden Änderung in der Leitung des Zentralblattes erfuhren, an Herrn Dr. Adler um nähere Auskünfte gewendet. Auf ihre Bitte hat er ihnen die in dieser Angelegenheit gewechselten Briefe mitgeteilt und sie mußten daraus ersehen, daß Dr. Adler, der eine der beiden Gründer der Zeitschrift, unter Vorschiebung des Verlegers und finanzieller Gründe aus der Redaktion herausgedrängt worden ist. Es handelt sich hier nicht um einen Einzelfall, sondern dieser Schritt ist der letzte einer ganzen Reihe von unfreundlichen Akten, die gegen Dr. Adler's Person und seine wissenschaftliche Arbeitsweise gerichtet wurden und deren Tragweite uns jetzt erst klar wird. Während nach unserer Meinung Verein und Zentralblatt Machtfaktoren gegenüber den Gegnern der Psychoanalyse, für die Psychoanalytiker aber ein freier Diskussionsboden sein sollten, zeigten diese Handlungen immer deutlicher das Bestreben, auch innerhalb der Psychoanalyse Machtpositionen zu schaffen und sie mit all der bei Machtkämpfen üblichen Rücksichtslosigkeit zu behaupten. Gegen ein solches Vorgehen lehnt sich unser Empfinden auf. Wir sind überzeugt, daß darunter sowohl die innere Entwicklung als das äußere Ansehen der Psychoanalyse Schaden leidet. So bedauern wir es denn auf das lebhafteste, daß der Austritt Dr. Adler's aus der Psychoanalytischen Vereinigung förmlich provoziert wurde und erklären ausdrücklich, daß wir das Vorgehen Dr. Adler's vollkommen billigen. Wir legen selbstverständlich den höchsten Wert darauf, mit ihm in ständigem wissenschaftlichen Gedankenaustausch zu bleiben und wir werden dafür wohl auch eine entsprechende äußere Form finden. Wir haben uns aus zwei Gründen zur Abgabe dieser Erklärung entschlossen: Erstens halten wir in einer so wichtigen Angelegenheit vollste Offenheit gegenüber dem Verein für unsere Pflicht. Zweitens legen wir zwar den größten Wert darauf, auch weiterhin eifrige Mitglieder der Psychoanalytischen Vereinigung zu bleiben, aber nur dann, wenn wir gern gesehene Mitglieder sind. Sollte daher der Vereinsvorstand der Ansicht sein, daß unser Standpunkt und unser Vorgehen unsere Pflichten gegen den Verein auch nur im allergeringsten verletzt, so bitten wir ihn, die Angelegenheit einer allgemeinen Mitgliederversammlung zur Entscheidung vorzulegen.«[19]

Die verlangte Abstimmung fand unter veränderten Bedingungen und ungünstigen Vorzeichen im Oktober 1911 statt.

Das zehnte Arbeitsjahr begann nach der Sommerpause am 11. Oktober 1911 mit einer außerordentlichen Generalversammlung, in der sich Freud und seine Anhänger kompromißlos zeigten. Einen Grund dafür hatte Adler geliefert, der im Sommer den »Verein für freie psychoanalytische Forschung« gegründet und mit dieser Namenswahl bei Freud für böses Blut gesorgt hatte. Freud teilte den Teilnehmern an Adlers Kreis, »dessen Unternehmungen den Charakter einer feindseligen Konkurrenz zeigen«, die Entscheidung des Ausschusses mit, zwischen ihrer Zugehörigkeit »hier oder dort« zu wählen, da der jetzige Zustand unvereinbar sei (*Protokolle* 1979, S. 272).

Furtmüller drückte daraufhin seine Verwunderung über die Meinungsänderung des Ausschusses aus und verlas dazu mehrere in dieser Angelegenheit gewechselte Schriftstücke – vermutlich auch die Erklärung vom 20. Juni. Er forderte schließlich das Plenum auf, über die Frage der Inkompatibilität abzustimmen.

Sachs begründete im Anschluß die Meinungsänderung des Vorstandes, dem es »fernliege, jemand hinauszudrängen; es genüge die einfache Option, aber reinliche Scheidung müsse herrschen« (*Protokolle* 1979, S. 272).

Auch Heller und Federn sprachen zugunsten dieser Scheidung. Furtmüller versuchte noch einmal, die vorgebrachten Argumente zu widerlegen und – wie Rank notierte – »die ganze Frage zu einer Entscheidung über freie oder vorurteilsvolle psychoanalytische Forschung zuzuspitzen«. Tatsächlich war dies die Argumentationslinie Furtmüllers und der anderen Adler-Anhänger. Furtmüller (1946, S. 243 f.) schreibt, daß sie alle wußten, »daß die Würfel gefallen waren; aber um des Prinzips willen fochten sie den Kampf um die Freiheit der Forschung im Rahmen der Freudschen Schule«.

Auch Stekel und Rosenstein plädierten dafür, es »eine Zeitlang noch zusammen zu versuchen«, während Freud, Tausk und Hitschmann sich für eine Trennung aussprachen.

Schließlich beantragte Sadger den Schluß der Debatte und die Abstimmung. Steiner sprach als Pro-Redner für die Scheidung, Furtmüller

19 Ein verkleinertes Faksimile dieses Dokuments findet man bei Furtmüller 1983, S. 300 f.

hielt als Kontra-Redner den Vermittlungsvorschlag Stekels für nicht annehmbar. Er erklärte, alles getan zu haben, um die Situation nicht zu verschärfen, und beantragte die namentliche Abstimmung, wie sie in der Erklärung vom 20. Juni gefordert worden war.

Schließlich wurde die folgende Resolution zur Abstimmung gebracht: »Die Versammlung erklärt, daß sie nach der Sachlage die Zugehörigkeit zum Verein für freie psychoanalytische Forschung als inkompatibel mit der Zugehörigkeit zur Psychoanalytischen Vereinigung empfindet« (ebda., S. 273).

Der Antrag erhielt elf Pro- und fünf Kontrastimmen, die aller Wahrscheinlichkeit nach von Furtmüller, Hilferding, Klemperer, Oppenheim und Gustav Grüner stammten. Franz Grüner war an diesem Abend nicht anwesend. Insgesamt nahmen an dieser Zusammenkunft 22 Mitglieder teil, was bedeutet, daß sich sechs von ihnen bei der Abstimmung ihrer Stimme enthielten.

Nach der Abstimmung erklärte Furtmüller seinen und den Austritt der anderen fünf Adler-Anhänger aus der WPV. Damit war die endgültige Trennung zwischen der Psychoanalyse und der Schule Adlers, die erst im September 1913 den Namen »Individualpsychologie« annahm, besiegelt.

Aus der Sicht eines Adler-Anhängers wurden die Ereignisse des Sommers und Frühherbstes 1911 so erlebt:

»Adler trat dann zurück, und es gab eine Gruppe, die mit ihm persönlich freundschaftlich verbunden war und sich jeden Abend im Café Central traf, wo er mit seiner Frau und einigen Freunden saß... Adler machte dann uns als seinen Freunden den Vorschlag, eine neue Gesellschaft zu gründen. Während des Sommers 1911 trat Furtmüller bei, Oppenheim, die Grüners und ich selbst. Wir gründeten die ›Freie psychoanalytische Vereinigung‹... Furtmüller war aktiver Sozialist, ein öffentlicher Redner, Politiker. So war es irgendwie eine politische Bewegung, eine freie psychoanalytische Vereinigung. Sie wurde im Sommer 1911 gegründet, Adler war Vorsitzender, ich war Kassierer, wir trafen uns im Haus Adlers, Dominikanerbastei, in seiner Wohnung. Dort hatten wir wieder Zusammenkünfte mit Darstellungen und Diskussionen: Minderwertigkeitskomplex, Sicherungstendenzen und all das. Im Herbst 1911 kam das erste Treffen der alten psychoanalytischen Vereinigung... Tagesordnung: Kann man zu beiden Gesellschaften gehören?... Wir sechs – ich glaube, wir waren sechs – wußten, wie es enden würde, aber wir hatten eine Genugtuung: wir hatten den besseren Redner. Furtmüller war ein wunderbarer politischer Redner. Er hielt eine seiner größten Reden, die ich je gehört habe, eine politische

Rede, in der er über Freiheit und alles sprach. Dann kam die Abstimmung und natürlich wurden wir niedergestimmt. Wir standen auf und verließen den Raum« (Klemperer 1952, S. 12).[20]
Über seine persönlichen Gründe für die Loyalität zu Adler befragt, meinte Klemperer (ebda., S. 14): »Ich war wütend über die Haltung Freuds, die tyrannische Art Freuds. Ich denke, er hatte hundertprozentig recht, aber damals war ich wütend darüber.«
Sachs (1944, S. 48) vermutet ähnliche Gründe für die Solidarisierung der jungen Mitglieder mit Adler:
»Die meisten dieser Männer teilten Adlers Ideen nicht; ihr Entschluß war durch die Ansicht beeinflußt, daß das ganze Vorgehen die ›Freiheit der Wissenschaft‹ verletze. Es mag wohl sein, daß Freuds tief schürfende, scharfe Kritik manche an einer empfindlichen Stelle traf und daß sie daher geneigt waren, Adlers Vorwurf der Intoleranz für berechtigt zu halten.«
Freud berichtete Jung, der ihm zum »Feldzug gegen die Adler-Rotte« viel Erfolg gewünscht hatte, am Tag nach diesem historischen Vereinsabend von seinem Verlauf:
»Etwas müde von Kampf und Sieg, teile ich Ihnen mit, daß ich gestern die ganze Adlerbande (6 Stück) zum Austritt aus dem Verein genötigt habe. Ich war scharf, aber kaum ungerecht. Sie haben einen eigenen Verein für ›freie‹ PA gegründet, im Gegensatz zu unserem unfreien, wollen ein besonderes Journal herausgeben usw., dennoch beharrten sie auf ihrem Recht, bei uns zu bleiben, natürlich um sich auf parasitärem Wege mit Anregungen und Stoff zum Verdrehen zu versorgen. Ich habe diese Symbiose unmöglich gemacht« (Freud/Jung 1974, S. 493).

20 Eigene Übersetzung und Zusammenfassung.

VI. Ursachen für die Differenzen und den Bruch zwischen Adler und Freud

Unterschiedliche Persönlichkeitsstrukturen

Mehrere Autoren haben auf die allzu konträren Charaktere von Freud und Adler hingewiesen, die eine dauerhafte fruchtbare Zusammenarbeit der beiden Männer verhindert hätten.[1] Schon in ihrer sozialen Herkunft unterschied sich Freud, der als einziger unter seinen Geschwistern ein eigenes Zimmer hatte, von Adler, der seine Kindheit als Gassenjunge am Rande Wiens verbrachte und später immer wieder auf die Bedeutung dieser Sozialisation für sein Leben hinwies. Die Berichte zeigen Freud als von seiner Mutter heiß geliebten Erstgeborenen, während Adlers Beziehung zu seiner Mutter als getrübt geschildert wird. Betont wird seine Rivalität als Zweitgeborener zu seinem älteren Bruder Sigmund. In den verschiedenen Schilderungen erscheint Adler als Persönlichkeit, die bereits stark vom 20. Jahrhundert geprägt wurde: sensibel für die politische Unruhe vor dem Ersten Weltkrieg; ideologisch der aufstrebenden Sozialdemokratie verbunden; jovial, weltoffen und optimistisch, dabei auch ungenau und oberflächlich; bevorzugter Aufenthaltsort: das Wiener Kaffeehaus; in späteren Jahren begeistert von den USA und den sich dort anbietenden Möglichkeiten zur Ausbreitung seiner Lehre.

Demgegenüber Freud als bürgerlicher Wissenschaftler des ausklingenden 19. Jahrhunderts; liberal-konservativ eingestellt; ein »Arbeitstier«, gründlich bis zwanghaft; von pessimistischer Grundeinstellung; bevorzugter Aufenthalt: sein Arbeitszimmer; mißtrauisch gegenüber der Neuen Welt und der dort drohenden Gefahr der Verflachung seiner Theorie.

Die Charaktergegensätze werden vor allem in der individualpsychologischen Literatur immer wieder betont. Als typisches Beispiel sei Jacobi (1974, S. 22) zitiert, der auf die individualpsychologische Methode gestützt folgendes Kontrastbild zeichnet:

»Freud, ein ältester Sohn, hielt auf Ordnung, war gesellschaftlich und in seiner ganzen Haltung konservativ, legte Wert auf vornehmen Le-

1 Vgl. z. B. Furtmüller 1946, S. 244f., Ansbacher 1959, Caruso/Englert 1977, S. 106.

bensstil, wirkte bewußt aristokratisch. Er organisierte seine Schule nach strengen Regeln. Adler, ein Zweitgeborener, aufgewachsen im Konflikt mit dem älteren Bruder und gewohnt, sich mit diesem zu messen, hatte in Freud einen neuen Gegenspieler gefunden. Auf Äußeres und Repräsentation legte er keinen besonderen Wert. Er diskutierte in zwangloser Form, wenn es sein mußte auch in Kaffeehäusern, deren gesellige Atmosphäre er liebte. Mit Behagen erzählte er von seiner Gassenbubenzeit.«

Furtmüller (1946, S. 244 f.) beschreibt das unterschiedliche Auftreten von Adler und Freud so:

»Freud war ein Mann von Welt und hielt auf seine äußere Erscheinung. So unbefriedigend seine akademische Laufbahn auch war, verstand er es wohl, das Prestige, das Titel und Würde eines Professors verleihen, voll auszunützen. Seine meisterhafte Sprachbeherrschung und Eleganz des Stils trat in seiner Rede nicht weniger klar zu Tage als in seinen Schriften. Selbst im engen Kreis seiner ursprünglichen Gruppe versuchte er, die Ungezwungenheit des Gesprächs mit der Würde des Katheders zu vereinen. Im Gegensatz dazu war Adler immer der einfache Mann, fast nachlässig in seiner Kleidung, achtlos der Zigarettenasche, die ihm auf den Ärmel oder auf die Weste fiel, unbekümmert um äußeres Prestige in jeder Form, bar jeder Redekunst, obwohl er durchaus imstande war, seine Argumente wirksam vorzubringen.«

So manche der in der Literatur weitverbreiteten und hier nicht näher zitierten Schilderungen von Charaktergegensätzen wirken freilich stereotyp, fragwürdig, vereinfachend und oft wenig erklärend. Es fällt auf, daß die Persönlichkeitsunterschiede gerade dort besonders betont werden, wo den inhaltlichen Differenzen weniger Bedeutung zugemessen wird.

Andreas-Salomé, die 1912 in Wien eintraf, um die Psychoanalyse kennenzulernen und als einzige Person mit Freuds Billigung sowohl in seinem als auch in Adlers Kreis verkehrte, zeichnete folgendes Bild von Adler:

»Mir gefiel am besten an ihm die Beweglichkeit, die vieles ineinander arbeiten will; nur daß sie oberflächlich und unzuverlässig bleibt und hüpft, anstatt Weiten abzuschreiten« (1965, S. 16).

Das Bild von Freud als strenger und konsequenter Denker ist dieser Beschreibung genau entgegengesetzt. Aus dieser Strenge in Freuds Charakter wurde vielfach seine Unflexibilität gegenüber dissidenten Theorien abgeleitet. Rattner (1972, S. 21) meinte, Freud habe große Schwierigkeiten gehabt, abweichende Meinungen zu tolerieren,

»In seinem Charakter lag eine rigide Härte, die wohl teilweise auch

damit zusammenhängen mag, daß er beim Aufbau der Psychoanalyse den ›Widerstand der stumpfen Welt‹ ausgiebig erfahren hatte.«
Auch Johnston (1974, S. 258f.) wies auf diese Eigenschaft Freuds hin, welche die zahlreichen Abfallbewegungen begünstigte:
»Kein anderer Zug der Laufbahn Freuds wurde so sehr beklagt wie sein Bestreben, Abweichungen zu unterdrücken... in diesem Dogmatismus spiegelte sich Freuds Autorität als Vaterfigur in einer dem Patriarchen hörigen Gesellschaft.« Er grollte »wie Laios, der Vater des Ödipus, umgeben von undankbaren Söhnen, die danach trachteten, sich ein Stück Ruhm zu ergattern, indem sie seine Entdeckungen verfälschten«.
In der Auseinandersetzung zwischen Adler und Freud sah Johnston eine Art Haßliebe, die sich häufig zwischen schöpferischen Schülern und verehrten Lehrern einstellt:
»Je mehr sie einen Mentor schätzen, umso mehr nehmen sie es ihm übel, wenn er es verabsäumt, grundlegende Erkenntnisse zu berücksichtigen, nur weil sie von woanders herstammen... (denn) anstelle von Originalität erwartete Freud von seinen Mitarbeitern Bestätigung und Resonanz seiner Ideen.«
Der Bruch Freuds mit vielen seiner Schüler sei aus dieser Sicht unvermeidlich gewesen.
Freud hatte große Schwierigkeiten mit Theorien, die von seinen eigenen Anschauungen abwichen. Daß er Adlers Konzept vom männlichen Protest, das die Libidotheorie bzw. Verdrängungslehre ausschloß, nicht mehr akzeptieren konnte, ist nachvollziehbar. Warum er aber schon 1908 mit Adlers Aggressionstrieb nichts anzufangen wußte, obwohl Adler damit eine Lücke in der psychoanalytischen Theorie entdeckt hatte, erklärt sich am ehesten aus Freuds Schwierigkeiten mit neuen Konzepten anderer. Stekel (1923, S. 547) übte daran grundsätzliche Kritik:
»Freud hat eine Eigenschaft, die ihm viel geschadet und die Entwicklung der Analyse gehemmt, ja sie auf falsche Bahnen gedrängt hat: Er sieht nie ein, daß er sich geirrt hat! Er verschließt sich gegen jede Korrektur seiner festgelegten Anschauungen.«
Sachs (1944, S. 11) beschreibt dieselbe Eigenschaft, auch wenn er dafür Verständnis äußert:
»Ich wußte, daß es stets sehr schwer für ihn war, sich die Meinungen anderer anzueignen, nachdem er sich seine eigenen in einem langen, mühsamen Prozeß gebildet hatte. Ich glaube, das gehört zum Wesen eines großen Forschers.«
Freud selbst war sich dieser Eigenschaft bewußt und gab wiederholt zu, daß er nichts mit fremden Gedanken anzufangen wisse, die ihm zur

Unzeit zugerufen werden. In einem Rundschreiben an die Mitglieder des Komitees schrieb er am 15.2.1924:
»...ich finde nicht leicht den Zugang zu anderen Denkweisen und mache es mir zur Regel, zu warten, bis ich irgendeine Beziehung zu meinen eigenen verschlungenen Wegen gefunden habe« (Jones 1962/3, S. 79).
Im Spannungsfeld des Lehrer-Schüler-Verhältnisses wurde als hervorstechendes Merkmal Adlers sein Ehrgeiz herausgestrichen. Vor allem Jones hat diese Eigenschaft Adlers immer wieder betont. So schrieb er (1962/2, S. 161):
»Mein eigener Eindruck von Adler war der eines mürrischen, zänkischen Menschen, der immer zwischen Streitsucht und Verdrießlichkeit hin- und herpendelte. Es war offensichtlich, daß er sehr ehrgeizig war, und ständig fand man ihn im Streit mit den andern um Prioritätsansprüche hinsichtlich gewisser theoretischer Punkte. Als ich ihn dann Jahre danach wiedersah, bemerkte ich freilich, daß ihm der Erfolg zu einer gewissen Milde verholfen hatte, von der man in seinen früheren Jahren wenig spürte.«
Nun ist Jones kein unparteiischer Zeuge, doch in der Sache dürfte er recht gehabt haben, denn auch der Adler-Schüler Manès Sperber (1970, S. 14) berichtet: »Adler war gewiß ein ungewöhnlich ehrgeiziger Mann mit einem zwar gebändigten, doch keineswegs überwundenen Willen zur Macht.«
In diesem Ehrgeiz kann man Adlers Antrieb vermuten, ein eigenständiges System zu errichten. Im Hinblick auf seine universitären Ambitionen erscheint sein Abrücken von zentralen psychoanalytischen Positionen nicht zufällig.
Freilich: Je plakativer die Persönlichkeitsunterschiede von Adler und Freud dargestellt werden, desto fragwürdiger werden sie als Erklärungen für die Differenzen. Sie erhellen mehr das »Wie« als das »Warum« des Bruches. Auch wenn sich Freud und Adler aus persönlichen Gründen nicht besonders leiden konnten, wäre es vorschnell, ihre Trennung lediglich auf Unterschiede in ihrem Naturell zu reduzieren. Eine Reihe wichtiger anderer Ursachen, auf die noch näher eingegangen wird, kämen dabei um ihre tragende Bedeutung.

Die unterschiedliche soziale Herkunft der Patienten

Die soziale Herkunft des »Patientenmaterials«, über das Freud und Adler zu ihren Theorien fanden, ist für die theoretischen Differenzen der beiden Wissenschaftler nicht ohne Bedeutung. Ellenberger (1973,

S. 767) berichtet, daß Adler als praktischer Arzt im zweiten Wiener Gemeindebezirk tätig war und von dort Impulse für seine sozialmedizinische Orientierung bezog. Da seine Patienten meist der Unter- oder Mittelschicht angehörten, blieben soziale Probleme immer im Brennpunkt seines Interesses. Adlers Karriere sah Ellenberger als »Beispiel für den gesellschaftlichen Aufstieg eines Mannes, der emotional an die Unterschicht der Bevölkerung gebunden blieb, in deren Mitte er seine Kindheit verbracht hatte«.

Auch Jacobi (1974, S. 29) schloß von der verschiedenen sozialen Herkunft der Patienten auf die Unterschiede in den Theorien von Adler und Freud. Machtstreben, Ehrgeiz, Minderwertigkeitsgefühle, männlicher Protest und ähnliche Charaktereigenschaften zeigten sich häufiger und offener bei Angehörigen der unteren und kleinbürgerlichen Schichten.

Bruder-Bezzel (1983, S. 147f., 92) zog ebenfalls Parallelen zwischen Adlers Beobachtungen im sozialen Milieu der unteren Mittelschicht und seinen Theorien:

»Das Heer von kleinen Beamten in Wien sehnte sich danach, auf der sehr fein differenzierten Skala von Rängen und Titeln hochzukommen. Der kleine Mann wollte etwas gelten. Für viele Kleinbürger ging es dabei oft genug um die Existenz selber. Ihre Angst, ins Proletariat abzusinken, war, in den Zeiten der verheerenden Depression, über Jahre hinweg, eine reale Angst. Hieraus speiste sich zu einem Gutteil die antisemitische, antiintellektualistische christlich-soziale Massenbewegung unter Führung des Wiener Bürgermeisters Karl Lueger in den späten 90er Jahren. Adlers Patienten brachten diese Ängste und Hoffnungen in das Behandlungszimmer mit.

Diese kleinen Leute waren für Adler, im Beratungs- und Therapiezimmer, das unmittelbare Anschauungsmaterial: die kleinen Beamten, die Titeln und Rängen nachjagen; die kleinen Angestellten, die nach oben schielen um nicht (weiter) nach unten zu fallen; die Väter in untergeordneter Berufsstellung, die zu Hause den Patriarchen ›spielen‹, die Frau kommandieren, die Kinder disziplinieren; der ›junge Herr‹, der, mit Uniform oder mit Vollbart, gesellschaftliche Anerkennung zu erreichen sucht.«

Wassermann hat Nachforschungen über die soziale Herkunft der Patienten Freuds und Adlers angestellt und kam zu dem Ergebnis, daß Freud in viel stärkerem Ausmaß Patienten der Oberschicht behandelte als Adler. Von 67 Patienten Freuds, über die er Hinweise auf ihre soziale Herkunft fand, stammten nach seiner Analyse 74 % aus der Oberschicht, 23 % aus der Mittelschicht und nur 3 % aus der Unterschicht.

Von 43 Patienten Adlers, deren soziale Herkunft er rekonstruierte, kamen 25 % aus der Oberschicht, 39 % aus der Mittelschicht und 35 % aus der Unterschicht. Wassermann schloß aus diesen Zahlen, daß sich in Adlers Theorien die Mentalität der Mittel- und Unterschicht spiegle:

»Wo Freud nichts als gequälten Eros sieht, findet Adler das Streben nach Erfolg als die gestaltende Kraft der menschlichen Psyche« (1958, S. 625).

Gutheil (1958, S. 628) hat darauf erwidert, daß Freuds Annahmen über die Rolle der Sexualität in keinem Widerspruch zu der Beobachtung stünden, »daß Existenzprobleme offenbar sexuelle Probleme in den Hintergrund drängen« können.

Über Adlers Klientel geben auch zwei Patientenbücher aus den Jahren 1903 und 1907 Auskunft.[2] Das Buch aus dem Jahr 1903 weist etwa 230 Patienten namentlich aus, das Buch aus dem Jahr 1907 etwa doppelt so viele. Die Berufsangaben verweisen auf eine primär kleinbürgerliche Klientel. 1907 etwa behandelte Adler u. a. Angehörige folgender Berufe: Kaufmann, Cafetier, Journalist, Schneiderin, Realschüler, Köchin, Kaufmannswitwe, Privatier, Dreher, Näherin, Kutscher, Beamter, Diener, Monteur, Realitätenbesitzer, Schneider, Trafikant, Milchfrau, Stubenmädchen, Agent, Buchhalter, Bankbeamter. Häufig vorkommende Erkrankungen waren: Influenza, Gonorrhoe, Lues, Angstneurose, Bronchitis, Rheumatismus, Tuberkulose, Laryngitis, Arteriosklerose, Nephrolitiasis, Ekzem, Angina.

Adler war also in diesen Jahren noch als praktischer Arzt tätig, behandelte eine kleinbürgerliche Klientel mit vorwiegend körperlichen Beschwerden. Neurotische Störungen, »Nervositäten« und psychosomatische Beschwerden brachten auch seine Patienten in die Praxis, aber er war noch nicht als »Nervenarzt« spezialisiert. Von der Zusammensetzung seiner Klientel her stand Adler den Auswirkungen des sozialen Elends näher als Freud. Dieser war dezidiert für Neurosen zuständig, behandelte eine ausgewählte und vorwiegend großbürgerliche Klientel mit »klassischen« neurotischen Krankheitsbildern. In der ruhigen Abgeschiedenheit seines Behandlungszimmers wurde der Blick auf die Mechanismen der Neurose durch die Wogen der sozialen Misere nicht getrübt, aber auch nicht irritiert. Aus Adlers Klientel erklärt sich auch, warum er einer klinischen Terminologie ferner stand. Adler versuchte

2 The Papers of Alfred Adler, Manuscript Division, Library of Congress, Washington D. C. – Die Patientenbücher sind bis ins Jahr 2003 bzw. 2007 gesperrt. Aufgrund eines administrativen Versehens wurden sie mir ausgehändigt. Ich bin überzeugt, daß die hier mitgeteilten Informationen niemanden kompromittieren.

einen umfassenden, aber einen gleichzeitig wenig differenzierenden Ansatz, um die unterschiedlichsten sozialen und psychischen Leidensbilder einheitlich behandeln zu können. Genau diesen Ansatz hatte Freud als »Einerleiheit der Neurose« gebrandmarkt.
Einen Beleg für die These, daß die unterschiedliche Klientel die theoretischen Differenzen gefördert habe, hat Freud selbst geliefert. In einer polemischen Stellungnahme zu Adler am 1. Februar 1911 beschwerte er sich – wie bereits zitiert – darüber, Adlers »Material seien Menschen mit schlampigen Konflikten, verdrehte und verschrobene Charaktere, aber keine wirklichen echten Hysterien und großen Neurosen, bei denen ... (er) selbst niemals noch das Delier von oben und unten gefunden habe« (*Protokolle* 1979, S. 146).

Der Bruch als Folge der Institutionalisierung der psychoanalytischen Bewegung

Der Zeitraum zwischen dem Ersten internationalen psychoanalytischen Kongreß in Salzburg (1908) und dem Beginn des Ersten Weltkriegs stand unter dem Zeichen der Ausbreitung und Institutionalisierung der psychoanalytischen Bewegung.
Neue Ortsgruppen entstanden neben jenen in Wien und Zürich in Berlin, München, New York und Budapest. Drei weitere internationale Kongresse wurden abgehalten: Nürnberg (1910), Weimar (1911), München (1913). Im selben Zeitraum kam es zur Gründung von drei psychoanalytischen Zeitschriften: *Jahrbuch für psychoanalytische und psychopathologische Forschung* (1909), *Zentralblatt für Psychoanalyse* (1910) und *Imago* (1912), von Sachs und Rank redigiert und der Anwendung der Psychoanalyse auf die Geisteswissenschaften gewidmet.
Im Herbst 1909 kam es zur Vortragsreise Freuds, Jungs und Ferenczis in die Vereinigten Staaten. Die Aufnahme in Amerika, wachsende Anfeindungen im deutschsprachigen Raum und die ab 1907 erfolgte Verstärkung aus Zürich gab Freud als Gründe für die Institutionalisierung der psychoanalytischen Bewegung an, die 1910 durch die Gründung der Internationalen Psychoanalytischen Vereinigung (IPV) beim Nürnberger Kongreß vollzogen wurde. Die Mitglieder der IPV waren
»mit dem Selbstverständnis und -bewußtsein von Wissenschaftlern, die außerhalb der universitären Fakultäten arbeiteten ... in der Lage, über die vom gemeinsamen Fachgebiet her betroffenen akademischen Diszi-

plinen hinaus bis ins geistige und kulturelle Klima hinein für Diskussionen und Aufregungen zu sorgen. Dafür setzte Freud seinen nicht mehr zu gefährdenden Ruf als anerkannter Gelehrter ebenso ein, wie die in der Mehrzahl jüdischen Anhänger der Psychoanalyse ihre hohe und querköpfige Intelligenz weit ins kulturelle Geflecht einwirken ließen. Den Kristallisationspunkt bildete die Faszination, die von den grundlegenden Freudschen Erkenntnissen, dem gemeinsamen Arbeits- und Forschungsprozeß und den zu erwartenden Resultaten und weitreichenden Perspektiven ausgingen. Freud blieb auch in diesem Zeitraum der spiritus rector der wissenschaftlichen Produktion. Der von ihm abgesteckte und vorgegebene Forschungsrahmen wurde von seinen Anhängern im Spektrum zwischen dogmatischem Nacheifer und origineller Erweiterung bearbeitet. Nicht mehr die Teilnahme an einem privaten Diskussionszirkel, sondern die Mitgliedschaft in einer ›Bewegung‹ bildete das Selbstverständnis der Gruppe« (Fallend et al. 1985, S. 120f.).

War die Psychoanalyse vor 1910 noch weitgehend ignoriert worden, so verstärkten sich mit ihrer Institutionalisierung auch die Angriffe von außen.

Stepansky (1983, S. 148) sieht im Nürnberger Kongreß nicht nur einen Wendepunkt in der Institutionalisierung der Psychoanalyse. Denn ab Nürnberg erwartete Freud von seinen Anhängern eine vertiefte Identifikation mit der psychoanalytischen Theorie. Die Institutionalisierung ging Hand in Hand mit einem strengeren Umgang mit abweichenden Konzepten innerhalb der Psychoanalyse. Der Bruch mit Adler und Jung war daher bereits in Nürnberg angelegt. Wittels (1924, S. 207) meint wohl das gleiche, wenn er von der »Verpapstung« Freuds durch seine Schüler spricht, die nach 1910 begonnen habe.

Freud (1914, S. 179) hat bestätigt, daß er die Gründung der IPV deshalb für notwendig hielt, weil er den Mißbrauch fürchtete, der durch eine popularisierte Psychoanalyse drohte. Funktion der offiziellen Vereinigung sollte es sein, zu erklären: »Mit all dem Unsinn hat die Analyse nichts zu tun, das ist nicht die Psychoanalyse.«

Sachs (1944, S. 106) sieht darin auch die Ursache, warum Freud »mit dem ganzen Feuer und der ganzen Kraft seines Wesens« daranging, Adler und Jung zu widerlegen:

»Er wurde nie müde, neue Beweisgründe gegen sie zu finden, war immer bereit, den Kampf wieder aufzunehmen, und veranlaßte seine Schüler, sich daran zu beteiligen. Dieser Eifer, so verschieden von seinem Verhalten gegen die Opposition von außen, war nicht etwa durch die Besorgnis hervorgerufen, daß diese neuen Theorien der Psychoanalyse gefährlicher werden könnten als der alte Widerstand. Auch daß die Gegner ursprünglich zu seinen besten Schülern gehört hatten, traf ihn nicht tief. Aber die neuen Ansichten wurden anfangs unter dem Namen der Psychoanalyse verkündet. Daher bewog ihn – abgesehen von der persönlichen Seite... – die Sorge, daß sie die Dinge so verwirren und verdunkeln würden, daß man kaum mehr werde unterscheiden können, was wirklich Psychoanalyse sei und was nicht.«

Nach Weber (1979, S. 18f.) sollte die IPV die Psychoanalyse gegen Angriffe von außen schützen und ihr Inneres stärken, sie brachte aber »alsbald den deutlichsten Beweis, daß die eigentliche Gefahr für die Analyse nicht mehr von außen, sondern von innen kam. Die Organisation wurde zum Schauplatz von Kämpfen und Abspaltungen, die ihre Einheit in Frage stellten und lange Zeit ihre Funktionsfähigkeit lähmten.«

Ein Jahr nach Nürnberg, 1911, kam es zum Bruch mit Adler, 1912 mit Stekel und 1913 mit Jung.

In der Schrift »Zur Geschichte der psychoanalytischen Bewegung« nahm Freud dann ein Jahr später die inhaltliche Auseinandersetzung mit Adler und Jung öffentlich auf und beteuerte:

»Ich will bloß zeigen, daß – und in welchen Punkten – diese Lehren die Grundsätze der Analyse verleugnen und darum nicht unter diesem Namen behandelt werden sollen« (Freud 1914, S. 185).

Weber (1979, S. 23) weist darauf hin, daß Freud sich nicht mit dem Nachweis, »das ist nicht die Psychoanalyse« begnügte, es nicht dabei beließ, sich als besorgter Vater dafür einzusetzen, »den Namen seines Kindes zu beschützen«. Denn Freud nahm sich seine Gegner individuell vor und trachtete, die Wertlosigkeit ihrer Theorien zu beweisen:

»Denn zur polemischen Auseinandersetzung gehört, daß jede Absetzung zugleich im Dienste der Herabsetzung steht. Was die Polemik Freuds aber auszeichnet, ist, daß sie dabei nicht stehenbleibt. Die Argumente, die er nur gegen die ›Abfallsbewegungen‹ zu verwenden gedenkt, fallen auf das Eigene, auf die Psychoanalyse selbst zurück, die damit langsam aber unausweichlich in die Auseinandersetzung hineingezogen wird.«

Freud ging es vor allem um die Konzepte von der Verdrängung, vom Unbewußten und der sexuellen Ätiologie der Neurosen. Hinsichtlich dieser Eckpfeiler der Psychoanalyse war er kompromißlos. Jung (1962, S. 154f.) erinnert sich:

»Es war unverkennbar, daß die Sexualtheorie Freud in ungewöhnlichem Maße am Herzen lag. Wenn er davon sprach, wurde sein Ton dringlich, fast ängstlich, und von seiner kritischen und skeptischen Art war nichts mehr zu bemerken... Ich erinnere mich noch lebhaft, wie Freud (1910) zu mir sagte: ›Mein lieber Jung, versprechen Sie mir, nie die Sexualtheorie aufzugeben. Das ist das Allerwesentlichste. Sehen Sie, wir müssen daraus ein Dogma machen, ein unerschütterliches Bollwerk.‹... Etwas erstaunt fragte ich ihn: ›Ein Bollwerk – wogegen?‹ Worauf er antwortete: ›Gegen die schwarze Schlammflut –‹ hier zögert er einen Moment, um beizufügen: ›des Okkultismus.‹«

Wittels (1924, S. 124f.) berichtet, daß schon auf dem Nürnberger Kongreß sich ein Schweizer Herr erhoben hatte und sagte: »man müsse nicht gar so vordringlich von der Sexualität sprechen, das wecke nur Widerspruch, man käme viel besser vorwärts, wenn man die Sache irgendwie umschreibe. Freud erwiderte heftig. Die eiserne Konsequenz, mit der Freud an der nackten Sexualität als Grundlage seiner Neurosenlehre festhielt, hat mir immer besonders imponiert.«

Freuds Motive für die Abgrenzung zu den Theorien Adlers sind unterschiedlich gewertet worden. Jones (1962/2, S. 164) etwa folgt ganz der Argumentationslinie Freuds und greift zu einem drastischen Beispiel: »wenn jemand behauptet, die Erde sei eine Scheibe, kann er wohl kaum das Recht beanspruchen, Mitglied der Royal Geographic Society zu sein und ihre ganze Zeit in Beschlag zu nehmen, um sich mit seinen Ansichten breitzumachen.«

Aufgrund seiner Bewertung von Adlers Beiträgen in den *Protokollen* formuliert Elrod (1987a, S. 327) Verständnis für Freuds Position:

»Freud stand damals vor einem wirklich schweren Problem. Durfte er einen so einflußreichen Mitarbeiter wie Adler weiterhin sich ausbreiten und eine Psychologie entwickeln lassen, die das Fundament der Psychoanalyse leugnete und sich gleichzeitig Psychoanalyse nannte?«

Grundsätzliche und detaillierte Kritik an Freuds Vorgehen, insbesondere an seiner polemischen Abrechnung mit Adler in der »Geschichte« übt Weber. Es sei nur ein Beispiel erwähnt: Freud (1933a, S. 570) hatte sich beklagt, daß die Adlersche Lehre noch immer »eine Art von parasitärer Existenz« auf Kosten der Psychoanalyse führe, was Weber (1979, S. 25) so kommentiert:

»Auf die zweischneidige Gesetzmäßigkeit des Parasiten, die eine gewisse Anfälligkeit, ein gewisses Entgegenkommen des Parasitierten vorschreibt, war Freud nicht bereit einzugehen, zumindest nicht dort, wo es ihm manifest und ausdrücklich um die Abwehr des Parasiten ging.«

Auf einen nicht unwichtigen Aspekt des Kampfes Freuds gegen Adler soll noch hingewiesen werden: die Angst vor einer Infektion der Schweizer durch Adler. Wittels (1924, S. 159) vertritt die Meinung, »daß die jähe Absägung Adlers durch die Gefahr nötig geworden ist, daß die Schweizer an der asexuellen Theorie Adlers mehr Gefallen finden könnten als an der Freuds, die für biedere Schweizer und Reformierte von Anfang an zu ›unanständig‹ war... Vielleicht sollten die Schweizer nicht sehen, daß einer an Stelle der Libido etwas hervorhob, was den ›nervösen Charakter‹ so einfach und ohne Berührung der Geschlechtssphäre erklärte: Warum wird einer Päderast? Damit die Weiber zerspringen. Warum liegt die Gattin gelähmt im Bett? Der Gatte soll zerspringen... Die Schweizer mußten vor Ansteckung bewahrt bleiben.«

Für diese These finden sich tatsächlich eine Reihe von Belegen, vor allem im Briefwechsel zwischen Freud und Jung. Dort taucht die Auseinandersetzung mit Adler immer wieder im Zusammenhang mit ängstlichen Formulierungen Freuds, ob Jung auch die nötige Distanz zu Adler einnehme, auf, und das Thema Adler spiegelt sich auch in der beginnenden Entzweiung bis hin zu den für die Trennung maßgeblichen Briefen wider.[3]

Die Exkommunizierung Adlers führte auch dazu, daß Freud – nicht nur in Wien – einige Anhänger verlor. So schwenkte der Nervenarzt Leonhard Seif, der im Mai 1911 eine Münchener Ortsgruppe gegründet hatte, 1913 zu Adler über, und seine Gruppe wurde 1919 nach dem Ausscheiden der Freud-Anhänger in »Gesellschaft für Individualpsychologie« umbenannt. Erfolgreich war Adler auch bei Granville Stanley Hall, Professor für Psychologie und Pädagogik in Worcester, Massachusetts. Hall war 1911 Gründungsmitglied der Amerikanischen psychoanalytischen Vereinigung gewesen, wandte sich aber später Adlers Schule zu.[4]

Cremerius (1984) erklärt das Auftreten von Dissidenten in der Psychoanalyse damit, daß diese sich in gewissen Phasen ihrer Entwicklung wie eine Glaubensgemeinschaft mit einem dogmatisch verstandenen Lehrgebäude verhalten habe, was besonders auf die Jahre ab 1911 zutrifft. In den Auseinandersetzungen seien es vor allem »die allgemeinen, wohlbekannten menschlichen Leidenschaften wie Herrschsucht, Wunsch, der Erste zu sein, sich nicht ein- oder unterordnen zu können, den anderen übertreffen, entthronen müssen etc., die in diesen Situationen der Vernunft den Garaus machen« (1984, S. 374).

3 Vgl. Freud/Jung 1974, S. 305f., 545f., 562, 564, 567, 568, 576, 578, 589f., 592f., 594, 606.
4 Vgl. Freud/Jung 1974, S. 213, Anm. 3; 237, Anm. 2.

Cremerius verweist in diesem Zusammenhang auf Adlers Aussage, er wolle nicht ein Leben lang in Freuds Schatten stehen, und auf Freud, der Adler als »Paranoiker« bezeichnete und von der »Adlerschen Bande« sprach. Ein weiteres Motiv in der Geschichte der Abspaltungen sei moralischer Natur:

»Die Dissidenten nehmen für sich in Anspruch, für die Freiheit der Wissenschaft, gegen Dogmatismen und Indoktrination zu demonstrieren, die Konservativen für die Reinheit der Lehre. Beides erweist sich als Scheinargument. Die Geschichte dissidenter Gruppen wiederholt, kaum daß sie die Macht besitzen, die Unterdrückung Andersdenkender« (ebda., S. 375).

Die Geschichte der Individualpsychologie bestätigt Cremerius' Aussage. Nach dem Ersten Weltkrieg kam es zum Bruch mit den »Nietzscheanern«, Ende der zwanziger Jahre zum Ausschluß von Rudolf Allers und Oswald Schwarz, zum Bruch mit Fritz Künkel in Berlin und in den dreißiger Jahren zum Ausschluß der linken Individualpsychologen um Alice Rühle-Gerstel und Manès Sperber.

Für Cremerius ist die Geschichte der Abspaltungen »eher ein psychopathologischer als ein ideengeschichtlicher oder wissenschaftstheoretischer Gegenstand«, und er nennt als Beweise für die »affektive Genese der Schismata« folgende Tatsachen:

1. Die abweichenden Theorien hätten sich als »reduktionistisch« erwiesen, d. h. Teilaspekte überbewertet:

»Ohne die Totalisierung eines Aspekts, ohne die Erhöhung eines Teils zum Ganzen könnten die, denen der Aspekt, den sie akzentuieren wollen, wichtig ist, sehr wohl unter dem gemeinsamen Dach bleiben. Zu betonen ist, daß das Theoriestück, das sie hervorheben, in der Regel bereits in dem Theoriegebäude, das sie kritisieren, vorhanden ist« (ebda., S. 376 f.).

2. Die zur Spaltung führenden Ideen seien nicht kategorisch kontrovers, sondern würden auch von jenen beobachtet und aufgegriffen, die unter Hinweis auf diese Ideen die Spaltung betrieben hatten. Dies gelte bei Adler hinsichtlich seiner Ich-Psychologie.

3. »Die Entdecker neuer Theoriestücke... werden nicht deshalb Dissidenten, weil sie meinen, damit nicht mehr unter ›demselben Dach‹ bleiben zu können, sondern weil sie nicht bereit sind, diese in das bereits bestehende Theoriegebäude einzufügen. Statt dessen bestreiten sie das vorhandene und setzen das ihre an dessen Stelle« (ebda., S. 377).

Das was als Revisionismus imponiere, habe keine Revision des Bestehenden herbeigeführt, »sondern nur eine Negation oder Variation desselben oder eine Akzentverschiebung. Immer hätte die Möglichkeit be-

standen, die Innovation für eine fruchtbare Erweiterung des Bestehenden zu benutzen« (ebda., S. 378).
4. Abspaltungen hängen auch mehr vom lokalen Klima und den dort tonangebenden Persönlichkeiten ab als von theoretischen oder behandlungstechnischen Differenzen.
5. In manchen dissidenten Bewegungen bestünde »eine Tendenz zur Nivellierung der Grundannahmen«, die ebenfalls affektiv bedingt sei und der »Angst vor der Radikalität der psychoanalytischen Theorie« entspringe:
»Sie soll abgeschwächt oder sogar aufgehoben werden. Hier finden wir einen Zug zur Anpassung an die herrschende Moral, zur Verflachung, zum popularisierenden Allgemeinverständnis, zum ›gesunden Menschenverstand‹. Was als Vereinfachung gerühmt wird, ist Simplifizierung, und was als Fortschritt auftritt, hat die kritische Theorie der Frankfurter Schule schon frühzeitig als Rückschritt nachgewiesen. Dieses Denken nimmt in beispielhafter Weise bei Adler und Jung seinen Anfang. Es ist die Wendung gegen die Triebtheorie, gegen die Bedeutung der Sexualität, das Plädoyer zugunsten der Ich-Autonomie, gegen die Bedeutung des Konflikts zwischen Trieb und Gesellschaft, gegen Freuds These vom neurosefördernden Einfluß der letzteren. Es gehört zur Ironie dieser Dissidentenbewegung, daß sie ihre Thesen als Liberalisierung der orthodoxen Psychoanalyse proklamierte, daß sie aber unter der Fahne von Freiheit, Humanität und Sozialismus geradewegs in eine Anpassungspsychologie hineinmarschierte« (ebda., S. 379).
Vieles, was Cremerius als Charakteristika psychoanalytischer Dissidenz anführt, läßt sich direkt auf Adler anwenden. Die im letzten Punkt getroffenen Aussagen hat Jacoby (1978) im Detail beschrieben.

...weil sie »eifrige Sozialisten« waren?

Eine irreführende und weitgehend unrichtige Begründung für den Bruch zwischen Adler und Freud ist der Hinweis auf die sozialistische Gesinnung Adlers und seiner Anhänger. Für Stekel (1950, S. 141) war Adler zum damaligen Zeitpunkt ein »fanatischer Sozialist«, alle seine Anhänger Parteigänger, und in Klammern fügte er hinzu: Politik beeinflusse oft die wissenschaftliche Überzeugung. Vor allem Jones hat dieses Argument ins Treffen geführt. In seiner Freud-Biographie schreibt er:
»Es ist nicht ohne Bedeutung, daran zu erinnern, daß die meisten An-

hänger von Adler, wie er selbst, eifrige Sozialisten waren. Adlers Frau, eine Russin, war eng mit den führenden russischen Revolutionären befreundet; Trotzky und Joffe zum Beispiel gehörten zu ihren ständigen Besuchern. Furtmüller selbst schlug eine aktive politische Laufbahn ein. Wenn man diese Umstände in Betracht zieht, ist es verständlich, warum Adler sich mehr auf die soziologischen Seiten des Bewußtseins konzentrierte als auf das verdrängte Unbewußte« (1962/2, S. 165).

Nun ist es nicht ohne Bedeutung, daß Jones an diese Umstände glaubt erinnern zu müssen. Reichmayr und Wiesbauer (1978, S. 30) sehen darin Methode:

»Jones' Kommentar zu diesen Vorgängen... (enthüllt) sein Unverständnis und seine antisozialistischen Tendenzen; letztere charakterisieren durchgängig seine psychoanalytische Geschichtsschreibung... Welche Auswirkungen auf die Politik der psychoanalytischen Bewegung die politische Weißwäscherei der Psychoanalyse... durch Jones hat, bei der Priorität und Publizität seiner durchaus wichtigen Biographie Freuds, wäre eine sicher lohnenswerte, wenn auch nicht leichte Aufgabenstellung.«

In Anlehnung an Klemperers Schilderung von der Gründung des »Vereins für freie psychoanalytische Forschung«, der sich um Adler und den politisch engagierten Furtmüller scharte, kann man es dem Kommentar von Jones nicht absprechen, ein Körnchen Wahrheit zu enthalten. Als Begründung für den Austritt Adlers und seiner Anhänger ist der Hinweis aber irreführend.

Tatsächlich waren außer Adler nur Bach, der kaum ins Gewicht fiel, Furtmüller und Hilferding Sozialisten. Franz und Gustav Grüner und von Maday waren es aller Wahrscheinlichkeit nach nicht. Klemperer gab von sich an, keine politische Verbindung gehabt zu haben, Oppenheim trat erst 1918 den Sozialdemokraten bei, und über von Hye ist in diesem Zusammenhang nichts bekannt.

Freud als Initiator des Bruches. Unterschiede im Erleben des Konfliktes bei Adler und Freud

Die Initiative zum Bruch ging nach allen verfügbaren Quellen eindeutig von Freud aus. Aus seinen Briefen wird klar ersichtlich, daß er spätestens seit dem Ende des Jahres 1910 auf eine Trennung von Adler hinarbeitete, weil er in dessen Theorien keine Gemeinsamkeiten mehr mit »seiner« Psychoanalyse sehen konnte. Auf diese Position hat sich Freud auch später immer wieder berufen. In einem Brief an Andreas-

Salomé vom 7. 7. 1914 schreibt er, daß man an der »Einheitlichkeit des Kerns« der Psychoanalyse festhalten müsse, »sonst ist es eben etwas anderes« (Andreas-Salomé/Freud 1966, S. 21). Dieselbe Argumentation findet man in seinem Aufsatz »Zur Geschichte der psychoanalytischen Bewegung«, in der Freud seine inhaltliche Kritik an Adler mit folgenden Sätzen zusammenfaßt:

»Das System ist fertig, es hat eine außerordentliche Umdeutungsarbeit gekostet, dafür auch nicht eine einzige neue Beobachtung geliefert. Ich glaube gezeigt zu haben, daß es mit Psychoanalyse nichts zu schaffen hat« (Freud 1914, S. 193).

Freuds Verbitterung wurde durch Adlers Ablehnung der Bedeutung der Sexualität, der Verdrängung und des Unbewußten genährt, also jener Kernstücke seiner Lehre, die nicht selten zu heftigen öffentlichen Anfeindungen geführt hatten. Seit Adler im Sommer 1911 den »Verein für freie psychoanalytische Forschung« als eine Art Konkurrenzunternehmen gegründet hatte, sah Freud eine weitere Gefahr, die seine Unnachgiebigkeit verstärkte. Elrod (1987a, S. 318) macht für Freuds unversöhnliches Vorgehen Adler mitverantwortlich:

»Hätte Adler den Aggressionstrieb nicht so radikal gegen die Libido ausgespielt, das Ich dem Unbewußten nicht so krass gegenübergestellt, Vorstellungen von aktivem und passivem Verhalten nicht mit männlich und weiblich bezeichnet, dann hätte Freud sich nicht genötigt gesehen ... Adler den Laufpaß zu geben. Adlers Revision und Erweiterung der Psychoanalyse Freuds mochten nach der Auffassung Freuds und der meisten seiner Mitarbeiter einiges im Rahmen der Psychopathologie erklären, aber der Verlust an theoretischer Schärfe und nosologischer Differenziertheit war enorm und durfte nicht in Kauf genommen werden. Adler war, mit anderen Worten, dabei, die Psychoanalyse an die gängigen Vorstellungen vom Menschen anzupassen, und Freud sah sich immer mehr genötigt, diesem Tun Adlers Einhalt zu gebieten.«

Wittels (1924, S. 139f.) hat zur Frage, ob Freud nicht imstande gewesen wäre, Adlers Arbeitskraft für die Psychoanalyse zu erhalten, geschrieben:

»Wenn wir in Betracht ziehen, daß Adler von Anfang an entschlossen war, seine Minderwertigkeitslehre, unter rücksichtsloser Überdehnung ihrer Spannkraft, um das Gesamtgebiet des nervösen Charakters zu ziehen, so spricht viel Wahrscheinlichkeit dafür, daß Adler einige Jahre später auch ohne Freuds Gewaltstreich dort gelandet wäre, wo wir ihn heute sehen: bei seiner Individualpsychologie, die durch ihre Verpönung der so sehr gefährlichen und obszönen Sexualität gewissermaßen eine Psychologie ›für die reifere Jugend‹ darstellt. Für diesen Fall werden wir der heroischen Geste, mit der Freud seine Beziehungen mit Adler beendigte, die Hochachtung nicht versagen können, die wir für kühne, schmerzliche Entschlüsse übrig haben.«

Aus den *Protokollen* geht jedenfalls hervor, daß Adler bis kurz vor seinem Austritt auf eine Einigung mit Freud hoffte. Andreas-Salomé urteilte, daß Adler »in viel zu persönlicher Weise von den obwaltenden Streitigkeiten sprach« (1965, S. 14). Auch aus seiner bereits zitierten Austrittserklärung geht hervor, daß er Freuds Anstrengungen, ihn loszuwerden, als »alten persönlichen Kampf« gegen seine Person interpretierte, was Freud wiederum Munition für seine »Paranoiker«-Diagnose verschaffte.

Roazen (1976, S. 198) urteilt, »daß Adler an der Aufgabe scheiterte, zwischen Freud als Mensch, fehlbar und mit menschlichen Schwächen behaftet, und der Psychoanalyse als einem Wissensbestand klar zu unterscheiden«.

Daß sich Adler dieser Problematik teilweise bewußt war, die nötige Unterscheidung trotzdem nicht traf, beweist ein Brief, den er am 6. 8. 1912 an Andreas-Salomé (1965, S. 14) schrieb:

»Ihre Wertschätzung des wissenschaftlich bedeutenden Freud teile ich ja bis zu jenem Punkte, wo ich von ihm mehr und mehr abwich. Sein heuristisches Schema ist als Schema gewiß wichtig und brauchbar, weil sich in ihm auch alle Linien eines psychischen Systems widerspiegeln. Dazu kommt aber, daß die Freud'sche Schule die sexuelle Floskel für das Wesen der Dinge nimmt. Mag sein, daß mich der Mensch Freud zu kritischer Stellungnahme veranlaßt hat. Ich kann es nicht bereuen.«

Der »Mensch Freud« konnte in inhaltlichen Auseinandersetzungen in der Tat sehr verletzend werden. Graf (1942, S. 472) meint, so gutherzig und rücksichtsvoll er im Privatleben war, so unerbittlich war er bei der Darstellung seiner Ideen. Wenn seine Wissenschaft in Frage gestellt wurde, brach er mit seinen intimsten und verläßlichsten Freunden. Sachs (1944, S. 106) berichtet ähnliches. Freud habe nicht daran gezweifelt, daß die Psychoanalyse eine der bedeutsamsten Entdeckungen der Menschheit auf ihrem Weg der Selbsterkenntnis sei:

»Er hielt es für die ihm anvertraute heilige Aufgabe, sie rein und frei von allen minderen Zutaten zu bewahren. In der Erfüllung dieser Pflicht war er unermüdlich und unbeugsam, hart und scharf wie Stahl, ›ein guter Hasser‹, nicht weit von dem Punkt, wo Rachsucht beginnt.«

Auch Roazen (1976, S. 192) hat darauf hingewiesen, daß Freud seine Entdeckungen weit höher bewertete als persönliche Freundschaften. Wenn es um die Psychoanalyse ging, war er schroff und unnachgiebig. Es bestand zwar zwischen Freud und Adler nie eine persönliche

Freundschaft, aber es ist gut nachvollziehbar, daß Freuds kompromißloses Vorgehen, das der »Reinheit« seiner Lehre mehr verpflichtet war als der Höflichkeit, von Adler als tiefe persönliche Kränkung und Demütigung empfunden wurde. Sperber (1975, S. 78) bestätigt dies, wenn er schreibt, »ich erriet... daß die Kränkung, die Freud und seine Getreuen ihm in den Monaten vor dem Bruch angetan hatten, in ihm nachwirkte, als ob es eben erst geschehen wäre – doch war seither ein Jahrzehnt vergangen«.

Wahrscheinlich war sich Freud des Ausmaßes seiner eigenen affektiven Verstrickung beim Versuch, Adler loszuwerden, nicht voll bewußt. In der Psychoanalyse sah er sein Lebenswerk, und jeder Angriff auf sie stellte eine tiefe narzißtische Kränkung dar. Freud reagierte auf Adler zwar nicht in persönlichen Ausfällen. Seine Kritik verließ trotz aller Polemik die inhaltliche Ebene nicht. Doch der Tonfall der Auseinandersetzung war unüberhörbar aggressiv, scharf, wütend und kompromißlos, die Kritik selbst vernichtend. Klemperer hat berichtet, wie sehr er – und man darf vermuten: auch andere der jungen Mitglieder – vom Tonfall Freuds irritiert waren. Während sich Freud seiner Aggressivität vielleicht nicht voll bewußt war, bekam sie Adler in vollem Ausmaß zu spüren und interpretierte sie als »persönlichen Kampf« Freuds gegen seine Person. Freuds Etikettierung Adlers als »Paranoiker« stellt natürlich einen schlimmen Fauxpas dar. Denn er selbst hat immer wieder davor gewarnt, klinische und analytische Termini in persönliche oder wissenschaftliche Auseinandersetzungen einzubringen. Freud wurde in diesem Punkt auch von Karl Abraham vorsichtig kritisiert. Als er ihm das Manuskript des Aufsatzes »Zur Geschichte der psychoanalytischen Bewegung« schickte, antwortet Abraham am 2. 4. 1914:

»Nach vielem Überlegen meine ich auch, das Persönliche solle alles so bleiben wie es ist. Nur einen einzigen Ausdruck sähe ich gern vermieden. Sie sagen von Adler, wie er sich über Ihre Verfolgungen beklagt habe. Ich fürchte, dieses Wort könnte Unheil anrichten. A. wird sich dagegen wehren, als paranoisch bezeichnet zu werden. Ein weniger nach pathologischer Auffassung klingender Ausdruck – wie etwa ›Anfeindungen‹ – wäre wohl vorzuziehen« (Abraham/Freud 1965, S. 165).

Freud antwortete einige Tage später: »›Verfolgungen‹ ist der Ausdruck, den Adler selbst gebraucht hat, ich werde ihn nach Ihrem Wunsch ersetzen« (ebda., S. 166), in der endgültigen Fassung schreibt er dann dennoch »Verfolgungen«.

Freud hat in der Tendenz seiner Diagnose nicht ganz unrecht. Es sei daran erinnert, daß Adler in seinen letzten Lebensjahren die Individualpsychologie als eine Art Heilslehre verkündete und sein Auftreten von manchen Beobachtern missionarisch erlebt wurde. Aber aus Ansätzen psychischer Abwehrmechanismen zu kompakten psychopathologischen Diagnosen zu schreiten, ist und bleibt ein unentschuldbarer Fehltritt Freuds in dieser Auseinandersetzung. Nicht zuletzt kann man in dem Bild Adlers als sich verfolgt fühlender »Paranoiker« auch eine Projektion Freuds erblicken. Eine Projektion des Hasses und der Vernichtungswünsche gegenüber jenem langjährigen Mitarbeiter, der es gewagt hatte, sein Lebenswerk zu verwässern und zu entstellen. Aus der narzißtischen Kränkung, der aus ihr resultierenden Rachsucht und auch aus der Ohnmacht über die Tatsache, daß es Adler gelang, viele Menschen anzusprechen oder gar sie der Psychoanalyse abspenstig zu machen, erklärt sich jener bittere Brief, den Freud, selbst todkrank, an Arnold Zweig anläßlich des Todes von Alfred Adler – er starb am 28. 5. 1937 während einer Vortragsreise – am 22. 6. 1937 schrieb:

»Aber Ihr Mitleid für Adler begreife ich nicht! Für einen Judenbuben aus einem Wiener Vorort ist ein Tod in Aberdeen, Schottland, eine unerhörte Karriere und ein Beweis, wie weit er es gebracht hat. Wirklich hat ihn die Mitwelt für das Verdienst, der Analyse widersprochen zu haben, reichlich belohnt.«[5]

Inhaltliche Gründe

Obwohl Freud aus einer narzißtischen Kränkung heraus mit starker Emotionalität agierte, widerspricht dies nicht der Einschätzung, daß die tieferen Ursachen für seinen Kampf gegen Adler auf einer inhaltlichen Ebene anzusiedeln sind. Freud beurteilte Adlers Theorien als Ich-Psychologie, die an den Entdeckungen der Psychoanalyse vorbeiginge, und er warf ihm im therapeutisch-praktischen Bereich eine »geringe Begabung gerade für die Würdigung des unbewußten Materials« vor (Freud 1914, S. 186). Diesen Aspekt hat auch Wittels (1924, S. 129) ins Spiel gebracht:

»Adler war einer der bedeutendsten Schüler Freuds. Er hatte nur einen Fehler: er konnte nicht analysieren. Die Tatsachen des unbewußten Seelenlebens waren ihm schwer zugänglich. Seine Traumdeutungen konnten häufig genug von Außenstehenden korrigiert werden, seine Beschäftigung mit den Kranken drang selten in Regionen vor, die von

5 Zitiert nach Jones 1962/3, S. 215. In dem 1968 erschienenen Briefwechsel Freud–Arnold Zweig fehlt diese Passage, ohne daß auf die Streichung hingewiesen wird.

Freud und vielen seiner Schüler regelmäßig erreicht wurden. Ich glaube nicht, daß es Adler an Talent fehlte. Er wollte nicht und deshalb konnte er's nicht.«

Für Andreas-Salomé (1965, S. 51) unterschieden sich Freud und Adler »in ihrer therapeutischen Methode wie Messer und Salbe«.

Der wesentliche Unterschied in den theoretischen Konzepten Adlers und Freuds lag eindeutig in der Bewertung der Rolle der Sexualität und der Verdrängung in der Ätiologie der Neurose. Adler kritisierte die »Überbewertung« des Sexuellen, hat ihm aber gleichzeitig in seinen Theorien jede tragende Bedeutung abgesprochen. Am 6. 8. 1912 kritisierte er in einem Brief an Andreas-Salomé (1965, S. 14), »daß die Freudsche Schule die sexuelle Floskel für das Wesen der Dinge nimmt«. Der Ausdruck »sexuelle Floskel« gibt Adlers Auffassung treffend wieder, wonach die Sexualität immer etwas Vorgetäuschtes, Sekundäres ist, hinter der der männliche Protest zu finden sei. Diese Sichtweise, die in einigen Referaten in der WPV dargelegt wurde, liest sich in Adlers 1912 erschienenem Hauptwerk *Über den nervösen Charakter* so:

»Der sexuelle Inhalt in den neurotischen Phänomenen stammt vorwiegend aus dem ideellen Gegensatz ›Männlich-Weiblich‹ und ist durch Formenwandel aus dem männlichen Protest entstanden... Sonderbar, daß Freud, ein feiner Kenner des Symbolischen im Leben, nicht imstande war, das Symbolische in der sexuellen Apperzeption aufzulösen, das Sexuelle als Jargon, als Modus dicendi zu erkennen« (Adler 1912, S. 33).

Aus Adlers Referaten zu Beginn des Jahres 1911 und aus dieser Passage seines ein Jahr später erschienenen Hauptwerkes geht hervor, daß Adler nicht nur die »Überbewertung« der Sexualität reduzieren, sondern Sexualität als ätiologisches Moment in der Neurose überhaupt streichen wollte.

Andreas-Salomé zog am Ende ihres Wien-Aufenthaltes Bilanz: »Adler liegt nicht (nur) daran, den Ichfaktor zu betonen, sondern den Sexualfaktor auszuschalten, d. h. also das Doppelseitige des Verhältnisses zu verneinen« (1965, S. 143).

Wittels (1924, S. 135) schrieb dazu:

»Adler benügte sich nicht mit einer Gegenüberstellung von Ich- und Sexualtrieben, sondern er leugnete die Ursprünglichkeit der Sexualität. Er stellte die Sache so dar, als wären alle Zeichen des Sexualtriebes im menschlichen Verkehre nur ein Gleichnis. Man spreche von Liebe und man meine Macht. Adler soll so weit gegangen sein, daß er sogar den Geschlechtstrieb als einen Akt des Bemächtigungstriebes auffaßt.«

In welchem Verhältnis steht nun Adlers völlige Negierung der Sexualität als eigenständiger Faktor zur sexuellen Scheinmoral des ausklingenden 19. Jahrhunderts, über die Stefan Zweig schrieb:
»Wir brauchten nicht lange, um zu entdecken, daß alle jene Autoritäten, denen wir bisher Vertrauen geschenkt... in diesem einen Punkt der Sexualität sich merkwürdig unaufrichtig gebärdeten... daß jene Epoche dem Problem der Sexualität aus dem Gefühl der inneren Unsicherheit ängstlich auswich... In diesem Wahn, durch Ignorieren zu temperieren, vereinten sich alle Instanzen zu einem gemeinsamen Boykott durch hermetisches Schweigen. Schule und kirchliche Seelsorge, Salon und Justiz, Zeitung und Buch, Mode und Sitte vermieden prinzipiell jedwede Erwähnung des Problems, und schmählicherweise schloß sich sogar die Wissenschaft, deren eigentliche Aufgabe es doch sein sollte, an alle Probleme gleich unbefangen heranzutreten, diesem ›naturalia sunt turpia‹ an. Auch sie kapitulierten unter dem Vorwand, es sei unter der Würde der Wissenschaft, solche skabrösen Themen zu behandeln« (1970, S. 59f.).
Auf dem Hintergrund der sexuellen Krise und Heuchelei im bürgerlichen Europa der Jahrhundertwende ist die überragende Bedeutung und die historische Notwendigkeit Freuds zu sehen. Was mag Adler bewogen haben, mit dieser bedeutenden historischen Leistung der Psychoanalyse, mit ihrer radikalsten kulturkritischen Tradition völlig zu brechen?
Bruder-Bezzel erklärt Adlers Haltung auf dem Hintergrund eines ideen- und kulturgeschichtlichen Wandels, der sich in Wien vollzogen und den Adler mitgemacht habe. Sie verweist auf die »Abkehr vom kausal-naturwissenschaftlichen Denken, vom triebbestimmten Individuum, von der impressionistischen Psyche hin zu einem teleologisch ganzheitlichen Denken, in dem das Individuum als aktives Subjekt verstanden wird, das die Ziele seines Handelns selbst bestimmt« (1983, S. 8).
Die Beschäftigung mit Sexualität in Literatur und Kunst sei mit dem Ende des Impressionismus und des Jugendstils, spätestens um 1908/1910, weitgehend verschwunden:
»Das Hedonistische war nicht mehr das erste Problem, es sollte vielmehr gerade überwunden werden. Damit wird zugleich auch die Vorstellung des triebunterworfenen Individuums aufgegeben.«
Adler habe diese Wende mitgemacht:
»Auch für ihn ist das Individuum nicht Opfer seiner (Sexual)Triebe. Das, und nicht sein ›Viktorianismus‹, mag der eine Grund sein, weshalb für ihn Sexualität nicht mehr die entscheidende Rolle spielt« (ebda., S. 45).

Die Herstellung von Parallelen zu den ideen- und kunstgeschichtlichen Strömungen kann erklären, warum Adler zu seinen Theorien kam. Weniger dienlich ist dieser Ansatz in der Bewertung des »Wahrheitsgehaltes« der Aussagen von Freud und Adler. Kann man Freuds Entdeckung, daß das »Ich« nicht Herr in seinem Hause ist, mit ein paar Hinweisen auf Veränderungen in der Kunst und Literatur als überwundenen »alten Hut« bezeichnen? Oder entspricht dies nicht gerade jenem modischen Fortschrittsglauben, nach dem das Neue das Bessere sei, und den Jacoby (1978) als »soziale Amnesie« kritisierte?
Für Bruder-Bezzel hatte Adler »in seiner Psychologie die Mechanismen der Konkurrenzgesellschaft im Blick und diskutiert dann Sexualität von dieser Seite her: von der Seite der Macht. Das Streben nach Macht geht durch die Sexualität hindurch, ja es äußert sich gerade im Reden über Sexualität und in der sexuellen Befriedigung, die für den Mann häufig nur die sexuelle Unterwerfung der Frau bedeutet. Auf diesen Zusammenhang von (männlicher) Sexualität und Macht legt Adler das Gewicht, von Freud wird er kaum berührt« (1983, S. 45).
Damit ist ein entscheidendes Verdienst Adlers genannt. Die Frage bleibt jedoch offen, warum Adler sich nicht auf die Darstellung der Durchdringung der Sexualität durch die Macht beschränkte, sondern jede sexuelle Äußerung als »Floskel«, Ausdruck des Machtstrebens wertete und der Sexualität eigenständigen Triebcharakter absprach.
Wahrscheinlich war Adler von der Praxis, die verdrängte Libido zur Erklärung jedes erdenklichen Phänomens heranzuziehen, abgestoßen. In diesem Punkt nahm die Gruppe um Freud bisweilen sektiererische Züge an, auch wenn man dies als Gegengewicht zur generellen Verdrängung des Themas »Sexualität« in der Öffentlichkeit werten kann. Diese Erklärung würde verständlich machen, daß Adler die Bedeutung der Sexualität in seiner Neurosenlehre einschränkte, aber nicht, daß er sie mehr oder weniger eliminierte.
Eine andere Erklärung wäre, daß sich Adler der zunehmenden gesellschaftlichen Anfeindung, die ein konsequentes Bekenntnis zur psychoanalytischen Theorie mit sich brachte, nicht länger aussetzen wollte. Jones (1962/2, S. 136) berichtet, daß bei einem Kongreß deutscher Neurologen und Psychiater im Jahr 1910 Professor Wilhelm Weygandt erregt gegen die Psychoanalyse wetterte: »Dies ist kein Diskussionsthema für eine wissenschaftliche Versammlung, dies ist Sache der Polizei.« Im selben Jahr schlug der bekannte Neurologe Professor Oppenheim bei einem neurologischen Kongreß in Berlin vor, »man solle alle Anstalten, in denen Freuds Auffassungen geduldet würden, boykottie-

ren«, was zu Hochrufen und stürmischer Zustimmung unter den Versammelten führte.
Solche Ereignisse waren vor allem in den Jahren der Ausbreitung und Institutionalisierung der Psychoanalyse vor dem Ersten Weltkrieg nicht selten, und Psychoanalytiker wurden auch in ihren beruflichen Karrieren diskriminiert. Adler stand kurz vor der Einreichung seiner Habilitationsschrift an der medizinischen Fakultät der Universität Wien.
Indirekt hat Adler diese Erklärung selbst bestätigt, indem er seine einstige Bemerkung, er wolle nicht in Freuds Schatten stehen, dahingehend erklärte, er wollte nicht »durch die Mitarbeit an der Neurosenpsychologie für alle Ungereimtheiten des Freudismus mitschuldig gemacht... werden« (Adler 1972a, S. 56).
Eine weitere schon angesprochene Erklärung wäre die, daß Adler viel stärker als Freud das psychische Elend des Proletariats und der Kleinbürger und deren soziale Misere vor Augen hatte. Auf das »Luxusthema« Sexualität konnte er in diesem Kontext verzichten. Andererseits haben eine Reihe von Schülern Freuds, etwa Siegfried Bernfeld, Otto Fenichel oder Wilhelm Reich, später gezeigt, daß man durchaus die Libidotheorie vertreten konnte, ohne die soziale Problematik aus den Augen zu verlieren.
Alle bisherigen Erklärungsversuche sind unbefriedigend, denn Adler hat nicht – wenn überhaupt – nur aus taktischen oder pragmatischen Gründen die wesentlichen Anschauungen Freuds fallengelassen. Er hat sie deshalb abgelehnt, weil er sie für falsch befand und fest davon überzeugt war, daß das von Neurotikern gezeigte Sexuelle bloß Vorgetäuschtes, Floskel, Symbol des männlichen Protestes sei.
Die Frage, warum Adler mit der historischen Leistung der Psychoanalyse, mit der Aufdeckung des Zusammenhangs zwischen Verdrängung des Sexuellen und neurotischer Entwicklung gebrochen hat, reduziert sich daher auf eine persönliche Wertung, die jeweils davon abhängt, wie man selbst den Wahrheitsgehalt von Freuds Theorien beurteilt.
Neigt man dazu, Freuds Erkenntnisse als Übertreibungen zu bewerten, sie mit den viel strapazierten Begriffen »Triebdeterminismus«, »Pansexualismus«, »Überbewertung des Sexuellen« ad acta zu legen, dann erscheint Adlers Bruch mit Freuds Vorstellungen als in der Tendenz richtiger Schritt, bestenfalls mit der Einschränkung, daß er sich zu radikal von den Auffassungen Freuds distanziert und dabei einige wertvolle Bruchstücke seiner Theorie zu Unrecht aufgegeben habe.
Freud hat in der *Massenpsychologie und Ich-Analyse* auf den Vorwurf des »Pansexualismus« so reagiert:

»Wer die Sexualität für etwas die menschliche Natur Beschämendes und Erniedrigendes hält, dem steht es ja frei, sich der vornehmeren Ausdrücke Eros und Erotik zu bedienen. Ich hätte es auch selbst von Anfang an so tun können und hätte mir dadurch viel Widerspruch erspart. Aber ich mochte es nicht, denn ich vermeide gern Konzessionen an die Schwachmütigkeit. Man kann nicht wissen, wohin man auf diesem Wege gerät; man gibt zuerst in Worten nach und dann allmählich auch in der Sache. Ich kann nicht finden, daß irgendein Verdienst daran ist, sich der Sexualität zu schämen« (1921 c, S. 86).
Stekel (1923, S. 565) meinte in diesem Zusammenhang, daß Freud den Abfall von Adler viel zu leicht genommen habe:
»Adler wurde ein furchtbarer Gegner. Dadurch, daß er die Sexualität aus seinem Lehrgebäude ausschloß und alles auf den gekränkten Ehrgeiz stellte, gewann er alle Menschen für sich, denen die Freudlehre aus persönlichen Gründen unangenehm war. Bekanntlich haben die meisten Menschen für ihre Sexualität ein psychisches Skotom. Für diese Art von Seelenblinden war Freud eine ewige Gefahr und Adler eine Erlösung.«
Gibt man dieser Sichtweise recht, dann wird man in Adler ein »Kind seiner Zeit« sehen, das, wie die Mehrzahl seiner Zeitgenossen, um mit Zweig zu argumentieren, »dem Problem der Sexualität aus dem Gefühl der inneren Unsicherheit ängstlich auswich«. Daß es durchaus legitim ist, solche Fragen zu stellen, solange man sich der eigenen Subjektivität bewußt bleibt, soll mit folgender Aussage von Devereux (1967, S. 25 f.) untermauert werden, in der er zum Problem objektiver Aussagen über die menschliche Sexualität Stellung nimmt:
»Je mehr Angst ein Phänomen erregt, desto weniger scheint ein Mensch in der Lage, es genau zu beobachten, objektiv über es nachzudenken und angemessene Methoden zu seiner Beschreibung, seinem Verständnis, seiner Kontrolle und Vorhersage zu entwickeln. Es ist kein Zufall, daß die drei Männer, die unsere Vorstellung von der Stellung des Menschen im Universum am radikalsten verändert haben – Kopernikus, Darwin und Freud –, in dieser Reihenfolge auftraten. Es war leichter, in bezug auf die Himmelskörper objektiv zu sein als in bezug auf den Menschen als Organismus, und das wiederum fiel leichter als die Objektivität gegenüber Persönlichkeit und Verhalten des Menschen... Es ist eine historische Tatsache – wenngleich keine unausweichliche Notwendigkeit... –, daß die affektive Verstrickung des Menschen mit dem Phänomen, das er untersucht, ihn oft an einer objektiven Einstellung hindert.«
Was Devereux hier allgemein formulierte, galt für Freud und für Adler,

als sie versuchten, Theorien über die menschliche Sexualität zu entwikkeln. Es gilt für jeden, der sich mit ihren Theorien auseinandersetzt. Wer über Sexualität spricht, spricht auch über sich selbst. Er oder sie versucht, objektiv über ein Phänomen zu sprechen, das Teil der subjektiven Geschichte ist. Hier liegt die zentrale Problematik der Auseinandersetzung zwischen Freud und Adler und jeder Bewertung dieser Kontroverse. Vielleicht liegt hierin auch ein Schlüssel für die Emotionalität, mit der diese Kontroverse von Freud und Adler, aber auch von den nachkommenden Schülergenerationen geführt wurde.

War Adler ein Schüler Freuds?

Eine weitere Frage zum Verhältnis zwischen Freud und Adler hat insbesondere die Vertreter der von ihnen begründeten Schulen bis heute beschäftigt: War Adler ein Schüler Freuds oder war er ein von Freud weitgehend unbeeinflußter, eigenständiger Denker?

Die Klärung dieser Frage ist wissenschaftshistorisch von geringerer Bedeutung und hat primär eine politische Funktion für das Geschichtsbild der jeweiligen Schule.

Den Psychoanalytikern ging es darum, Adler als abtrünnigen, irregeleiteten und undankbaren Schüler hinzustellen, der eigentlich alles Freud verdanke und sich aus seinem fruchtbaren Ideen-Steinbruch bedient habe.

Diese Sichtweise läßt sich bis zu Freud zurückverfolgen. Sterba (1985, S. 123) berichtet, daß dieser, als einmal die Sprache auf Adler kam, bemerkte: »Adler nahm sich einen Knochen aus der Analyse, und jetzt sitzt er in einer Ecke und knurrt darüber.«

In dieser Sichtweise werden Adlers eigenständige Beiträge etwa zur Ich-Psychologie, zur Sozialpsychologie und über den Aggressionstrieb verleugnet.

Den Individualpsychologen ging es darum, Adler als eigenständigen, von Freud weitgehend unbeeinflußten Denker darzustellen. Damit wird die radikale Selbst- und Herkunftsverleugnung übernommen, die Adler nach dem Bruch mit Freud vornahm. Wie noch gezeigt werden soll, war Adler viel stärker von Freud beeinflußt, als ihm später lieb war, und er teilte über Jahre dessen Auffassungen über das Traumgeschehen, über die Bedeutung des Sexuellen und das Primat des Trieblebens. Indem das Schülerverhältnis kategorisch verneint wird, wird der Frage ausgewichen, ob Adler nach der Trennung von Freud durch das Fallenlassen sämtlicher psychoanalytischer Konzepte und Begriffe nicht möglicherweise das Kind mit dem Bade ausgeschüttet hat.

Die Verneinung eines Schülerverhältnisses läßt sich bis auf Adler zurückverfolgen. Maslow berichtet von einem Abendessen mit Adler, das um 1936 in New York stattfand und in dessen Verlauf er einige Fragen stellte, die Adlers Schülerverhältnis zu Freud beinhalten:

Adler »wurde wütend, lief rot an und redete so laut, daß die anderen Leute aufmerksam wurden. Er sagte, dies sei eine Lüge und ein Schwindel, an dem Freud ganz allein schuld sei, den er dann soweit ich mich erinnern kann mit Worten wie Schwindler, hinterhältig und Intrigant belegte. Er sagte, daß er nie ein Student oder Schüler oder Anhänger Freuds gewesen sei. Er habe es von Anfang an klargemacht, daß er mit Freud nicht übereinstimme und seine eigenen Ansichten habe. Freud, so sagte er, habe ihm vorgeschlagen, es gemeinsam zu versuchen, und vielleicht zu einer Übereinstimmung zu kommen. Als die Auffassungsunterschiede fortdauerten und Adler die Gruppe verließ, habe, so Adler, Freud jene Version des Bruchs ausgestreut, die seither von allen akzeptiert wurde, nämlich daß Adler ein Schüler Freuds gewesen und dann von ihm abgefallen sei. Das war es, was Adler verbitterte, zumindest an diesem Abend, und ihn veranlaßte, Freud als ›hinterhältig‹ zu bezeichnen.«[7]

Maslow bezeichnete diesen Ausbruch Adlers als ungewöhnlich. Was dieser Zwischenfall bedeuten mag und wie er zu interpretieren sei, hänge von zusätzlichen Informationen ab, über die er nicht verfügte.

Ansbacher (1962), der Maslows Bericht kommentiert, bestätigt, daß Adler immer bestritten hatte, jemals ein Student, Schüler oder Anhänger Freuds gewesen zu sein. Als Beweise für Adlers Eigenständigkeit führte Ansbacher u. a. alle jene Versionen über die erste Begegnung von Adler und Freud an, in denen Adler als unerschrockener Verteidiger Freuds auftritt, die aber bis heute nicht belegt werden konnten.

Andere Individualpsychologen schlagen in dieselbe Kerbe. Furtmüller (1946, S. 238) gibt zwar »Adlers tiefe Beeinflussung durch Freud« zu, betont »andererseits seine Unabhängigkeit... die er von Anfang an zeigte in seiner Art, Probleme zu stellen und Lösungen zu suchen und zu finden. In keiner einzigen seiner Veröffentlichungen erscheint Adler als ein ›Freudianer‹ im engen Sinn einer Schule.« Hier irrt selbst Furtmüller, wie noch gezeigt werden soll.

Metzger (1977a, S. 541) meinte, es gebe keine von Adler hinterlassene

7 Maslow 1962, eigene Übersetzung.

Bemerkung, aus der man entnehmen könnte, daß er sich Freuds Sexualtheorie auch nur zu irgendeinem Zeitpunkt zu eigen gemacht hätte. Er war weder Schüler noch abtrünniger Schüler, denn »er war darin seinem älteren Mitstreiter nie gefolgt«.

Auch Ellenberger (1973, S. 766) schließt sich dieser Sichtweise weitgehend an. Für ihn ist Adler kein »Abweichler von der Psychoanalyse« und sein System keine Entstellung derselben. Adler habe seine eigenen Ideen gehabt, bevor er Freud kennenlernte, und sich diese bewahrt und zu einem System entwickelt, das sich grundsätzlich von der Psychoanalyse unterschied.

Kaufmann (1980, S. 209) zeigt, daß für die frühen Mitglieder der »Mittwoch-Gesellschaft« die Frage außer Streit stand, daß Adler ein Schüler Freuds war. Auch Stekel (1950, S. 116) vermerkt kritisch:

»Adler bestritt später, daß er ein Schüler Freuds sei und zeigte als Beweis eine Postkarte. Die Karte war jene, die ihn zu unserem ersten Gruppentreffen einlud. Aber ist es nicht auffällig, daß er diese Postkarte so viele Jahre aufhob?«

Die *Protokolle* lassen keinen Zweifel daran, daß sich Adler selbst lange Zeit als Schüler Freuds und als Psychoanalytiker sah. Einige Beispiele sollen dies verdeutlichen:

In der Sitzung am 10. 10. 1906 gibt Adler Beispiele sexueller Symboldeutungen, die er so nach 1911 nicht mehr formuliert hätte:

»Zur Deutung des Gürtellösens als sexuelles Symbol führt er den hysterischen Anfall einer Patientin an, wobei sie sich den Gürtel öffnet. Die Deutung ergab dann die sexuelle Auffassung dieser Handlung... eine Patientin sei bei Nacht aus einem Traum aufgekommen und habe bemerkt, daß sie sich den Finger blutig gebissen habe. Die Deutung ergibt einen Penis für den Finger... und die Symptomhandlung läßt auf eine Abwehr der Mundperversion schließen. Auch zur sexuellen Symbolik der Schlange bringt Adler eine Bestätigung aus der Neurosen-Psychologie bei. Eine seiner Patientinnen sagte, zwischen ihr und ihrem Vater bestehe eine Verbindung von der Gestalt einer Schlange und zum Teil eines Vogels. Auf Adlers Wunsch habe sie diese Vorstellung dann zeichnerisch dargestellt, wobei sich diese Verbindung unverkennbar als ein Penis entpuppt habe« (*Protokolle* 1976, S. 11).

In einer Diskussion am 23. 1. 1907 vermißte Adler im vorgetragenen Referat generell »den Hinweis auf Freuds Sexualtheorie« (ebda., S. 84), und bei der Diskussion von Ranks Referat »Der Mythos von der Geburt des Helden« am 25. 11. 1908 bemängelte er: »Die Sexualität nehme einen verhältnismäßig geringen Raum ein« (*Protokolle* 1977, S. 60). Erinnert sei an Adlers Aussage am 4. 1. 1911, als er über die Rolle der

Sexualität in der Neurose referierte und meinte, »alle diese Probleme... (seien) erst durch die Arbeiten Freuds vorbereitet und überhaupt diskutierbar geworden« (*Protokolle* 1979, S. 104). Am Ende des vierten Diskussionsabends über Adlers Theorien (22. 2. 1911) meinte er: »Seine Arbeiten seien von Freud und einigen Kollegen als Provokation aufgefaßt worden. Sie wären aber nicht möglich gewesen, wenn Freud nicht sein Lehrer gewesen wäre« (ebda., S. 169).

Selbst in seiner Austrittserklärung, die Freud in einem Brief an Jung vom 15. 6. 1911 zitierte, sprach Adler von Freud als »meinem gewesenen Lehrer«. Auch Adlers Publikationen jener Jahre sprechen eine deutliche Sprache. Im Aufsatz »Das sexuelle Problem in der Erziehung« (Adler 1905 a) bezieht er sich weitgehend auf Freuds Theorie über die Bedeutung der infantilen Sexualität, kommt allerdings zu sehr eigenständigen pädagogischen Schlußfolgerungen.

Decker (1977, S. 300 ff.) bezeichnete den Aufsatz als Fehlinterpretation der Freudschen Theorien der infantilen Sexualität, als »Psychoanalyse im Dienste des Viktorianismus«. Adler habe Freuds Ausführungen über infantile Sexualität zum Moralisieren und Warnen vor den Gefahren der Sexualität uminterpretiert und habe sich damit viktorianischen Auffassungen über ihre Sündhaftigkeit angenähert.

In seinem Aufsatz »Drei Psycho-Analysen von Zahleneinfällen und obsedierenden Zahlen« (1905 b) bezog sich Adler auf Freuds Buch *Zur Psychopathologie des Alltagslebens.* Er schilderte drei Fälle, aus denen hervorging, daß gedankenlos hingeworfene Zahleneinfälle eindeutig von unbewußten Inhalten determiniert werden. Seine Analysen zeigen, daß er damals Freuds psychoanalytischer Methode wesentlich näherstand als er später zugeben wollte.

Adlers Aufsatz »Der Aggressionstrieb im Leben und in der Neurose« (1908 b) beginnt mit folgendem Satz:

»Die Anwendung der Freud'schen Methode zur Aufdeckung des unbewußten Seelenlebens bei Gesunden und Neurotikern führt zur Anerkennung der Tatsache perverser Regungen, die bei Neurosen und Neuropsychosen aus dem Bewußtsein verdrängt sind, keineswegs aber ihren Einfluß auf das psychische Gleichgewicht verloren haben, vielmehr als pathogene Quelle des Handelns, Denkens und der Stimmungen unschwer zu erkennen sind.«

Dieser Satz fehlt in allen späteren Auflagen.

In seinem Aufsatz »Zwei Träume einer Prostituierten« (1908 f) findet man folgende Passage:

»Freud, dessen Auffassung vom Traume ich in allen Punkten bestätigen kann, fordert als Beweis einer regelrecht durchgeführten Traumdeutung die Aufdeckung eines durch den Traum erfüllten Wunsches. Gleichzeitig werden wir durch die Schilderung der den Traum begleitenden Angst daran gemahnt, daß die zu findende Wunscherfüllung offenbar gegen einen großen psychischen Widerstand zum Durchbruch gelangt sein mußte, gegen einen Widerstand, der im wachen Zustand nicht ohne weiteres zu überwinden wäre. Im Traume nun muß durch die Mittel der Traumtechnik die Umgehung des Hindernisses geglückt sein, und der andauernde Angstaffekt muß in diesem Zusammenhang gedeutet werden als die der Außenwelt zugekehrte Seite eines im Wachen verdrängten Wunsches, dessen Intensitätsmaximum im Unbewußten sitzt. Wir brauchen noch einen Hinweis, um wenigstens annähernd die Art dieses Wunsches zu erkennen. Die Angst ist dieses Hinweises nur teilweise fähig, sie belehrt uns summarisch, daß der unterdrückte Wunsch dem Gebiete des Sexuellen angehört« (Adler 1908f., S. 104).

Wie sehr unterscheidet sich die Aussage Adlers aus dem Jahr 1908 (»Freud, dessen Auffassung vom Traume ich in allen Punkten bestätigen kann«) von jener Passage, die er 25 Jahre später formulierte und in der es heißt:

»Ich hatte bei meinen Untersuchungen über den Traum zwei starke Hilfen. Die eine bot mir Freud in seinen unannehmbaren Anschauungen. Ich lernte aus seinen Fehlern« (Adler 1933b., S. 154).

Während Adler 1908 noch unterdrückte sexuelle Wünsche als latente Trauminhalte anerkannte, soll er sich laut Roazen (1976, S. 216) kurz vor seinem Tod über Freuds Analyse mit den Worten »dieser Schmutz« und »Fäkalia« geäußert haben.

Adler hat die zitierten Aufsätze (1905a, 1905b, 1908f) im Gegensatz zu seinen anderen Aufsätzen aus jenen Jahren nicht in seinen Sammelband *Heilen und Bilden* (1914a) aufgenommen.

In den zitierten Aufsätzen bezog sich Adler eindeutig auf Freuds Erkenntnisse über die infantile Sexualität, auf die psychoanalytische Technik und das psychoanalytische Verständnis vom Traumgeschehen. Wenn Adler ein Jahrzehnt später schrieb: »Wir leugnen das Wirken eines ›Trieblebens‹« (1917e, S. 43), so zeigt dies, daß er seine Auffassungen inzwischen einer radikalen Veränderung unterzogen hatte. Dennoch sind in Adlers Interpretationen und Auslegungen, vor allem in den pädagogischen Konsequenzen, die er aus der psychoanalytischen Entwicklungslehre zog, bereits seine eigenständigen Konzepte zu sehen.

Adlers Beiträge in den *Protokollen* und manche seiner frühen Aufsätze zeigen, daß er sich mehrere Jahre als Schüler Freuds verstand und dessen Auffassungen weitgehend teilte, daß er sich also in größerer Nähe zur psychoanalytischen Theorie und Praxis befand, als er später zugeben wollte. Natürlich war Adler aber bereits bevor er Freud kennenlernte ein eigenständiger Denker, der sich vor allem mit sozialmedizinischen Fragen beschäftigte. Seine Hinwendung zur Erziehung, zur Psychotherapie und zu den Neurosen hingegen geschah unter den unmittelbaren Eindrücken der Diskussionen in Freuds »Mittwoch-Gesellschaft«. Hier stand er zunächst stark unter Freuds Einfluß und entwickelte in der Folge sein eigenes System im Widerstreit und in der schrittweisen Abgrenzung zu den Auffassungen Freuds.

Anhang

Bemerkungen zur Literatur und zu den Quellen

Die Auseinandersetzung zwischen Sigmund Freud und Alfred Adler ist von mehreren Autoren beschrieben worden. Die älteren Darstellungen befassen sich vorwiegend mit den Ereignissen zu Beginn des Jahres 1911, die zum Austritt Adlers aus der Wiener Psychoanalytischen Vereinigung (WPV) führten. Diese Berichte waren ohne Zuhilfenahme der Protokolle der WPV abgefaßt worden, die erst in den sechziger und siebziger Jahren veröffentlicht wurden.[1]

Die Freud-Biographie von Fritz Wittels (1924) ist Gegenstand von Kontroversen und in manchen Aussagen und Urteilen anzuzweifeln. Immerhin vermittelt Wittels subjektive und lebendige Eindrücke des Auftretens Adlers in der »Mittwoch-Gesellschaft« und seiner Diskussionen mit Freud. Wittels legte seine Mitgliedschaft im Jahr 1910 nieder. Er war also bei den entscheidenden Debatten im Januar und Februar 1911 nicht anwesend. Dennoch verbrachte er mehrere Jahre mit Adler in der Gruppe und konnte die Entwicklung, die seinem Bruch mit Freud vorausging, beobachten.

Die Adler-Biographie von Bottome (1939) ist für die Darstellung der Freud-Adler-Kontroverse kaum verwendbar. Das Buch – von Adler selbst angeregt, aber erst nach seinem Tod fertiggestellt – enthält viele Fehler und Ungenauigkeiten. In seiner glorifizierenden Favorisierung Adlers wirkt es mitunter peinlich.

Furtmüller (1946) war seit seinem Eintritt in die »Mittwoch-Gesellschaft« im Oktober 1909 Augenzeuge der Kontroverse. Sein Bericht enthält zwar einige Irrtümer, etwa über die erste Begegnung zwischen Freud und Adler, gibt aber ein ernstzunehmendes Bild der Auseinandersetzungen aus der Perspektive eines Adler-Anhängers.

Auch Stekel (1923, 1950) war ein Augenzeuge des Bruchs zwischen Adler und Freud und zudem seit 1902 mit Adler in der »Mittwoch-Gesellschaft«. Stekel war zeitweise mit Adler befreundet und verbündet, blieb aber nach dessen Austritt in der WPV. Den Freudianern gilt

1 Genauere Angaben in der Literaturliste.

Stekel als zweifelhafter Zeuge. In der Tat findet man in seinem Buch viele ungenaue und unrichtige Angaben, u. a. Fehler in der Chronologie. Als Beispiel sei erwähnt, daß Stekel die Diskussionen des Nürnberger Kongresses am Weimarer Kongreß stattfinden läßt.

Roazen (1976, S. 183) verwies darauf, daß es offenbar schwerfalle, die öffentlichen Auseinandersetzungen Freuds mit Adler, aber auch mit Stekel und Jung unvoreingenommen zu überdenken:

»Jede Familie hat ihre eigene Version ihrer Geschichte, und für die Menschen, die in der Verpflichtung Freud gegenüber aufgewachsen sind, haben diese Streitigkeiten bereits einen mythischen Charakter angenommen. Jede soziale Gruppe lebt von solchen Legenden, und die Mythologie dieser frühen Auseinandersetzungen ist inzwischen ziemlich fest fixiert, nicht nur in der mündlich überlieferten Geschichte der Psychoanalyse, sondern auch in Büchern für ein breiteres Publikum.«

Damit ist ein zentrales Problem im Umgang mit der Literatur über die Freud-Adler-Kontroverse benannt. Diese Kritik trifft sicherlich auf die Freud-Biographie von Ernest Jones (1962/2) zu, in der die Auseinandersetzung mit Adler aus dem Blickwinkel einer Geschichtsschreibung abgehandelt wird, die eindeutig Freuds Position favorisiert. Festzuhalten ist, daß Jones die Bedeutung der Mitglieder der »Mittwoch-Gesellschaft« für die Geschichte der psychoanalytischen Bewegung allgemein unterschätzt hat.

Robert (1967) und Schur (1973) haben die Auseinandersetzung mit Adler nur am Rand erwähnt.

Mit Sicherheit sind aber auch die meisten Darstellungen des Bruchs, die von Adler-Schülern geschrieben wurden, mit Mythen und Sichtweisen durchsetzt, die möglicherweise die Funktion haben, die eigenständige historische Tradition und das Selbstwertgefühl der Individualpsychologen zu stützen. Gemeint sind die Geschichten und Anekdoten um die erste Begegnung zwischen Freud und Adler; die Behauptung, Adler habe sich schon vor der Begegnung mit Freud mit Neurosenfragen beschäftigt; er habe nie psychoanalytisch gedacht, obwohl Publikationen aus dem Jahr 1905 dies eindeutig widerlegen; die Analysen des Bruches, in denen die unterschiedlichen Persönlichkeitsstrukturen auf Kosten der inhaltlichen Differenzen dominieren; die verkrampften Diskussionen um die Frage, ob Adler als Schüler Freuds bezeichnet werden kann oder nicht. Im Vergleich mit den vom Material her spärlichen, emotional abgehaltenen und mit falschen Angaben durchzogenen Arbeiten von Sperber (1926), Bottome (1939), Orgler (1939) und Rom (1966) nimmt sich Jones' Darstellung geradezu objektiv aus. In anderen individualpsychologischen Arbeiten (Sperber 1970, Rattner 1972, Jacobi 1974, Seelmann 1977) werden einige Legenden und unrichtige Angaben früherer Darstellungen tradiert.

Colby (1951) hat die damals noch unveröffentlichten Protokolle der Vereinssitzungen zu Beginn des Jahres 1911 mitverwendet. Seine Darstellung beschränkt sich auf diese drei Monate der Auseinandersetzung und verwendet Angaben Bottomes und Stekels ohne die angebrachte Vorsicht.

Brome (1969) hat die Kontroverse nicht nur auf diese Monate beschränkt. Er hat die Berichte von Bottome, Stekel und Wittels kritischer gehandhabt und auch Freuds Briefwechsel mit Jung und anderen berücksichtigt. Wie Brome (1969, S. 7f.) selbst feststellt, hat er nur die persönlichen Konflikte, nicht aber die inhaltliche Ebene der Konflikte bearbeitet:

»Dieses Buch will den persönlichen Auseinandersetzungen nachgehen, die unter den ersten Pionieren der Psychoanalyse herrschten... Übrigens hatte ich niemals die Absicht, die theoretischen Differenzen zwischen Freud, Jung und Adler im einzelnen darzulegen. Ich habe mich auf die Probleme beschränkt, die sich aus ihrem persönlichen Verhältnis ergaben.«

Aus dieser Beschränkung auf die persönliche Ebene kommt Brome mitunter zu irreführenden Schlußfolgerungen, denn vieles in der Freud-Adler-Kontroverse läßt sich aus dem Persönlichen allein nicht erklären, sondern fußt in inhaltlichen Differenzen.

Roazen (1976) hat sich, ähnlich wie Brome, stark auf die persönlichen Aspekte der Kontroverse bezogen. Kaufmanns Darstellung (1970) der Freud-Adler-Kontroverse leuchtet u. a. den philosophischen Hintergrund der Kontrahenten aus, läßt aber die viel aufschlußreicheren *Protokolle* unberücksichtigt. Ellenberger (1973) ging mit den Angaben von Bottome und Stekel vorsichtig um. Aber auch seine Darstellung der Freud-Adler-Kontroverse geht nicht ins Detail.

Eine umfassende Darstellung der Auseinandersetzungen der Jahre 1906 bis 1911 hat Holtz (1981) aus individualpsychologischer Perspektive geleistet. Er hat erstmals die Protokolle der WPV systematisch ausgewertet. Sein Aufsatz bleibt allerdings auf die *Protokolle* als Quelle der Freud-Adler-Kontroverse beschränkt. Auch Elrod (1987 a) hat anhand der *Protokolle* Adlers Rolle in der »Mittwoch-Gesellschaft« eindrucksvoll beschrieben.

Zwei bedeutende Publikationen jüngeren Datums dürfen nicht unerwähnt bleiben: Bruder-Bezzel (1983) hat die Entstehung der Adlerschen Theorie im historischen Milieu Wiens um die Jahrhundertwende beschrieben und der Auseinandersetzung mit Freud mehrere Kapitel gewidmet. Stepansky (1983) hat die Freud-Adler-Kontroverse ausführlich und detailliert aufgerollt und ist vor allem inhaltlichen Unterschieden und deren Bewertungen nachgegangen. Diese beiden Bücher sollten als Resultate eigenständiger, jeweils unterschiedlicher Verarbeitung des vorhandenen Quellenmaterials herangezogen werden.

Das vorliegende Buch baut ebenfalls auf den informationsreichen Protokollen der Wiener Psychoanalytischen Vereinigung auf. Die Ergebnisse dieser Analyse wurden mit anderen Quellen verglichen und zu einer umfassenden Darstellung verarbeitet. Neben der bereits erwähnten Literatur wurden Freuds eigene Sichtweisen der Kontroverse (1914, 1925), sein Briefwechsel und eine Reihe weiterer Quellen ausgewertet und dabei interessante Ergänzungen und Details entdeckt.

Freuds Aufsatz »Zur Geschichte der psychoanalytischen Bewegung« erschien im Jahr 1914, also kurze Zeit nach dem Bruch mit Adler und Jung. Es ist die einzige offen polemische Schrift Freuds, die die Funktion hatte, mit den »Häretikern« abzurechnen. In einem Brief an Karl Abraham hat Freud den Aufsatz als »die Bombe« bezeichnet. Das unmittelbare Angriffsziel war Jung.[2] Grubrich-Simitis (1971, S. 142) schreibt über die Hintergründe des Aufsatzes: »Nach jahrelangen Diffamierungen von außen durch die Schulmedizin und eine aufgescheuchte Öffentlichkeit, denen er ungerührt widerstanden hatte, sah sich Freud nun einer Welle innerer Anfechtungen ausgesetzt, die er für weitaus gefährlicher hielt... Freud befürchtete, daß die Vereinigung divergierender, im Grundsätzlichen unvereinbarer Vorstellungen unter dem von ihm geprägten Namen ›Psychoanalyse‹ den Nichtpsychoanalytikern unter seinen Gegnern Argumente liefern könnte, die Sache selbst als etwas Willkürliches und Unwissenschaftliches abzutun, über das sich nicht einmal die Psychoanalytiker selbst verständigen könnten. Deshalb entschloß er sich schließlich – widerwillig, weil er wissenschaftliches Gezänk verabscheute –, die Geschichte der Psychoanalyse zu rekonstruieren, aus der imponierenden Logik ihrer historischen Entwicklung noch einmal die Grundbegriffe seiner Lehre herauszuarbeiten und zu beweisen, daß die Systeme Adlers und Jungs, die er danebenstellt, in ihrem Kern der Psychoanalyse widersprechen und deshalb nicht so heißen dürfen.«

Freuds Briefwechsel mit Jung, Abraham, Ferenczi, Binswanger u. a. sind eine weitere wichtige historische Quelle und hatten große Bedeutung für die Politik der Psychoanalyse in der Phase ihrer Institutiona-

2 Vgl. Grubrich-Simitis 1971, S. 141 f.

lisierung. Sie sind vom Bemühen gekennzeichnet, sich internationale Resonanz zu verschaffen und zu erhalten. Deutlich geht er auf Distanz zu seinen Wiener Schülern – eine Distanz, die aus den *Protokollen* nicht ersichtlich wird. Freuds Briefe geben sowohl ungeschminkte Gedanken und Einschätzungen wieder – was hier für sein Verhältnis zu Adler ausgewertet wird –, haben aber auch eine wichtige Funktion in der Organisierung der Psychoanalyse. Insofern meine ich, daß Passagen seiner Briefe auch taktisch aufzufassen sind.
Weitere Quellen, auf die sich dieses Buch stützt – Primär- und Sekundärliteratur zur Geschichte der Psychoanalyse und Individualpsychologie, Originalaufsätze, Archivmaterial, Zeitungsartikel u. a. –, werden jeweils im Text zitiert.
Die Zeit zwischen 1902 und 1906, für die es keine Protokolle gibt, wurde soweit als möglich erhellt. Vor allem wurde die Mitgliederstruktur der »Mittwoch-Gesellschaft« in ihrer Relation zur Freud-Adler-Kontroverse untersucht, nachdem die meisten Darstellungen den Konflikt auf den Disput der beiden Antagonisten Freud und Adler reduzierten. Auf unsicher erscheinende Informationen wurde verzichtet und auf im Umlauf befindliche unrichtige Informationen hingewiesen.

Adlers Anhänger in der Mittwoch-Gesellschaft

Dr. David Josef Bach (1874–1947)

Der Musikpädagoge David Josef Bach organisierte ab 1905 in Wien die ersten Arbeiter-Sinfonie-Konzerte und wurde ein bedeutender sozialdemokratischer Kulturpolitiker und Förderer zeitgenössischer Komponisten. Zwischen 1918 und 1934 schrieb er als Musikkritiker in der sozialdemokratischen *Arbeiter-Zeitung*. Bach emigrierte nach England, wo er 1947 starb.
Bach wurde vor dem Oktober 1906 von Adler in die »Mittwoch-Gesellschaft« eingeführt, nahm aber nur an neun Sitzungen teil und erklärte im Sommer 1911 seinen Austritt.

Dr. Carl Furtmüller (1880–1951)[3]

Furtmüller wurde am 2. 8. 1880 in Wien geboren. Sein Vater war Disponent einer Handelsfirma. Furtmüller studierte ab 1898 an der Universität Wien Germanistik, Philosophie und Französisch. 1902 promovierte

3 Vgl. auch Lux Furtmüller 1983.

er mit der Arbeit »Die Theorie des Epos bei den Brüdern Schlegel, den Klassikern und Wilhelm von Humboldt«. Schon als Gymnasiast schloß er sich der sozialistischen Bewegung an. Die Überwindung des Bildungsprivilegs der besitzenden Klasse wurde sein vorrangiges Ziel. Er engagierte sich im Bereich der Schulreform und der Erwachsenenbildung. 1901 wurde er als jüngstes Mitglied in den Gründungsausschuß des Volksheims, der ersten Volkshochschule Wiens, gewählt.
Ab 1901 unterrichtete er an einem Wiener Gymnasium. 1904 heiratete er Aline Klatschko, die ähnlich wie Alfred Adlers Frau aus einer revolutionären russischen Emigrantenfamilie stammte. Über diese Verbindung dürfte er Adler kennengelernt haben.
Von 1904–1909 mußte Furtmüller in der deutschböhmischen Stadt Kaaden unterrichten. Das junge Paar empfand dies als Strafversetzung infolge ihrer sozialistischen Aktivitäten. Wann immer er in Wien war, traf er Adler, wurde von ihm über die Diskussionen der »Mittwoch-Gesellschaft« informiert, und Furtmüller befaßte sich mit Freuds Werken. Als er 1909 nach Wien zurückkam und an einer Realschule zu unterrichten begann, führte ihn Adler in die »Mittwoch-Gesellschaft« ein. Am 3. 11. 1909 nahm er zum erstenmal an einer Sitzung teil, und er versäumte bis zu seinem Austritt im Oktober 1911 keinen einzigen Abend.
Nach dem Bruch wurde er Adlers wichtigster Mitarbeiter beim Aufbau der neuen Schule. Furtmüller hat vor allem Adlers Hinwendung zur Pädagogik maßgeblich beeinflußt.
Nach 1918 engagierte er sich fast ausschließlich in der Schulpolitik. Seine Frau, ebenfalls Mittelschulprofessorin, war sozialdemokratische Gemeinderätin. Ihr Haus wurde zu einem beliebten Treffpunkt sozialistischer Intellektueller. Furtmüller war maßgeblich an der Wiener Schulreform unter Otto Glöckel beteiligt und stellte ein wichtiges Bindeglied zwischen den Schulreformern und den Individualpsychologen dar.
Nach der Machtergreifung des Austrofaschismus am 12. 2. 1934 wurde er entlassen, und nach dem Einmarsch deutscher Truppen im Jahr 1938 wurde die Situation für den »Nichtarier« lebensgefährlich. 1939 ging er mit seiner Frau nach Paris ins Exil. Im Mai 1940 flohen sie nach Südfrankreich und über die Pyrenäen nach Spanien, wo sie mehrere Monate getrennt in Francos Gefängnissen festgehalten wurden. Ein von Präsident Roosevelt persönlich erteiltes Visum ermöglichte die Ausreise in die USA, wo sie im Herbst 1942 eintrafen. Wenige Monate später starb Aline Furtmüller an Leukämie.
Furtmüller arbeitete während des Krieges als Übersetzer für die Österreich-Sendungen der »Stimme Amerikas«. Erst 1947 konnte er nach Österreich zurückkehren, wo er am 1. 1. 1951 starb.

Dr. Franz Grüner (1887–1917)
Franz Grüner wurde in Neunkirchen in Niederösterreich als Sohn eines Advokaten geboren. Er studierte ab 1906 Rechtswissenschaften und von 1911 bis 1914 Kunstgeschichte an der Universität Wien. Er promovierte zum Dr. jur. und arbeitete als Rechtsanwalt. Zwischen 1906 und 1910 war er immer wieder Hörer in Freuds Universitätsvorlesungen. Er kam im Herbst 1910 zur »Mittwoch-Gesellschaft«, als Freud eine Reihe seiner Hörer (u. a. die Brüder Grüner, Paul Klemperer, Hanns Sachs) zur Mitarbeit einlud, und wurde am 26. 10. 1910 formell aufgenommen. Franz Grüner hatte großes Interesse für Kunst und Literatur, was auch in seinem Zweitstudium zum Ausdruck kommt. Klemperer (1952, S. 33) beschreibt ihn als sehr feinsinnigen, tiefschürfenden Intellektuellen, der im inneren Zirkel um Karl Kraus war, als Philosophen und Humanisten. Er fiel im Ersten Weltkrieg als Leutnant an der italienischen Front.

Gustav Grüner (1885–1938)
war der Bruder von Franz Grüner, ab 1906 als Philosophiestudent an der Universität Wien inskribiert und ebenfalls stark an Wissenschaft und Kunst interessiert. Klemperer (1952, S. 33) berichtet von einem Selbstmordversuch im Alter von 20 Jahren: Er versuchte sich im Tempel zu erschießen. Sein optischer Nerv wurde zerstört und Karl Koller konstruierte Spezialbrillen für ihn:
»Er trug immer Brillen und verbrachte sein Leben in Kaffeehäusern. Er war als Philosophiestudent immatrikuliert, hat nie etwas beendet und war ein Schöngeist, so könnte man sagen.«
Gustav Grüner besuchte Freuds Vorlesungen in den Jahren 1907 bis 1910 und wurde am 12. 10. 1910 in die »Mittwoch-Gesellschaft« aufgenommen. Nach 1911 beteiligte er sich aktiv am Aufbau der individualpsychologischen Schule.
Nach Hitlers Einmarsch erhielt er ein Affidavit für die USA, sein Schiff wurde torpediert und er kam dabei ums Leben.

Dr. Margarete Hilferding (1877–1942)
geb. Hönigsberg, promovierte 1903 als eine der ersten Frauen an der Universität Wien zum Doktor der Medizin. Sie war auch die erste Frau in der »Mittwoch-Gesellschaft« und wurde am 27. 4. 1910 auf Federns Vorschlag aufgenommen.
Nach dem Ersten Weltkrieg war sie im individualpsychologischen Verein aktiv. Sie war eine beliebte Ärztin und arbeitete in einem Proletarierbezirk.

Ihr Mann, Rudolf Hilferding, war ein bedeutender marxistischer Ökonom und Finanzminister der Weimarer Republik. Gleich ihm war sie eine aktive Sozialistin und engagierte sich in Frauenfragen. Sie schrieb ein engagiertes Buch zum Thema Abtreibung.
Margarete Hilferding konnte sich nicht mehr rechtzeitig ein Affidavit verschaffen. Sie wurde ins KZ Theresienstadt gebracht und von dort am 21. 9. 1942 nach Maly Trostinec deportiert. Sie überlebte diesen Todestransport nicht.

Franz von Hye
Der in der Literatur als Baron geführte Franz Freiherr von Hye-Glunek wurde um 1881 in Wien als Sohn eines k. u. k.-Oberlandesgerichtsrats geboren. Nach den Unterlagen im Universitäts-Archiv in Wien war er katholisch getauft. Er studierte von 1899–1903 Rechtswissenschaften in Wien.
Von Hye wurde am 27. 4. 1910 von Stekel zur Aufnahme vorgeschlagen, nahm aber bis zu seinem Austritt im Sommer 1911 nur an einer Sitzung der »Mittwoch-Gesellschaft« teil.

Dr. Paul Klemperer (1887–1964)
hörte bereits 1905 einen öffentlichen Vortrag Freuds im B'nai B'rith über die Traumdeutung, der ihn sehr beeindruckte. Als er 1906 mit dem Jusstudium begann, belegte er auch die Vorlesung Freuds, die ihn so beeindruckte, daß er mit einem Medizinstudium begann. Er kam im Herbst 1910 zur »Mittwoch-Gesellschaft«.
Klemperer verließ zwar mit den Adler-Anhängern die Gruppe, schloß sich der neuen Schule jedoch nicht an. 1921 wanderte er in die USA aus. Er wurde ein berühmter Pathologe und Professor an der Columbia University.

Dr. Stefan von Maday (1879–1959)
wurde als Sohn eines »königlichen ungarischen Ministerialrats« in Budapest geboren. Er studierte ab 1908 in Wien und später in Innsbruck Philosophie. Er war aktiver Reiteroffizier und befaßte sich mit der Psychologie des Pferdes.
Maday wurde von Adler im April 1910 zur Aufnahme vorgeschlagen, nahm aber bis zu seinem Austritt im Sommer 1911 an keiner Sitzung teil. Nach dem Ersten Weltkrieg war er in Budapest als Psychotherapeut tätig, Präsident der ungarischen Gesellschaft für Individualpsychologie und ein Spezialist für Tier- und Kinderpsychologie.

Dr. David Ernst Oppenheim[4] (1881–1943)
Oppenheim entstammte der berühmten habsburgischen Hofjudenfamilie der Oppenheimer. Er wurde am 20. 4. 1881 in Brünn (Mähren) geboren und studierte von 1899 bis 1905 in Wien Altphilologie. Oppenheim unterrichtete Latein und Griechisch am Akademischen Gymnasium in Wien. Um 1909 schickte er Freud ein Manuskript und erhielt einen interessierten Antwortbrief. In einem Brief vom 11. 11. 1909 an Jung erwähnt Freud diese neue Bekanntschaft:
»Der Zufall hat mir nun jüngst einen klugen Gymnasialprofessor zugeführt, der mit ähnlichen Gedanken, aber mit einem gefüllten Schulsack mythologisch arbeitet. Er heißt auch Oppenheim, ist recht intelligent, nur macht er mir bisher den Eindruck, als ob er nicht recht geschickt wäre, etwas ihm bisher Fremdes anzunehmen. Bei der ersten Zusammenkunft habe ich von ihm erfahren, daß Ödipus ursprünglich ein phallischer Dämon gewesen sein dürfte wie die idäischen Daktylen (!), der Name heißt einfach = Erektion. Ferner, daß der Held darum ein Symbol für den Mutter(Frauen)leib ist, weil die Alten die Flamme als einen Phallus aufgefaßt haben. Die Vestalinnen waren als richtige Nonnen mit diesem Herdphallus verheiratet, und dgl. mehr. Ich versuchte, ihm die apotropäische Bedeutung des erigierten Penis aufzuklären, sah aber dabei, wie sehr sich unser Denken bereits von dem anderer Menschenkinder unterscheidet« (Freud/Jung 1974, S. 286 f.).
Oppenheim wurde am 12. 1. 1910 von Freud zur Aufnahme in die »Mittwoch-Gesellschaft« vorgeschlagen.
Nach dem Bruch war er Gründungsmitglied der neuen Schule um Alfred Adler. Am Ersten Weltkrieg nahm er mit großem Patriotismus an der italienischen Front teil, wurde aber durch ihn zum überzeugten Pazifisten und Sozialisten. Er trat 1918 der sozialdemokratischen Partei bei und war bis 1938 aktives Mitglied. Auch in dieser Zeit war er ein tragendes Mitglied des Wiener Vereins für Individualpsychologie und präsidierte die öffentlichen wissenschaftlichen Sitzungen. Er befaßte sich weiterhin mit Themen aus der antiken Dichtung und publizierte ein Buch mit dem Titel *Dichtung und Menschenkenntnis* (Wien 1926).
Oppenheim wurde Opfer der nationalsozialistischen Vernichtungsmaschinerie. Er wurde zusammen mit seiner Frau Amalie am 21. 10. 1942 nach Theresienstadt deportiert und starb dort am 18. 2. 1943. Amalie Oppenheim hat das Konzentrationslager überlebt.

4 Ich danke der Tochter Oppenheims, Frau Doris Liffman (Toorak, Australien), für die Übermittlung des Typoskripts »Brief Biography of David Ernst Oppenheim«.

Literaturverzeichnis

Abraham, Karl, Sigmund Freud
Briefe 1907–1926, Frankfurt/M. 1965.

Adler, Alexandra
Alfred Adler, in: International Encyclopedia of the Social Sciences, London 1968, 57–61.

Adler, Alfred
(1898) Gesundheitsbuch für das Schneidergewerbe, Berlin.

(1905 a) Das sexuelle Problem in der Erziehung, 1977 c.

(1905 b) Drei Psychoanalysen von Zahleneinfällen und obsedierenden Zahlen, in: Psychiatrisch-neurologische Wochenschrift (Halle), 7, 263–266. Nachdruck in: Handlbauer 1984, S. 407–410.

(1907 a) Studie über Minderwertigkeit von Organen, Frankfurt/M. 1977.

(1907 b) Entwicklungsfehler des Kindes, in: 1914 a.

(1908 a) Daumenlutschen, Enuresis, Gewerbekrankheiten, Hysterie im Kindesalter, Ikterus, Lebererkrankungen, Milzerkrankungen, Nierenerkrankungen, Pankreaserkrankungen, Peritonitis, Spasmus nutans, in: Max Kahane (Hg.), Medizinisches Handlexikon praktizierender Ärzte, Wien.

(1908 b) Der Aggressionstrieb im Leben und in der Neurose, in: Fortschritte der Medizin (Leipzig), 26, 577–584 (1973 c, 53–62).

(1908 c) Über Vererbung von Krankheiten, in: Der Kampf (Wien), 9, 425–430.

(1908 c) Das Zärtlichkeitsbedürfnis des Kindes, in: Monatshefte für Pädagogik und Schulpolitik (Wien), 1, 7 ff. (1973 c, 63–66).

(1908 e) Die Theorie der Organminderwertigkeit und ihre Bedeutung für Philosophie und Psychologie, in: Universität Wien, Philosophische Gesellschaft, Wissenschaftliche Beilage, 21, 11–26 (1973 c, 42–52).

(1908 f) Zwei Träume einer Prostituierten, in: Zeitschrift für Sexualwissenschaft, 1, 103–106.

(1909 a) über neurotische Disposition: zugleich ein Beitrag zur Ätiologie und zur Frage der Neurosenwahl, in: Jahrbuch für Psychoanalyse und psychopathologische Forschung, 1, 526–545 (1973 c, 67–84).

(1909 b) Myelodisplasie und Organminderwertigkeit? In: Wiener medizinische Wochenschrift, 45, 2631–2636.

(1910 c) Der psychische Hermaphroditismus im Leben und in der Neurose, in: Fortschritte der Medizin, 28, 486–493 (1973 c, 85–93).

(1910 f) Die psychische Behandlung der Trigeminusneuralgie, in: Zentralblatt für Psychoanalyse, 1, 10–29 (1974 a, 91–111).

(1911a) Die Rolle der Sexualität in der Neurose, in: 1914a (1973c, 94 bis 102).
(1911b) Verdrängung und »männlicher Protest«: ihre Rolle und Bedeutung für die neurotische Dynamik, in: 1914a (1973c, 102–113).
(1912a) Über den nervösen Charakter. Grundzüge einer vergleichenden Individualpsychologie und Psychotherapie, Frankfurt/M. 1972.
(1914a) (Hg. mit Carl Furtmüller): Heilen und Bilden: ärztlich-pädagogische Arbeiten des Vereins für Individualpsychologie, München (1973c).
(1917e) Kindliches Seelenleben und Gemeinsinn, in: Annalen der Natur- und Kultur-Philosophie (Leipzig), 1, 38–45.
(1920a) Praxis und Theorie der Individualpsychologie: Vorträge zur Einführung in die Psychotherapie für Ärzte, Psychologen und Lehrer, München (1974a).
(1930j) Nochmals – die Einheit der Neurosen, in: 1982b, 35–55.
(1931n, o) Individualpsychologie und Psychoanalyse, in: 1982b, 192–209.
(1933b) Der Sinn des Lebens, Frankfurt/M. 1973.
(1972a) Über den nervösen Charakter. Grundzüge einer vergleichenden Individualpsychologie und Psychotherapie, Frankfurt/M.
(1973c) Heilen und Bilden: ein Buch der Erziehungskunst für Ärzte und Psychologen, Frankfurt/M.
(1974a) Praxis und Theorie der Individualpsychologie: Vorträge und Einführung in die Psychotherapie für Ärzte, Psychologen und Lehrer, Frankfurt/M.
(1977c) Das sexuelle Problem in der Erziehung, in: Zeitschrift für Individualpsychologie, 2, 2–6.
(1982b) Psychotherapie und Erziehung. Ausgewählte Aufsätze, Band 2; 1930–1932, Frankfurt/M.

Andreas-Salomé, Lou
In der Schule bei Freud. Tagebuch eines Jahres 1912/13, Frankfurt/M.–Berlin–Wien 1983.
Lebensrückblick. Grundriß einiger Lebenserinnerungen, Frankfurt/M. 1968.

Andreas-Salomé, Lou, Sigmund Freud
Briefwechsel, Frankfurt/M. 1966.

Ansbacher, Heinz L.
The significance of the socio-economic status of the patients of Freud and of Adler, in: American Journal of Psychotherapy, 13 (1959), 376–382.
Was Adler a disciple of Freud? A reply, in: Journal of Individual Psychology, 18/2 (1962), 126–135.
Adler und Virchow: Der Name Individualpsychologie in neuem Licht, in: Zeitschrift für Individualpsychologie, 2 (1977), 87–93.

Ansbacher, Heinz L., Rowena R. Ansbacher
(Hg.): Superiority and Social Interest. A Collection of Later Writings, London 1965.

Beckh-Widmanstetter, Hans A.
Zur Geschichte der Individualpsychologie. Julius Wagner-Jauregg über Alfred Adler, in: Unsere Heimat, 36 (1965), 182–188.
Biebl, Wilfried
Psychosomatik – der Beitrag Alfred Adlers, in: Brandl/Ringel 1977, 63–75.
Binswanger, Ludwig
Erinnerungen an Sigmund Freud, Bern 1956.
Bottome, Phyllis
Alfred Adler. Apostle of freedom, London 1939.
Brandl, Gerhard, Erwin Ringel (Hg.)
Ein Österreicher namens Alfred Adler. Seine Individualpsychologie – Rückschau und Ausblick, Wien 1977.
Brome, Vincent
Sigmund Freud und sein Kreis. München 1969.
Bruder-Bezzel, Almuth
Alfred Adler. Die Entstehungsgeschichte einer Theorie im historischen Milieu Wiens, Göttingen 1983.
Carotenuto, Aldo
Tagebuch einer heimlichen Symmetrie. Sabina Spielrein zwischen Jung und Freud, Freiburg 1986.
Caruso, Igor, Ewald H. Englert
Sozialpsychologie bei Alfred Adler, in: Brandl/Ringel 1977, 76–107.
Colby, Kenneth Mark
On the Disagreement Between Freud and Adler, in: American Imago, 8 (1951), 229–238.
Cremerius, Johannes
Die Bedeutung des Dissidenten für die Psychoanalyse, in: Cremerius, Vom Handwerk des Psychoanalytikers: Das Werkzeug der psychoanalytischen Technik, Band 2, Stuttgart-Bad Cannstatt 1984, 364–397.
Dahmer, Helmut
Libido und Gesellschaft. Studien über Freud und die Freudsche Linke, Frankfurt/M. 1982.
Dapra, Josef
»Angenehmen Geschmack hinterlassen«. Der erste Kongreß für Freudsche Psychologie tagte vor 80 Jahren in Salzburg, in: Salzburger Nachrichten, 7.5.1988, 26.
Decker, Hannah S.
Freud in Germany. Revolution and Reaction in Science, 1893–1907, New York 1977.
Devereux, Georges
Angst und Methode in den Verhaltenswissenschaften (1967), München o.J.
Dittrich, Karin A.
Freud und Jung. Beziehungsdynamik und Bruch in ihrer Bedeutung für die psychoanalytische Bewegung und eine institutionalisierte Psychoanalyse, in: Psyche 42 (1988), 19–43.

Eissler, Kurt R.
Talent and Genius: The Fictious Case of Tausk contra Freud, New York 1971.
Eitingon, Max
Aus der Frühzeit der Psychoanalyse, in: Max Eitingon in memoriam, Israel Psycho-Analytic Society, Jerusalem, 1950, 73–79.
Ellenberger, Henry F.
Die Entdeckung des Unbewußten, Bern 1973.
Elrod, Norman
Alfred Adler im Spiegel der Protokolle der Wiener Psychoanalytischen Vereinigung, in: Psychoanalyse im Rahmen der Demokratischen Psychiatrie, Band II, Zürich 1987 (a), 313–343.
Carl Furtmüller: Ein starkes, wenn auch nicht langjähriges Mitglied der Wiener Psychoanalytischen Vereinigung auf dem Wege zur Demokratisierung des Erziehungswesens, in: Psychoanalyse im Rahmen der Demokratischen Psychiatrie, Band II, Zürich 1987 (b), 344–352.
Erdheim, Mario
Freuds Größenphantasien, sein Konzept des Unbewußten und die Wiener Décadence, in: Psyche 35 (1981), 857–874, 1006–1033.
Etzersdorfer, Irene
Einige Überlegungen zur Theorie von »Oral History«-Interviews, in: F. Stadler (Hg.), Vertriebene Vernunft I. Emigrantion und Exil österreichischer Wissenschaft, Wien 1987, 53–63.
Fages, Jean-Baptiste
Geschichte der Psychoanalyse nach Freud, Frankfurt–Berlin–Wien 1981.
Fallend, Karl, Bernhard Handlbauer, Werner Kienreich, Johannes Reichmayr, Marion Steiner
Psychoanalyse bis 1945, in: M. Ash/U. Geuter (Hg.), Geschichte der deutschen Psychologie im 20. Jahrhundert. Ein Überblick, Opladen 1985, 113–145.
Federn, Ernst
Fünfunddreißig Jahre mit Freud. Zum 100. Geburtstag von Paul Federn am 13. Oktober 1971, in: Psyche 25 (1971), 721–737.
Marginalien zur Geschichte der psychoanalytischen Bewegung, in: Psyche 28 (1974), 461–471.
(Hg.): Freud im Gespräch mit seinen Mitarbeitern. Aus den Protokollen der Wiener Psychoanalytischen Vereinigung, Frankfurt/M. 1984.
Der Gruppenwiderstand gegen die Veröffentlichung der »Protokolle der Wiener Psychoanalytischen Vereinigung 1906–1918«. Versuch einer Interpretation, in: Lohmann (Hg.), Die Psychoanalyse auf der Couch, Frankfurt/M. 1986, 18–26.
Kann man eine Geschichte der Psychoanalyse überhaupt schreiben? In: Luzifer-Amor. Zeitschrift zur Geschichte der Psychoanalyse 1 (1988), 8–14.
Fine, Reuben
A History of Psychoanalysis, New York 1979.

Freud, Sigmund
(1908d) Die »kulturelle« Sexualmoral und die moderne Nervosität, in: Studienausgabe IX, Frankfurt/M. 1982, 13–32.
(1909b) Analyse der Phobie eines fünfjährigen Knaben, in: Studienausgabe VIII, Frankfurt/M. 1982, 9–123.
(1914d) Zur Geschichte der psychoanalytischen Bewegung, in: S. Freud: »Selbstdarstellung«. Schriften zur Geschichte der Psychoanalyse, Frankfurt/M. 1971, 141–201.
(1917a) Eine Schwierigkeit der Psychoanalyse, G. W. 12, 1–12.
(1921c) Massenpsychologie und Ich-Analyse, in: Studienausgabe IX, Frankfurt/M. 1982, 61–134.
(1925d) Selbstdarstellung, in: S. Freud: »Selbstdarstellung«. Schriften zur Geschichte der Psychoanalyse, Frankfurt/M. 1971, 37–100.
(1930a) Das Unbehagen in der Kultur, in: Studienausgabe IX, Frankfurt/M. 1982, 191–270.
(1933a) Neue Folge der Vorlesungen zur Einführung in die Psychoanalyse, in: Studienausgabe I, Frankfurt/M. 1982, 447–608.
Freud, Sigmund, Arnold Zweig
Briefwechsel, Frankfurt/M. 1968.
Freud, Sigmund, Oskar Pfister
Briefe 1909–1939, Frankfurt/M. 1963.
Freud, Siegmund, C. G. Jung
Briefwechsel, Frankfurt/M. 1974.
Fromm, Erich
Anatomie der menschlichen Destruktivität, Stuttgart 1974.
Furtmüller, Carl
Alfred Adlers Werdegang (1946), in: Furtmüller 1983, 233–287.
Denken und Handeln. Schriften zur Psychologie 1905–1950. Von den Anfängen der Psychoanalyse zur Anwendung der Individualpsychologie, München–Basel 1983.
Furtmüller, Lux
Carl Furtmüller. Ein Lebenslauf, in: Carl Furtmüller 1983, 15–21.
Gay, Peter
»Ein gottloser Jude«. Sigmund Freuds Atheismus und die Entwicklung der Psychoanalyse, Frankfurt/M. 1988.
Gicklhorn, Josef und Renée
Sigmund Freuds akademische Laufbahn im Lichte der Dokumente, Wien–Innsbruck 1960.
Glaser, Ernst
Die erste Konfrontation zwischen Marxismus und Psychoanalyse, in: Die Zukunft, September 1976, 11–17.
Graf, Max
Reminiscences of Professor Sigmund Freud, in: The Psychoanalytic Quarterly, XI (1942), Nr. 4, 465–476.
Graf-Nold, Angela

Der Fall Hermine Hug-Hellmuth. Eine Geschichte der frühen Kinderpsychoanalyse, München–Wien 1988.
Gröger, Helmut
Josef K. Friedjung, in: F. Stadler (Hg.), Vertriebene Vernunft II. Emigration und Exil österreichischer Wissenschaft, Wien 1988, 819–826.
Grubrich-Simitis, Ilse
Editorische Hinweise, in: S. Freud, »Selbstdarstellung«. Schriften zur Geschichte der Psychoanalyse, Frankfurt/M. 1971, 141 ff.
Gutheil, Emil A.
Reply, in: American Journal of Psychotherapy, 12 (1958), 627 ff.
Handlbauer, Bernhard
Die Entstehungsgeschichte der Individualpsychologie Alfred Adlers, Wien–Salzburg 1984.
Hofstätter, Peter R.
Einführung in die Tiefenpsychologie, Wien 1948.
Holtz, Axel
Alfred Adler, Sigmund Freud und die Protokolle der Wiener Psychoanalytischen Vereinigung, in: Zeitschrift für Individualpsychologie, 6 (1981), 19–39.
Jacobi, Henry
Alfred Adlers Individualpsychologie und dialektische Charakterkunde, Frankfurt/M. 1974.
Jacoby, Russell
Soziale Amnesie. Eine Kritik der konformistischen Psychologie von Adler bis Laing, Frankfurt/M. 1978.
Jahoda, Marie
Vorwort, in: Carl Furtmüller 1983, 9–14.
Johnston, William M.
Österreichische Kultur- und Geistesgeschichte. Gesellschaft und Ideen im Donauraum 1848 bis 1938, Graz 1974.
Jones, Ernest
Free Associations. Memories of a Psycho-Analyst, London 1959.
Das Leben und Werk von Sigmund Freud, Band 2: Jahre der Reife 1901–1919, Band 3: Die letzte Phase 1919–1939, Bern 1962.
Jung, Carl Gustav
Erinnerungen, Träume, Gedanken, Zürich 1962.
Kaufmann, Walter
Discovering the Mind, III: Freud versus Adler and Jung, New York 1980.
Kimmerle, Gerd (Hg.)
Freuds Traumdeutung. Frühe Rezensionen. 1899–1903, Tübingen 1986.
Klemperer, Paul
Dr. Paul Klemperer. Interviewed by Dr. Kurt R. Eissler. 4. 3. 1952. Siegfried Bernfeld Archiv, Manuscript Division, Library of Congress, Washington D.C.

Köhler, Jochen
Der Mensch tut so als ob. Die hintergründige Aktualität Alfred Adlers, in: Frankfurter Rundschau, 30. 5. 1987, ZB 3.
Laplanche, J., J.-B. Pontalis
Das Vokabular der Psychoanalyse, Frankfurt/M. 1972.
Leupold-Löwenthal, Harald
Nachwort, in: Protokolle 1981, 325–354.
Maslow, A. H.
Was Adler a disciple of Freud? A note, in: Journal of Individual Psychology, 18/2 (1962), 125.
Metzger, Wolfgang
Adler als Autor. Zur Geschichte seiner wesentlichen Veröffentlichungen (1977a), in: Die Psychologie des 20. Jahrhunderts, Band 3, Freud und die Folgen (II), Zürich 1977, 535–551.
Vorbemerkungen des Herausgebers (1977b), in: A. Adler 1907a, 7–16.
Nitzschke, Bernd
(Rezension:) Von der frühen Anarchie zur Vereinsgründung:
Die Protokolle der Wiener Psychoanalytischen Vereinigung, in: Psyche 40 (1986), 922–931.
Nunberg, Herman
Memoirs, Recollections, Ideas, Reflections, New York 1969.
Einleitung, in: Protokolle 1976, XIX–XXXIV.
Orgler, Hertha
Alfred Adler. Triumph über den Minderwertigkeitskomplex (1939), Wien 1972.
Pappenheim, Else
Politik und Psychoanalyse in Wien vor 1938, in: Psyche (1989), 120–141.
Pollak, Michael
Intellektuelle Außenseiterstellung und Arbeiterbewegung. Das Verhältnis der Psychoanalyse zur Sozialdemokratie in Österreich zu Beginn des Jahrhunderts, in: Botz u. a. (Hg.), Bewegung und Klasse. Studien zur österreichischen Arbeitergeschichte, Wien 1978, 429–448.
Pongratz, Ludwig J.
Hauptströmungen der Tiefenpsychologie, Stuttgart 1983.
Protokolle der Wiener Psychoanalytischen Vereinigung
Band I, 1906–1908 (1962), Frankfurt/M. 1976
Band II, 1908–1910 (1967), Frankfurt/M. 1977
Band III, 1910–1911 (1974), Frankfurt/M. 1979
Band IV, 1912–1918 (1975), Frankfurt/M. 1981.
Rattner, Josef
Alfred Adler, Hamburg 1972.
Rehm, Willy
Die psychoanalytische Erziehungslehre. Anfänge und Entwicklung, München 1968.
Reichmayr, Johannes

»Anschluß« und Ausschluß. Die Vertreibung der Psychoanalytiker aus Wien, in: F. Stadler (Hg.).
Vertriebene Vernunft I. Emigration und Exil österreichischer Wissenschaft 1930–1940, Wien 1987, 123–181.
Reichmayr, Johannes, Elisabeth Wiesbauer
Das Verhältnis von Sozialdemokratie und Psychoanalyse in Österreich zwischen 1900 und 1938, in: W. Huber (Hg.), Beiträge zur Geschichte der Psychoanalyse in Österreich, Wien 1978, 25–60.
Reitler, Rudolf
Kritische Bemerkungen zu Dr. Adler's Lehre vom »männlichen Protest«, in: Zentralblatt für Psychoanalyse (1911), 580–586.
Roazen, Paul
(1969) Brudertier, Hamburg 1973.
Sigmund Freud und sein Kreis. Eine biographische Geschichte der Psychoanalyse, Bergisch Gladbach 1976.
Robert, Marthe
Die Revolution der Psychoanalyse. Leben und Werk von Sigmund Freud (1967), Frankfurt/M. 1986.
Rom, Paul
Alfred Adler und die wissenschaftliche Menschenkenntnis, Frankfurt 1966.
Bemerkungen über Freud, Adler, Joffe und Trotzky, in: Zeitschrift für Individualpsychologie, 7 (1982), 112–117.
Rosenstein, Gaston
Die Theorie der Organminderwertigkeit und der Bisexualität in ihren Beziehungen zur Neurosenlehre, in: Jahrbuch für psychoanalytische und psychopathologische Forschung (1910), 398–408.
Sachs, Hanns
Freud. Meister und Freund (1944), Frankfurt/M.–Berlin–Wien 1982.
Schorske, Carl E.
Wien. Geist und Gesellschaft im Fin de Siècle, Frankfurt/M. 1982.
Schur, Max
Sigmund Freud. Leben und Sterben, Frankfurt/M. 1973.
Seelmann, Kurt
Adlers Lebenslauf – Bis zu seiner Trennung von Freud, in: Die Psychologie des 20. Jahrhunderts, Band 3, Freud und die Folgen (II), Zürich 1977, 516–528.
Selesnick, Sheldon T.
Alfred Adler. The Psychology of the Inferiority Complex, in: Alexander/Eisenstein/Grotjahn, Psychoanalytic Pioneers, New York 1966, 78–86.
Sperber, Manès
Alfred Adler. Der Mensch und seine Lehre, München 1926.
Alfred Adler oder das Elend der Psychologie, Wien 1970.
Die vergebliche Warnung, Wien 1975.
Stein, Herbert
Wien, Freud und die Psychoanalyse, in: Psyche 42 (1988), 1–18.

Stekel, Wilhelm

Zur Geschichte der analytischen Bewegung, in: Fortschritte der Sexualwissenschaft und Psychoanalyse, Band II (1923), Beiheft, 539–575.

The Autobiography, New York 1950.

Stepansky, Paul E.

In Freud's Shadow. Adler in Context, Hillsdale, N. J., 1983.

Sterba, Richard F.

Erinnerungen eines Wiener Psychoanalytikers, Frankfurt/M. 1985.

Sulloway, Frank J.

Freud. Biologe der Seele. Jenseits der psychoanalytischen Legende, Köln-Lövenich 1982.

Titze, Michael

Geschichte der Individualpsychologie, in: Brunner/Kausen/Titze (Hg.): Wörterbuch der Individualpsychologie, München 1985, 165–177.

Wassermann, Isidor

A Letter to the Editor, in: American Journal of Psychotherapy, 12 (1958), 623–627.

Weber, Samuel

Freud-Legende. Drei Studien zum psychoanalytischen Denken, Olten 1979.

Welsch, Ursula, Michaela Wiesner

Lou Andreas-Salomé. Vom »Lebensurgrund« zur Psychoanalyse, München–Wien 1988.

Wittels, Fritz

Sigmund Freud. Der Mann, die Lehre, die Schule, Wien 1924.

Worbs, Michael

Nervenkunst. Literatur und Psychoanalyse im Wien der Jahrhundertwende, Frankfurt/M. 1983.

Zweig, Stefan

Die Welt von Gestern (1944), Frankfurt/M. 1970.

Namenregister

Abraham, Karl 24, 48, 63, 108, 152, 177, 194
Adler, Alexandra 16
Adler, Victor 83
Allers, Rudolf 172
Andreas-Salomé, Lou 10, 13 (Fn.), 156, 162, 174ff., 179
Ansbacher, Heinz L. 18 (Fn.), 98 (Fn.), 161 (Fn.), 185
Ansbacher, Rowena 98 (Fn.)

Bach, David Josef 48f., 156, 174, 195
Bahr, Hermann 25
Bass, Alfred 24, 50, 53
Baum, Julius 24
Beckh-Widmannstetter, Hans A. 58 (Fn.), 128
Beethoven, Ludwig van 53
Bergmann 156
Bernard, Claude 59
Bernfeld, Siegfried 87, 182
Biebl, Wilfried 59 (Fn.)
Binswanger, Ludwig 21, 36f., 48, 109ff., 129, 153, 155, 194
Bleuler, Eugen 63, 108, 112, 128
Bock, Rudolf 14
Bottome, Phyllis 15, 16 (Fn.), 104, 191ff.
Breuer, Josef 20
Brill, A. A. 48
Brome, Vincent 16, 36, 107 (Fn.), 110, 113, 117, 193
Bruder-Bezzel, Almuth 61, 71, 87, 154, 165, 180f., 193

Caruso, Igor 161 (Fn.)
Charcot, Jean Martin 17f.
Colby, Kenneth Mark 9, 193
Cremerius, Johannes 171ff.

Dahmer, Helmut 86
Dapra, Josef 63 (Fn.)
Darwin, Charles 59, 183
Decker, Hannah S. 21f., 187
Demosthenes 51, 59
Deutsch, Alfred 37, 48, 50
Deutsch, Helene 20
Deutsch, Leonhard 20
Devereux, Georges 183
Dreikurs, Rudolf 20

Eckstein, Gustav 83
Eckstein, Therese 83
Eissler, Kurt R. 97 (Fn.)
Eitingon, Max 21, 31, 48
Ellenberger, Henry F. 16, 21, 104, 164f., 186, 193
Elrod, Norman 45f., 86, 100, 170, 175, 193
Englert, Ewald H. 161 (Fn.)
Epstein, Raissa 82
Erdheim, Mario 41
Etzersdorfer, Irene 11

Fallend, Karl 14, 20, 41 (Fn.), 168
Falzeder, Ernst 14
Federn, Ernst 9 (Fn.), 11, 14, 23 (Fn.), 24, 38, 43
Federn, Paul 20, 37, 39, 46, 48, 50, 62, 68, 72, 75, 80, 83ff., 87, 89, 95, 97, 105, 121ff., 132f., 146f., 158, 197

Fenichel, Otto 20, 87, 182
Ferenczi, Sandor 100, 110, 112–115, 126, 155 (Fn.), 167, 194
Fließ, Wilhelm 20, 106, 128f.
Franco y Bahamonde, Francisco 186
Franz Joseph 20
Friedjung, Josef 20, 80, 83f., 96ff., 122, 157
Fröschl, E. 15 (Fn.)
Furtmüller, Carl 15 (Fn.), 16, 20 (Fn.), 33, 36, 41 (Fn.), 42, 46, 52, 59 (Fn.), 81f., 96–101, 105f., 116, 118f., 122, 138, 141, 145, 147, 153ff., 157ff., 161 (Fn.), 162, 174, 185, 191, 195f.
Furtmüller, Lux 195

Gay, Peter 19
Gicklhorn, J. u. R. 20 (Fn.)
Glaser, Ernst 83f., 86
Glöckel, Otto 196
Graf, Max 25, 33, 37, 48, 72, 76, 151, 176
Graf-Nold, Angela 20
Gröger, Helmut 97 (Fn.)
Grubrich-Simitis, Ilse 194
Grüner, Franz 20 (Fn.), 121f., 147, 157, 159, 174, 197
Grüner, Gustav 20, 121f., 144, 147, 157, 159, 174, 197
Gutheil, Emil A. 166

Häutler, Adolf 50, 53
Hall, Granville Stanley 171
Heller, Hugo 37, 48, 50, 53, 89, 101, 158
Hilferding, Margarete 20, 119, 122, 157, 159, 174, 197f.
Hilferding, Rudolf 198
Hirschfeld, Magnus 76f.
Hitler, Adolf 40, 197
Hitschmann, Eduard 37, 39, 46, 48, 50, 53, 67, 72, 81, 84f., 89, 95, 114, 122–125, 133f., 141, 150, 158
Hofmannsthal, Hugo v. 19
Hofstätter, Peter R. 59
Hollerung, Edwin 20, 47, 50, 53, 67
Holtz, Axel 10, 56f., 61, 68f., 92, 94, 107, 193
Hug von Hugenstein, Hermine 20
Hye, Baron Franz v. 120, 156, 174, 198

Jacobi, Henry 165, 193
Jacoby, Russell 10, 55 (Fn.), 173, 181
Janet, Pierre 17f.
Jean Paul 48f.
Jekels, Ludwig 83f., 96f., 105, 133
Joachim, Albert 47, 84f., 87, 89, 101
Joffe, Adolf 83, 174
Johnston, William M. 163
Jones, Ernest 20 (Fn.), 21, 23f., 31, 42f., 48, 63, 110f., 114f., 126 (Fn.), 155, 164, 170, 173f., 178 (Fn.), 181, 192
Jung, Carl Gustav 21f., 31, 36, 48, 60, 63, 94, 96, 107f., 110–114, 116f., 125, 128f., 134f., 144, 149, 152–156, 160, 167–173, 187, 192ff., 199

Kahane, Max 20, 23ff., 27, 50
Kaufmann, Walter 186, 193
Kaus, Otto 15 (Fn.)
Kimmerle, Gerd 23 (Fn.)
Klatschko, Aline 196
Klemperer, Paul 20, 114, 121f., 138, 139 (Fn.), 145, 147f., 155, 157, 159f., 174, 177, 197f.
Köhler, Jochen 70
Koller, Karl 197
Kopernikus 183
Krafft-Ebing, Richard v. 17
Kraus, Karl 40, 47, 100f., 197
Künkel, Fritz 172
Kyrle, Josef 74f.

Lamarck, Jean-Baptiste 59
Laplanche, J. 68
Leontiew, Tatjana 62
Leupold-Löwenthal, Harald 33, 40, 44ff., 121 (Fn.)
Liffman, Doris 199
Lombroso, Cesare 59
Lueger, Karl 165

Mach, Ernst 10
Maday, Stefan v. 20, 119, 156, 174, 198
Mätzler, Karl 14
Mahler, Gustav 19
Marx, Karl 38, 82, 84f., 87
Meisl, Alfred 37
Meng, Heinrich 38
Metzger, Wolfgang 57f., 185
Meynert, Theodor 17f.
Molitor, Karl (Pseud. f. David Ernst Oppenheim) 82 (Fn.)

Nepallek, Richard 20
Neuer, Alexander 15 (Fn.), 16 (Fn.)
Nitzschke, Bernd 35, 45
Nunberg, Herman 22, 26f., 31, 39

Oppenheim, Amalie 199
Oppenheim, David Ernst 15 (Fn.), 20 (Fn.), 81, 82 (Fn.), 102, 105f., 122, 157, 159, 174, 181, 199
Orgler, Hertha 15 (Fn.), 192

Pfister, Oskar 149
Philipp von Makedonien 59
Pollak, Michael 40 (Fn.)
Pongratz, Ludwig J. 16
Pontalis, J.-B. 68
Parin, Paul 44

Rank, Otto 27, 31, 33, 37, 39, 44, 46, 48, 50, 61, 66, 68, 77, 84f., 89, 91, 103, 122, 150f., 158, 167, 186
Rattner, Josef 15 (Fn.), 41 (Fn.), 162, 193
Rehm, Willy 42
Reich, Wilhelm 87, 182
Reichmayr, Johannes 14, 174
Reitler, Rudolf 23ff., 46, 48, 50, 53, 89, 95, 122, 133, 140 (Fn.), 141–144
Rie, Oskar 20
Riklin, Franz 63
Roazen, Paul 9, 97 (Fn.), 148, 176, 188, 192f.
Robert, Marthe 192
Rom, Paul 192
Roosevelt, Franklin D. 196
Rosenheim, Gaston 122, 137, 140, 146, 158
Rühle-Gerstel, Alice 172

Sachs, Hanns 20, 34f., 122, 148, 150, 158, 160, 163, 167f., 176
Sadger, Isidor 20, 35, 47f., 63, 76, 89, 105, 113, 119, 122
Schiller, Friedrich 61
Schnitzler, Arthur 19
Schopenhauer, Arthur 42
Schorske, Carl 41
Schur, Max 192
Schwarz, Oswald 172
Schwerdtner, Hugo 20
Seelmann, Kurt 15 (Fn.), 41 (Fn.), 193
Seif, Leonhard 171
Selesnick, Sheldon T. 59
Sperber, Manès 15, 41f., 164, 172, 177, 192f.
Stein, Herbert 40 (Fn.)
Steiner, Maximilian 46ff., 84–87, 106, 122, 147, 150
Stekel, Wilhelm 22ff., 25 (Fn.), 26f., 30–33, 36, 43, 48, 50, 53, 63, 67, 75, 84, 89, 109ff., 113f., 117f., 120–126, 130, 140, 146–152, 155f., 158f., 163, 169, 173, 183, 186, 191ff.
Stepansky, Paul E. 11, 149, 168, 194
Sterba, Richard F. 38f., 184

Sulloway, Frank J. 20ff.
Swoboda, Hermann 106f.

Tausk, Viktor 31, 35, 96ff., 101, 105f., 122, 134, 145, 158
Trotzki, Leo 83, 174

Urbantschitsch, Rudolf v. 27

Virchow, Rudolf 18

Wagner, Richard 20, 122, 148
Wagner-Jauregg, Julius 58, 127f.
Wassermann, Isidor 165f.
Weber, Samuel 169f.
Weininger, Otto 106
Wexberg, Erwin 15 (Fn.), 20
Weygandt, Wilhelm 81
Wiesbauer, Elisabeth 174
Winterstein, Alfred Freiherr v. 20, 122
Wittels, Fritz 23ff., 33, 46ff., 63, 72, 75, 79ff., 89, 91, 98, 101, 111–115, 117, 119, 125, 147, 168, 170f., 175, 178f., 191, 193
Worbs, Michael 19, 23 (Fn.), 101 (Fn.), 107 (Fn.)

Zweig, Arnold 178 (Fn.)

Alfred Adler
Werkausgabe

Herausgegeben von Oliver Brachfeld (†), Wolfgang Metzger (†), Heinz L. Ansbacher und Robert F. Antoch

Studie über Minderwertigkeit von Organen (1907; 1927)
Band 6349

Über den nervösen Charakter (1912; 1928) · Band 6174

Heilen und Bilden (1914; 1928) · Band 6220

Praxis und Theorie der Individualpsychologie (1920; 1930) · Band 6236

Menschenkenntnis (1927; 1947) · Band 6080

Die Technik der Individualpsychologie
Teil 1: **(1928)** · Band 6260
Teil 2: **(1930)** · Band 6261

Individualpsychologie in der Schule (1929)
Band 6199

Lebenskenntnis (1929; 1978)
Band 6392

Psychotherapie und Erziehung
Ausgewählte Aufsätze
Band I.: **(1919–1929)** · Band 6746
Band II.: **(1930–1932)** · Band 6747
Band III.: **(1933–1937)** · Band 6748

Neurosen (1929; 1981)
Band 6735

Das Problem der Homosexualität (1930) · Band 6337

Kindererziehung (1930; 1976)
Band 6311

Das Leben gestalten (1931; 1979)
Band 6393

Wozu leben wir? (1931; 1979)
Band 6708

Der Sinn des Lebens (1933)
Band 6179

Alfred Adler / E. Jahn
Religion und Individualpsychologie
Band 6283

Fischer Taschenbuch Verlag

fi 83 / 4

Sigmund Freud
Einzelbände im Taschenbuch

Abriß der Psychoanalyse / Das Unbehagen in der Kultur
Band 6043

Analyse der Phobie eines fünfjährigen Knaben
Falldarstellung
»Der kleine Hans«
Band 6715

Beiträge zur Psychologie des Liebeslebens und andere Schriften
Band 6732

Bruchstück einer Hysterie-Analyse
Band 6736

Darstellungen der Psychoanalyse. Band 6016

Drei Abhandlungen zur Sexualtheorie Und verwandte Schriften
Band 6044

Hemmung, Symptom und Angst
Band 6734

Das Ich und das Es Und andere metapsychologische Schriften
Band 6394

Der Mann Moses und die monotheistische Religion
Band 6300

Massenpsychologie und Ich-Analyse / Die Zukunft einer Illusion. Band 6054

Neue Folge der Vorlesungen zur Einführung in die Psychoanalyse
Band 6390

Zur Psychopathologie des Alltagslebens. Band 6079

»Selbstdarstellung«
Schriften zur Geschichte der Psychoanalyse. Band 6096

Totem und Tabu. Band 6053

Die Traumdeutung. Band 6344

Über Träume und Traumdeutungen. Band 6073

Vorlesungen zur Einführung in die Psychoanalyse
Band 6348

Der Wahn und die Träume in W. Jensens »Gradiva« mit dem Text der Erzählung von Wilhelm Jensen
Band 6172

Der Witz und seine Beziehung zum Unbewußten. Band 6083

Zwei Falldarstellungen Der Rattenmann / Der Fall Schreber
Band 6745

Sigmund Freud / Josef Breuer Studien über Hysterie
Band 6001

Muriel Gardiner (Hg.) Der Wolfsmann vom Wolfsmann
Band 6794

Fischer Taschenbuch Verlag

fi 77 / 8

Sigmund Freud
Werkausgabe in zwei Bänden

Herausgegeben und mit Kommentaren versehen von
Anna Freud und Ilse Grubrich-Simitis

Band 1: *Elemente der Psychoanalyse,* 590 Seiten
Band 2: *Anwendungen der Psychoanalyse,* 616 Seiten.
3 Abbildungen auf Tafeln
Im Anhang der Bände u.a. Lebenschronologie Sigmund Freuds, Sammelbibliographie, Namen- und Sachregister

Für den Laien, der sich über Freuds Werk anhand eines repräsentativen Querschnitts gründlich informieren möchte, wurde die vorliegende *Werkausgabe in zwei Bänden* zusammengestellt. Sie steht, eine Lücke schließend, zwischen den beiden preisgünstigen Präsentationen des Freud-Œuvres im Fischer Verlag: der lockeren Folge einzelner, nicht kommentierter Freud-Taschenbücher und der mit einem aufwendigen, für Forschung und Lehre konzipierten editorischen Apparat versehenen, nach Themen gegliederten insgesamt elfbändigen *Studienausgabe.* Die *Werkausgabe* ist, ihrer Zielsetzung entsprechend, also ausdrücklich keine historisch-kritische Edition. Der Kommentar ist knapp gehalten und auf die Bedürfnisse noch Unkundiger zugeschnitten.

Inhalt

Einleitung/Der Sinn der Träume/Der Begriff des Unbewußten/
Die Triebe/Die menschliche Sexualität/
Die Struktur der psychischen Persönlichkeit/
Lustprinzip und Realitätsprinzip/Verdrängung/
Symptombildung/Neurose und Psychose/
Die psychoanalytische Behandlung/Die Ausbildung des Analytikers/
Die Einstellung zur Psychoanalyse/Literatur- und Kunstwissenschaft/
Religionspsychologie und Kulturtheorie/Sozialpsychologie/
Mythologie/Pädagogik/Lebenschronologie Sigmund Freuds/
Anhang

Sigmund Freud
Das Motiv der Kästchenwahl
Faksimileausgabe

Mit einem Nachwort von Heinz Politzer
Herausgegeben von Ilse Grubrich-Simitis
Einmalige Auflage 1977, 64 Seiten und 16 Seiten Transkription

»Zwei Szenen aus Shakespeare, eine heitere und eine tragische, haben mir kürzlich den Anlaß zu einer kleinen Problemstellung und Lösung gegeben.« Mit diesem einfachen Satz beginnt Freud seinen meisterhaften literarischen Essay, der jetzt als vollständiges Faksimile vorliegt. Die heitere Szene ist die Wahl der Freier der Porzia zwischen drei Kästchen im ›Kaufmann von Venedig‹, die tragische die Szene im ›König Lear‹, in der Lear das Reich unter seine drei Töchter aufteilt. Die Porzia-Szene gab dem Essay den Titel, den Schwerpunkt aber legt Freud auf die Problematik des Lear. Was haben die drei Frauen zu bedeuten, zwischen denen er zu wählen hat? Und warum muß die Wahl auf die dritte, die Cordelia, fallen? Um diese Frage zu beantworten, verläßt Freud die Dichtung und zeigt die Verankerung der Dreierwahl im Mythos. Was haben Menschen ganz verschiedener Kulturkreise mit diesem Motiv zu bewältigen, zu verbergen versucht? In einer Serie von Deutungsschritten, in der Freud Mythos und Dichtung nach psychischen Abwehrmechanismen abklopft, gibt er die Lösung: Es geht um die Auseinandersetzung mit dem Tod. Was als Naturgesetz jedes Menschen Leben beendet, wird zur »Wahl« verharmlost, was der Tod bzw. die Todesgöttin ist, erscheint als die begehrenswerteste Frau, die Liebesgöttin. Doch Shakespeare hebt am Ende des ›Lear‹ die Entstellung auf. Und Freud schließt: »Ewige Weisheit im Gewande des uralten Mythus rät dem alten Manne, der Liebe zu entsagen, den Tod zu wählen, sich mit der Notwendigkeit des Sterbens zu befreunden.«
In seinem Nachwort untersucht Heinz Politzer den biographischen Hintergrund für die Entstehung der Arbeit. – Das Faksimile ist, mehrfarbig, im Originalformat der von Freud benutzten großen Bogen reproduziert. Die Edition enthält ferner eine Transkription von Ingeborg Meyer-Palmedo sowie Hinweise von Ilse Grubrich-Simitis auf Freuds Schreibgewohnheiten.

S. Fischer Verlag

fi 80/2

Sigmund Freud
Übersicht der Übertragungsneurosen
Ein bisher unbekanntes Manuskript

Ediert und mit einem Essay versehen von Ilse Grubrich-Simitis
Vollständiges Faksimile, mit einer Abbildung, Leinen, 128 Seiten

Während des Ersten Weltkriegs schrieb Freud an einer Serie von zwölf grundlegenden Abhandlungen, die er unter dem Titel ›Zur Vorbereitung einer Metapsychologie‹ als Buch herausbringen wollte. Doch gelangten lediglich fünf der Aufsätze an die Öffentlichkeit, darunter die klassischen Schriften ›Das Unbewußte‹ und ›Trauer und Melancholie‹. Von den sieben anderen Texten fehlte bislang jede Spur. Ihr Inhalt, so Freud-Kenner, müsse von größtem Gewicht gewesen sein.

Überraschend wurde 1983 der Entwurf zur zwölften dieser metapsychologischen Abhandlungen, betitelt ›Übersicht der Übertragungsneurosen‹, entdeckt. Die als vollständiges Faksimile abgedruckte Handschrift enthält u.a. eine »phylogenetische Phantasie«, in der Freud – angeregt durch Sándor Ferenczis metabiologische Studien – über die evolutionären Anfänge von Neurose und Psychose spekuliert.

Die Erstveröffentlichung bringt neben der wortgetreuen Transkription (von Ingeborg Meyer-Palmedo) und einer mit zahlreichen Anmerkungen versehenen edierten Fassung einen begleitenden Essay der Herausgeberin Ilse Grubrich-Simitis. Unter Verwendung unveröffentlichter Brief-Quellen erhellt sie darin den biographischen, den Werk- und den wissenschaftsgeschichtlichen Kontext des Manuskripts.

Sigmund Freud
Briefe an Wilhelm Fließ 1887–1904
Ungekürzte Ausgabe

Herausgegeben von Jeffrey Moussaieff Masson
Bearbeitung der deutschen Fassung von Michael Schröter
Transkription von Gerhard Fichtner
Leinen. Mit zahlreichen Abbildungen und Faksimiles
XXXII + 613 Seiten

»Ganz ohne Publikum kann ich nicht schreiben, kann mir aber ganz gut gefallen lassen, daß ich es nur für Dich schreibe.« (18. Mai 1898)

Sigmund Freuds Brief an seinen nahen Freund Wilhelm Fließ, den Berliner Hals-Nasen-Ohrenarzt und Biologen, hier erstmals ohne Kürzung veröffentlicht, sind das bewegende tagebuchartige Protokoll der tiefen wissenschaftlichen und persönlichen Krise, aus der Freud, von der akademischen Welt isoliert, in den neunziger Jahren des vergangenen Jahrhunderts das Paradigma der Psychoanalyse entwikkelte. Der Leser kann gleichsam die Geburt eines Ideensystems miterleben, welches wie kaum ein zweites das Denken unserer Zeit geprägt, das Wissen des Menschen über sich selbst von Grund aus revolutioniert hat.

Der grundlegende ›Entwurf einer Psychologie‹ von 1895, der in der inzwischen vergriffenen Auswahl der Briefe, *Aus den Anfängen der Psychoanalyse*, mitabgedruckt war, ist in dem 1987 erschienenen Nachtragsband zu Sigmund Freuds *Gesammelten Werken* wieder zugänglich gemacht worden.

S. Fischer Verlag

fi 423 / 5

Sigmund Freud
Jugendbriefe an Eduard Silberstein 1871-1881

Herausgegeben von Walter Boehlich
Mit Faksimiles, 15 Kunstdruck-Abbildungen und einem Anhang (u.a. mit einem Gedichtentwurf Freuds, biographischen Notizen über Eduard Silberstein von R. Vieyra, Briefregister, Namenregister)
Leinen, ca. 245 Seiten

»Wir setzen in unseren Briefen die 6 prosaisch-ehernen Arbeitstage in das reine Gold der Poesie um und werden vielleicht finden, daß man in sich selbst und dem, was um uns bleibt und wechselt, Interessantes genug finden kann, wenn man nur darauf zu achten sich gewöhnt.«

Freud an Eduard Silberstein
am 4. September 1874

Die Briefe des Gymnasiasten und Studenten Sigmund Freud an seinen Jugendfreund Eduard Silberstein sind das einzige überlieferte umfangreiche Selbstzeugnis aus den prägenden frühen Bildungsjahren des Begründers der Psychoanalyse. Sie sind in ihrem Sprachzauber eine literarische Kostbarkeit. Zugleich dokumentieren sie eine typische jüdische Wiener Jugend im 19. Jahrhundert. Von Anfang an tragen diese Dokumente unverkennbar die Handschrift des großen intellektuellen Neuerers. Freuds Originalität tritt besonders schön hervor, wenn er aus dem Anschauen der ihn umgebenden Menschen - in zahllosen meisterlichen Miniaturen festgehalten -, vor allem aber aus rigoroser Selbstbeobachtung »Rezepte« für seine »kleine psychologische Hausapotheke« gewinnt und dabei jenes Wahrnehmungsinstrument schärft, welches später die systematische Entdeckung des Unbewußten ermöglicht und damit eine Revolution im Menschenbild des 20. Jahrhunderts bewirkt hat.

Freud-Bibliographie mit Werkkonkordanz
Neuausgabe

Bearbeitet von
Ingeborg Meyer-Palmedo und Gerhard Fichtner
ca. 224 Seiten, kartoniert

Die *Freud-Bibliographie mit Werkkonkordanz* stellt eine grundlegend revidierte und erweiterte Neuausgabe der ursprünglich der Freud-*Studienausgabe* angegliederten *Sigmund Freud-Konkordanz und -Gesamtbibliographie* dar. Dieses kleine Buch hatte sich nach seiner Erstpublikation 1975 bald als unentbehrliches Hilfsmittel im In- und Ausland durchgesetzt.

Die jetzige Umgestaltung betrifft zum einen die Werkkonkordanz: In den detaillierten Seitenvergleich zum raschen Auffinden von Textpassagen in den drei am meisten verwendeten Freud-Editionen - den *Gesammelten Werken*, der *Studienausgabe* und der englischen *Standard Edition* - wurde der inzwischen veröffentlichte Nachtragsband zu den *Gesammelten Werken* integriert. Zum anderen erfuhr die Freud-Bibliographie eine durchgängige Überarbeitung und wesentliche Erweiterung, indem u.a. auch Teilpublikationen sowie Referate von fremder Hand mit einbezogen wurden. Ferner sind neben Hinzufügungen von neu entdeckten und veröffentlichten Freud-Zeugnissen bis zur Gegenwart zahlreiche bisher nicht verzeichnete Arbeiten Freuds - Rezensionen, Lexikonartikel, Krankengeschichten, insbesondere aus Freuds voranalytischer Zeit - ergänzt worden. Als der nun umfangreichere Teil des Bandes wurde die Bibliographie an den Anfang gerückt, was auch die Titeländerung bestimmte. Dem alphabetischen Werkverzeichnis wurden noch ein allgemeiner Index der Namen, eine Liste der Briefempfänger sowie ein Schlagwortindex an die Seite gestellt.

Die damit derzeit umfassendste Freud-Bibliographie wird durch die verdienstvollen jahrelangen Recherchen des Tübinger Medizinhistorikers Professor Gerhard Fichtner erheblich bereichert.

S. Fischer Verlag

fi 1065 / 1